Philosophie

VOIE TECHNOLOGIQUE Tle

Sous la direction de

Michèle Ménard
Agrégée de philosophie

Agnès Godin
Lycée du Parc des Loges à Évry

Max Hardt
Lycée Gaspard Monge à Savigny-sur-Orge

Magali Harvier
Lycée du Parc des Loges à Évry

Hatier

Conception graphique : studio Favre & Lhaïk
Mise en page : Isabelle Vacher
Iconographie : Clémence Zagorski, Hatier Illustration
Illustration : Vincent Landrin (p. 159)
Correction : Monika Gabbay
Édition : Sarah Gaisser

IMPRIM'VERT
Votre imprimeur agit pour l'environnement

PAPIER À BASE DE FIBRES CERTIFIÉES

Hatier s'engage pour l'environnement en réduisant l'empreinte carbone de ses livres.
Celle de cet exemplaire est de :
1.1 kg éq. CO_2
Rendez-vous sur www.hatier-durable.fr

Achevé d'imprimer en Italie par L.E.G.O. S.p.A. - Lavis (TN)
Dépôt légal: 06276-4/01 - Avril 2020

Sommaire

1 L'art

2 La justice

3 La liberté

4 La nature

PERSPECTIVES D'ÉTUDE

L'existence humaine et la culture

La morale et la politique

La connaissance

REPÈRES

Notions

I L'art

Activité Vous arrive-t-il de ressentir de l'émotion face à une œuvre que vous ne trouvez pas « belle » ?

• Photogramme extrait du documentaire ***Lost in La Mancha*** de Keith Fulton et Louis Pepe (2003)

Vidéo
La bande annonce du documentaire *Lost in La Mancha*
hatier-clic.fr/20philot011

Contexte : *Lost in La Mancha* retrace le tournage chaotique de *L'Homme qui tua Don Quichotte*, la libre adaptation du célèbre roman de Cervantes par le réalisateur britannique Terry Gilliam (au premier plan). Ce documentaire donne un aperçu des hésitations qui interviennent dans la production d'une œuvre d'art, de la volonté de créer une œuvre originale et des résistances que cette volonté peut rencontrer.

1. De quelle façon ce documentaire illustre-t-il la complexité du travail de réalisation dans l'art cinématographique ?
2. Ces difficultés sont-elles équivalentes dans les autres arts (peinture, théâtre, littérature, musique) ?
3. Pour réussir une œuvre d'art, faut-il contrôler et maîtriser les moindres détails de sa réalisation, ou bien y a-t-il nécessairement une part d'inattendu ?

Définir la notion

Autour de l'expression « C'est une véritable œuvre d'art »

1 Dans l'artisanat

Certaines productions artisanales se distinguent au point qu'on les qualifie d'œuvres d'art.

a. Pourquoi sépare-t-on habituellement les objets « utiles » et les œuvres d'art ? Ont-ils des fonctions totalement distinctes ?

b. En parlant d'un « bel » objet technique, s'intéresse-t-on uniquement à ses caractéristiques visuelles ou à ce qu'il est capable de réaliser ? ▶ Vers le problème philosophique **« Faut-il juger une œuvre d'art en fonction de notre goût ? » p. 12**

• Exposition de travaux de charpentiers en Alsace ; au premier plan, maquette du cinéma de la Géode (parc de la Villette à Paris)

• La *Victoire de Samothrace* au musée du Louvre (Paris)

2 Dans l'art classique

La mise en valeur d'une œuvre dans un musée l'entoure d'une aura particulière.

a. Avez-vous déjà été impressionné(e) par une œuvre dans un musée ? Laquelle ? Comment expliqueriez-vous votre émotion ?

b. Peut-on parler de « mise en scène » des œuvres présentées dans les plus grands musées mondiaux ? Que mettent-ils alors en valeur ?

c. Une œuvre paraît-elle plus belle lorsqu'elle est présentée à l'intérieur d'un musée ? ▶ Vers le problème philosophique **« La beauté fait-elle une œuvre d'art réussie ? » p. 17**

3 Dans l'art contemporain

L'art contemporain offre diverses formes de productions artistiques qui peuvent être subversives (performances, art minimaliste, ready-made).

a. En quel sens l'image ci-contre contraste-t-elle avec notre vision habituelle de l'œuvre d'art ?

b. Une œuvre d'art peut-elle être considérée à la fois comme réussie et comme choquante, voire comme désagréable ?

c. L'originalité est-elle une caractéristique essentielle du travail artistique, et si oui pourquoi ? ▶ Vers le problème philosophique **« L'artiste est-il un créateur ? » p. 20**

• Matthew Barney, photographie extraite du cycle de films *Cremaster* (2002)

Définir la notion

Autour du mot « art »

1 Art et technique

Le mot « art » provient du mot grec signifiant « technique » ; il était alors considéré comme l'équivalent de l'artisanat.

a. Lorsqu'on dit d'une chose qu'elle est faite « dans les règles de l'art », veut-on dire qu'elle est : belle • bien réalisée • agréable • digne d'être dans un musée ?

b. Dans quels domaines peut-on parler de règles de l'art ? (artisanat, industrie, beaux-arts, sciences...)

▶ Vers le problème philosophique **« Faut-il juger une œuvre d'art en fonction de notre goût ? » p. 12**

2 Art et beauté

a. Peut-on dire des réalités suivantes qu'elles sont « belles » de la même manière ?
- Une belle chanson
- Un beau paysage
- Une belle performance sportive
- Une belle personne
- Une belle entrecôte
- Une belle crapule

b. Dans chaque cas, expliquez en quoi consiste leur beauté. ▶ Vers le problème philosophique **« La beauté fait-elle une œuvre d'art réussie ? » p. 17**

3 Art et création

Le mot « création » est souvent associé à l'activité artistique.

Nouveauté Tradition Mode
Industrie Commerce
Popularité Incompréhension
Génie Modèle Imagination

Parmi les mots ci-dessus, trouvez ceux que vous pouvez associer à la création puis expliquez en quoi ils aident à définir cette notion. ▶ Vers le problème philosophique **« L'artiste est-il un créateur ? » p. 20**

4 Art et message

On dit fréquemment de l'œuvre d'art qu'elle transmet un « message ».

a. Lorsque nous recevons un message, est-ce que nous l'admirons pour son apparence ?

b. Un message qui a été lu et compris mérite-t-il qu'on y revienne ?

c. Une œuvre d'art qui n'existerait que pour transmettre un message serait-elle une œuvre que l'on apprécierait pour elle-même ?

• Sandro Botticelli, *La Naissance de Vénus* (1482), Galerie des Offices (Florence, Italie)

d. Quel intérêt y aurait-il à passer par une œuvre d'art pour transmettre un message ? Quelle serait alors la fonction de l'œuvre ?

e. Une œuvre « à message » tient-elle vraiment sa valeur de ce message ?

f. Peut-on identifier un message simple dans le tableau de Botticelli ci-dessus ? Lequel ? L'intérêt de l'œuvre se réduit-il à ce supposé message ?

▶ Vers le problème philosophique **« Faut-il toujours chercher un sens dans une œuvre d'art ? » p. 23**

Faut-il juger une œuvre d'art en fonction de notre goût ?

TEXTE 1 Notre plaisir esthétique est dû à des causes objectives.

Montesquieu
(1689-1755)

Pourquoi préférons-nous certains objets à d'autres ? Montesquieu essaie d'identifier une sorte de norme du goût, en énumérant les sources du plaisir esthétique.

Il faut bien remarquer qu'un sentiment n'a pas ordinairement dans notre âme une cause unique. C'est, si j'ose me servir de ce terme, une certaine dose qui en produit la force et la variété. L'esprit[1] consiste à savoir frapper plusieurs organes à la fois ; et si l'on examine les divers écrivains, on verra peut-être que les meilleurs, et ceux qui ont plu davantage, sont ceux qui ont excité dans l'âme plus de sensations en même temps. Voyez, je vous prie, la multiplicité des causes. Nous aimons mieux voir un jardin bien arrangé qu'une confusion d'arbres : 1° parce que notre vue, qui serait arrêtée[2], ne l'est pas ; 2° chaque allée est une, et forme une grande chose, au lieu que dans la confusion chaque arbre est une chose, et une petite chose ; 3° nous voyons un arrangement que nous n'avons pas coutume de voir ; 4° nous savons bon gré de[3] la peine que l'on a prise ; 5° nous admirons le soin que l'on a de combattre sans cesse la nature, qui, par des productions qu'on ne lui demande pas, cherche à tout confondre ; ce qui est si vrai, qu'un jardin négligé nous est insupportable. Quelquefois la difficulté de l'ouvrage nous plaît, quelquefois c'est la facilité ; et comme dans un jardin magnifique nous admirons la grandeur et la dépense du maître, nous voyons quelquefois avec plaisir qu'on a eu l'art de nous plaire avec peu de dépense et de travail.

MONTESQUIEU, *Essai sur le goût dans les choses de la nature et de l'art* (1757)

1. **L'esprit** : ici, la qualité d'un écrivain qui sait faire preuve de finesse, qui propose des jugements subtils et pertinents, agréables à découvrir.
2. **Arrêtée** : bloquée.
3. **Nous savons bon gré de** : nous sommes reconnaissants de.

REPÈRES

Abstrait / concret

Le **concret** renvoie à la réalité perçue par nos sens, à notre expérience sensible (un « exemple concret »). L'**abstrait** désigne les idées, les formes ou les thèses que l'on tire de la réalité sensible (« abstraire » peut vouloir dire « extraire ») pour les considérer d'un point de vue général ou simplifié. Les formes d'un jardin à la française, ici, n'imitent pas la réalité concrète, elles sont géométriques et donc abstraites.

Questions

PERSPECTIVE D'ÉTUDE : *l'existence humaine et la culture*

1 Quelles sont les différentes causes qui, selon Montesquieu, nous poussent à aimer une œuvre d'art ? Ces causes possèdent-elles des points communs, et lesquels ?

2 Expliquez :
« nous admirons le soin que l'on a de combattre sans cesse la nature, qui, par des productions qu'on ne lui demande pas, cherche à tout confondre » (l. 11-12)

3 **SUJET DE RÉFLEXION** Peut-on dire qu'il y a des causes objectives à notre plaisir esthétique ?

• Le grand parterre du domaine de Chantilly, dessiné par Le Nôtre

Le jardin dit « à la française » est conçu selon un style très reconnaissable, aux formes géométriques nettes et régulières. André Le Nôtre (1613-1700) en est l'un des concepteurs les plus illustres.

Questions

1 Dans cette photographie, qu'est-ce qui surprend le regard ? En quoi cette disposition s'éloigne-t-elle d'un paysage naturel ?

2 Ressentez-vous devant un jardin à la française une satisfaction comparable à celle que décrit Montesquieu (p. 12) ? Expliquez pourquoi.

Définir Essayez de faire la liste de toutes les caractéristiques qui sont nécessaires pour qu'une œuvre vous plaise. Cette recherche vous paraît-elle simple ? Complexe ? Pourquoi ?

Faut-il juger une œuvre d'art en fonction de notre goût ?

TEXTE 2 Nos goûts dépendent de notre éducation et de notre culture.

David Hume
(1711-1776)

REPÈRES

Absolu / relatif

Est **absolu** ce qui ne dépend de rien d'autre pour être vrai, ou pour exister. Est **relatif** ce qui dépend d'autre chose que de soi pour exister ou pour être vrai. Dans le cas de la thèse de Hume, nos critères de beauté sont présentés comme *relatifs* au contexte culturel dans lequel nous avons grandi.

S'il existe des critères objectifs du bon goût, comment expliquer que nous soyons parfois en désaccord les uns avec les autres sur la beauté ou la laideur d'une œuvre ? Pour Hume, dire qu'un objet nous plaît révèle les conditions objectives dans lesquelles notre goût a été formé.

Nous pouvons observer cependant que cette uniformité[1] dans l'espèce humaine n'empêche pas qu'il y ait une diversité considérable dans les sentiments de beauté et de valeur, et que l'éducation, la coutume, le préjugé, le caprice et l'humeur, varient[2] souvent ici notre goût. Vous ne convaincrez jamais un homme qui, peu familier de la musique italienne, n'a pas l'oreille préparée à en suivre les subtilités, qu'un air écossais n'est pas préférable. Vous n'avez pas le moindre argument, votre goût excepté, à employer en votre faveur ; et votre antagoniste trouvera toujours dans son propre goût un argument bien plus convaincant du contraire. Si vous avez assez de sagesse, vous conviendrez chacun que l'autre peut avoir raison et, instruits de maints[3] exemples semblables de cette diversité de goût, vous avouerez tous les deux que beauté et valeur sont d'une nature relative et consistent dans le sentiment agréable qu'un objet produit dans un esprit toujours particulier, en vertu de sa structure et de sa constitution propre.

David Hume, *Essais moraux, politiques et littéraires* I, Essai XVIII : « Le sceptique », traduction de Michel Malherbe © Librairie J. Vrin, Paris, 1999, p. 212

1. **Uniformité** : qualité d'un groupe où l'on n'observe aucune variété, qui est constamment le même.
2. **Varient** : font varier.
3. **Maints** : nombreux.

Questions PERSPECTIVE D'ÉTUDE : *l'existence humaine et la culture*

1 Quels sont les facteurs qui déterminent nos goûts, selon Hume ? Donnez des exemples.

2 Expliquez :
« Vous n'avez pas le moindre argument, votre goût excepté, à employer en votre faveur ; et votre antagoniste trouvera toujours dans son propre goût un argument bien plus convaincant du contraire. » (l. 6-8)

En groupes Pouvez-vous identifier les sources de vos propres goûts esthétiques ? Pensez-vous en être totalement dépendant ? Pourriez-vous changer de goûts esthétiques si vous le décidiez ? Constituez des groupes pour échanger vos points de vue sur ces questions.

• Représentation d'art populaire cambodgien par l'association Sovanna Phum à Phnom Penh (Cambodge, 2009)

Canon

En art, un canon désigne une norme à partir de laquelle on juge ce que l'on qualifie de « beau » ou de « laid » ; on parle alors de canon esthétique. Pour la plupart, ces canons nous sont transmis par la culture et par l'éducation. Ils peuvent donc varier selon les époques, les lieux et les cultures.

Questions

1 En quel sens ce type de représentation se distingue-t-il de notre vision habituelle de ce que l'on appelle « beau » ?

2 Si l'on est habitué à un type d'œuvre plus récent (ou plus populaire), est-il impossible d'apprécier un art traditionnel et éloigné de notre culture ? Pourquoi ?

Faut-il juger une œuvre d'art en fonction de notre goût ?

TEXTE 3 Il y a une différence radicale entre ce qui plaît à nos sens et ce que nous trouvons beau.

Emmanuel Kant
(1724-1804)

VOCABULAIRE

Esthétique
À l'origine, étude de tout ce qui relève de la sensation (*aisthesis* en grec). À présent, on qualifie aussi d'esthétique ce qui a un lien avec l'art en général, ou avec la beauté en particulier. Un jugement esthétique ou une expérience esthétique se produisent au contact d'une œuvre d'art.

REPÈRES

Objectif / subjectif
La vérité est **objective** au sens où elle ne dépend que de l'objet dont on parle, tandis qu'une opinion est **subjective** parce qu'elle dépend de la situation du sujet qui parle. Un énoncé comme « Cette fleur se fane » est objectif, il ne dépend pas de mon état personnel. « J'aime cette fleur » est un énoncé subjectif, qui renseigne sur mon état et peut varier en fonction de lui.

Kant distingue le beau et l'agréable, qui tous deux nous procurent du plaisir, mais dont nous ne parlons pas dans les mêmes termes lorsque nous en discutons avec autrui.

En ce qui concerne l'agréable, chacun consent à ce que son jugement, qu'il fonde sur un sentiment personnel et privé, et en vertu duquel il dit d'un objet qu'il lui plaît, soit du même coup restreint à sa seule personne. C'est pourquoi, s'il dit : « Le vin des Canaries est agréable », il admettra volontiers qu'un autre le reprenne et lui rappelle qu'il doit plutôt dire : « cela est agréable *pour moi* » ; […] en ce qui concerne l'agréable, c'est donc le principe suivant qui est valable : *À chacun son goût* (pour ce qui est du goût des sens). Il en va tout autrement du beau. Il serait (bien au contraire) ridicule que quelqu'un qui se pique d'avoir du goût songeât à s'en justifier en disant : cet objet (l'édifice que nous avons devant les yeux, le vêtement que porte tel ou tel, le concert que nous entendons, le poème qui se trouve soumis à notre appréciation) est beau *pour moi.* […] s'il affirme que quelque chose est beau, c'est qu'il attend des autres qu'ils éprouvent la même satisfaction ; il ne juge pas pour lui seulement, mais pour tout le monde, et il parle alors de la beauté comme si c'était une propriété des choses. C'est pourquoi il dit : cette *chose* est belle ; et ce, en comptant sur l'adhésion des autres à son jugement exprimant la satisfaction qui est la sienne, non pas parce qu'il aurait maintes fois constaté que leur jugement concordait avec le sien ; mais, bien plutôt, il *exige* d'eux cette adhésion. S'ils jugent autrement, il les en blâme et leur dénie ce goût dont, par ailleurs, il affirme qu'ils doivent l'avoir ; et, dans cette mesure, on ne peut pas dire : *À chacun son goût.*

Emmanuel Kant, *Critique de la faculté de juger* (1790), § 7,
traduction de Jean-René Ladmiral, Marc B. de Launay et Jean-Marie Vaysse,
Œuvres philosophiques, Bibliothèque de La Pléiade © Éditions Gallimard, vol. 2, p. 968-969

Questions PERSPECTIVE D'ÉTUDE : *l'existence humaine et la culture*

1. Pourquoi veut-on débattre de la qualité des œuvres d'art que l'on aime ?
2. Selon Kant, pourquoi cela révèle-t-il une différence profonde entre ce que nous jugeons « beau » et ce que nous jugeons « agréable » ?
3. SUJET DE RÉFLEXION Peut-on apprendre à aimer une œuvre ?

La beauté fait-elle une œuvre d'art réussie ?

TEXTE 4 La beauté d'une œuvre intemporelle dépasse sa fonction.

Hannah Arendt
(1906-1975)

Arendt s'interroge sur les raisons pour lesquelles la beauté d'une œuvre nous touche au-delà de son contexte historique d'origine.

Que les arts soient fonctionnels, que les cathédrales satisfassent un besoin religieux de la société, qu'un tableau soit né du besoin de s'exprimer de l'individu peintre, que le spectateur le regarde par désir de se perfectionner, toutes ces questions ont si peu de rapport avec l'art et sont historiquement si neuves qu'on est tenté simplement de les évacuer comme préjugés modernes. Les cathédrales furent bâties *ad majorem gloriam Dei*[1] ; si, comme constructions, elles servaient certainement les besoins de la communauté, leur beauté élaborée ne pourra jamais être expliquée par ces besoins, qui auraient pu être satisfaits tout aussi bien par quelque indescriptible bâtisse. Leur beauté transcende[2] tout besoin, et les fait durer à travers les siècles. Mais si la beauté, beauté d'une cathédrale comme beauté d'un bâtiment séculier[3], transcende besoins et fonctions, jamais elle ne transcende le monde, même s'il arrive que l'œuvre ait un contenu religieux. Au contraire, c'est la beauté même de l'art religieux qui transforme les contenus et les soucis religieux ou autres de ce monde en réalités mondaines[4] tangibles[5].

Hannah Arendt, « La crise de la culture. Sa portée sociale et politique », in *La Crise de la culture*, traduction de Barbara Cassin, édition de Patrick Lévy

1. *Ad majorem gloriam Dei* : « pour la plus grande gloire de Dieu », pour rendre gloire à Dieu par la majesté du bâtiment.
2. **Transcende** : dépasse, va au-delà de.
3. **Séculier** : non religieux.
4. **Mondaines** : qui appartiennent au monde.
5. **Réalité tangible** : réalité que l'on peut toucher, concrète.

• Sainte-Chapelle (XIIe s., Paris)

+ prof
Extrait de Simone Weil, ***Formes de l'amour implicite de Dieu*** (1942) sur la beauté d'une œuvre

Questions PERSPECTIVE D'ÉTUDE : *l'existence humaine et la culture*

1. Quelle différence Hannah Arendt établit-elle ici entre besoin et beauté ?
2. Expliquez :
« leur beauté [celle des cathédrales] élaborée ne pourra jamais être expliquée par ces besoins, qui auraient pu être satisfaits tout aussi bien par quelque indescriptible bâtisse. » (l. 7-8)
3. Observez la photographie de la Sainte-Chapelle : comment expliquez-vous que les formes de son architecture continuent de nous impressionner huit cents ans après sa construction ?
4. SUJET DE RÉFLEXION Y a-t-il des formes de beauté qui échappent au passage du temps ? Lesquelles ?

La beauté fait-elle une œuvre d'art réussie ?

TEXTE 5 La laideur fait partie de l'esthétique et peut être admirée dans une œuvre.

Umberto Eco
(1932-2016)

Umberto Eco analyse les différentes sortes de laideur que l'on peut observer en art.

En réalité, il nous faut distinguer, au cours de notre histoire, les manifestations du *laid en soi* (des excréments, une charogne décomposée, un être couvert de plaies d'où émane une odeur nauséabonde) de celles du *laid formel*, en tant que déséquilibre dans la relation organique entre les parties d'un tout. Imaginons que nous croisions dans la rue une personne à la bouche édentée […]. Nous ne connaissons pas cette personne, cette laideur ne nous implique pas passionnellement et pourtant, face à l'incohérence ou à l'incomplétude de cet ensemble, nous nous sentons autorisés à dire, sans passion, que ce visage est laid.

Ainsi, c'est une chose de réagir émotionnellement au dégoût que provoque en nous un insecte visqueux ou un fruit pourri et c'en est une autre de dire d'une personne qu'elle est disproportionnée ou d'un portrait qu'il est laid dans le sens qu'il est mal formé (le laid artistique est un laid formel). Et, à propos de laid artistique, rappelons que presque toutes les théories esthétiques, du moins de la Grèce à nos jours, reconnaissent que toute forme de laideur peut trouver sa rédemption[1] dans une de ses représentations artistiques fidèle et efficace. Aristote (*Poétique* 1448b)[2] parle de la possibilité de réaliser le beau en imitant avec maestria ce qui est repoussant, et Plutarque (*De audiendis poetis*)[3] dit que, dans la représentation artistique, le laid imité reste tel mais reçoit une sorte de réverbération de beauté par le talent de l'artiste. Nous avons donc identifié trois phénomènes différents : *le laid en soi, le laid formel* et *la représentation artistique des deux.*

UMBERTO ECO, *Histoire de la laideur*, introduction (2007), traduction de Myriem Bouzaher © Flammarion, 2011, p. 19-20

1. **Trouver sa rédemption** : se racheter, se tourner vers un certain bien.
2. **Aristote**, philosophe grec du IVe siècle avant J.-C., étudie dans la *Poétique* les conditions d'une belle représentation de la nature.
3. **Plutarque**, philosophe grec du Ier siècle, évoque l'intérêt éducatif de l'art dans le *De audiendis poetis* (« Comment lire les poètes »).

REPÈRES

Formel / matériel

Pour distinguer la forme de la matière, imaginez un rocher que l'on sculpte pour produire une statue : sa forme aura changé, mais sa matière sera restée la même. Sur ce modèle, l'adjectif **formel** renvoie à tout ce qui concerne l'agencement extérieur ou superficiel d'une réalité, sans prêter attention à son contenu ; le **matériel** renvoie au contraire à ce dont une chose est constituée, ce qui lui donne sa réalité concrète ou tangible.

• Bernardo Parentino, *La Tentation de saint Antoine* (1494), huile sur bois (46,4 × 58,2 cm), galerie Doria Pamphilj (Rome)

Saint Antoine le Grand est un moine chrétien d'Égypte, ayant vécu au IVe siècle. Il aurait été soumis à la tentation par le diable, sous la forme de visions voluptueuses et monstrueuses, durant sa retraite dans le désert.

Questions

1 Pourquoi Umberto Eco estime-t-il nécessaire de distinguer plusieurs formes de laideur ? Quelles sont les principales différences identifiées ?

2 Expliquez :
« dans la représentation artistique, le laid imité reste tel mais reçoit une sorte de réverbération de beauté par le talent de l'artiste. » (l. 17-18)

3 SUJET DE RÉFLEXION Peut-on apprécier la représentation d'une réalité laide ? Si oui, à quelles conditions ?

4 RECHERCHE Cherchez d'autres représentations picturales de la tentation de saint Antoine (ci-dessus). Quels éléments symboliques communs repérez-vous dans ces œuvres ?

5 Qu'est-ce qui justifie, ici, de représenter le laid ou le monstrueux ?

6 Peut-on dire que cette représentation particulière est « belle » ? Pourquoi ?

L'artiste est-il un créateur ?

TEXTE 6 L'artiste imite le réel et en offre une image déformée.

Platon
(428-348 av. J.-C.)

VOCABULAIRE

Imitation, *mimesis*, vraisemblance

Traditionnellement, les arts ont été considérés comme des activités de *mimesis* (« imitation de la réalité » en grec). Mais l'imitation artistique n'est pas une copie du réel à l'identique ; elle procure une impression de vérité même si ce qu'elle propose est fictif. Par exemple, il est possible de représenter un dragon de manière *vraisemblable*.

REPÈRES

Ressemblance / analogie

La **ressemblance** désigne une proximité d'aspect. Elle peut être subjective et plus ou moins marquée. Une **analogie**, au sens technique, désigne une égalité de rapport. Par exemple, selon Platon, le rapport entre l'artiste et la réalité (dont il n'imite que l'apparence) est analogue au rapport entre l'orateur et le vrai (car son discours n'a qu'une apparence de vérité).

Socrate s'entretient ici avec Glaucon du lien entre activité artistique et connaissance de la vérité. Le prestige dont jouit l'artiste serait, d'après le philosophe, une simple illusion due à son talent pour imiter l'apparence des choses, sans qu'il en connaisse la profonde réalité.

– À présent, considère le point suivant. Dans quel but l'art de la peinture a-t-il été créé pour chaque objet ? Est-ce en vue de représenter imitativement, pour chaque être, ce qu'il est, ou pour chaque apparence, de représenter comment elle apparaît ? La peinture est-elle une imitation de l'apparence ou de la vérité ?

– De l'apparence, dit-il.

– L'art de l'imitation est donc bien éloigné du vrai, et c'est apparemment pour cette raison qu'il peut façonner toutes choses : pour chacune, en effet, il n'atteint qu'une petite partie, et cette partie n'est elle-même qu'un simulacre. C'est ainsi, par exemple, que nous dirons que le peintre peut nous peindre un cordonnier, un menuisier, et tous les autres artisans, sans rien maîtriser de leur art. Et s'il est bon peintre, il trompera les enfants et les gens qui n'ont pas toutes leurs facultés en leur montrant de loin le dessin qu'il a réalisé d'un menuisier, parce que ce dessin leur semblera le menuisier réel.

– Oui, assurément.

– Mais voici, mon ami, je présume, ce qu'il faut penser dans ces cas-là. Quand quelqu'un vient nous annoncer qu'il est tombé sur une personne qui possède la connaissance de toutes les techniques artisanales et qui est au courant de tous les détails concernant chacune, un homme qui possède une connaissance telle qu'il ne connaît rien avec moins de précision que n'importe quel expert, il faut lui rétorquer qu'il est naïf et qu'apparemment il est tombé sur un enchanteur ou sur quelque imitateur qui l'a dupé, au point de se faire passer pour un expert universel, en raison de son inaptitude propre à distinguer ce en quoi consistent la science, l'ignorance et l'imitation.

Platon, *La République*, traduction de Georges Leroux © Flammarion, 2016, p. 486-487

Questions PERSPECTIVE D'ÉTUDE : *l'existence humaine et la culture*

1. En quel sens Platon identifie-t-il l'artiste à un imitateur ? Cette définition vous paraît-elle pertinente ?
2. Expliquez : « L'art de l'imitation est donc bien éloigné du vrai, et c'est apparemment pour cette raison qu'il peut façonner toutes choses : pour chacune, en effet, il n'atteint qu'une petite partie, et cette partie n'est elle-même qu'un simulacre. » (l. 6-8)
3. **SUJET DE RÉFLEXION** Qu'admire-t-on dans le travail d'un artiste ?

• Ron Mueck, *Mask II* (2001), sculpture hyperréaliste (77 × 118 × 85 cm) exposée à la Galerie nationale d'Écosse (Édimbourg, 2006)

VOCABULAIRE

Hyperréalisme

Courant artistique de la seconde moitié du XXe siècle. L'œuvre imite autant que possible la véritable apparence des choses (en peinture ou en sculpture), à tel point que le spectateur ne puisse plus distinguer la peinture d'une photographie, ou la sculpture de l'objet réel.

+ prof

Extrait de Walter Benjamin, ***L'œuvre d'art à l'époque de sa reproductibilité technique*** (1935) sur l'illusion de réalité produite par le cinéma

Questions

1 À votre avis, pourquoi peut-on qualifier d'hyperréalisme le mouvement artistique auquel appartient le sculpteur Ron Mueck ? En quel sens ce courant se distingue-t-il de la sculpture classique ?

2 L'hyperréalisme de cette sculpture suscite-t-il votre admiration ? Une impression de malaise ? Les deux ? Expliquez.

3 Peut-on appliquer à l'œuvre de Ron Mueck les critiques formulées par Platon envers le travail d'imitation de l'artiste (p. 20) ? Expliquez.

Argumenter Avez-vous déjà eu l'impression d'être trompé(e) par une œuvre d'art ? Laquelle et pourquoi ?

L'artiste est-il un créateur ?

TEXTE 7 L'art est une création perpétuelle de nouveauté, que l'on ne peut jamais prévoir.

Henri Bergson
(1859-1941)

Création / production

VOCABULAIRE

Création vient du vocabulaire religieux : le monde aurait été créé par Dieu « à partir de rien » (*ex nihilo*). En revanche, la **production** consiste à fabriquer un objet à partir d'un matériau existant. Bergson parle ici de création artistique, au sens où l'artiste ferait apparaître quelque chose de nouveau.

Génie

VOCABULAIRE

Artiste qui par son travail propose au public des œuvres entièrement nouvelles, qui ouvrent des perspectives insoupçonnées sur ce qu'il est possible de réaliser en art. Ainsi, un génie peut à son tour créer une nouvelle école ou une nouvelle tradition, car il aura inspiré des générations d'artistes après lui.

Bergson compare ici la photographie et la peinture, pour démontrer que cette dernière donne à voir un authentique processus de création, qui représente la nature profonde de l'art.

La photographie d'une personne déterminée […] pourrait être obtenue dans un *instantané absolu*. – Considérons au contraire l'exécution d'un portrait par un grand peintre. La composition de cette œuvre exigera de la durée, mais une durée qui ne pourra être allongée ou rétrécie sans que change le portrait ; car le temps que l'artiste met à exécuter son œuvre est occupé par des essais, des tâtonnements, des esquisses, des états d'âme surtout, qui passent et repassent devant l'esprit du peintre et qui l'acheminent vers le portrait définitif ; et tous les efforts qu'il a faits il les condense dans son œuvre. Le temps, ici, fait donc bien corps avec l'œuvre et la pénètre ; elle occupe de la durée […]. – Et c'est pour cela que le résultat de ce travail est une création et, comme telle, est absolument imprévisible, même si l'on connaît le modèle et le peintre, sa manière et les couleurs dont il se sert. – Dira-t-on qu'une intelligence surhumaine qui connaîtrait à fond le peintre et son genre de talent saurait d'avance quelle œuvre il produira ? C'est oublier que, pour cela, il faudrait que le talent de l'artiste fût quelque chose de donné une fois pour toutes, de définitivement fixé ; or, il n'en est rien : le talent de l'artiste se fait sans cesse, et se fera en partie par le travail même du portrait, de sorte que celui-ci, en même temps qu'il est l'effet du talent du peintre, contribue en même temps à le former ; le talent de l'artiste dépend de son œuvre comme celle-ci de celui-là, et par suite, toute espèce de prévision est ici impossible.

HENRI BERGSON, *Cours au Collège de France*, in *Mélanges*, édition d'André Robinet, PUF, 1972, p. 712

Questions PERSPECTIVE D'ÉTUDE : *l'existence humaine et la culture*

1. À partir de quel critère Bergson oppose-t-il la photographie et la peinture ? Cette opposition vous semble-t-elle pertinente ? Expliquez.
2. Expliquez : « le talent de l'artiste se fait sans cesse, et se fera en partie par le travail même du portrait, de sorte que celui-ci, en même temps qu'il est l'effet du talent du peintre, contribue en même temps à le former » (l. 14-16)
3. **SUJET DE RÉFLEXION** Peut-on comparer la création artistique au processus de production artisanale ?

Faut-il toujours chercher un sens dans une œuvre d'art ?

IMAGE M. C. Escher, maître des formes impossibles

• M. C. Escher, *Planétoïde Tétraédral* (1954)

Escher dessine en jouant sur les lois de la perspective et des volumes.

Questions

1. Comment décririez-vous l'impression donnée par ce dessin ? harmonie ? élégance ? trouble ? inquiétude ? curiosité ?
2. Est-ce que l'on peut dire que l'on a ici affaire à une œuvre absurde ?
3. Pouvez-vous identifier un message ? Suffit-il qu'une œuvre soit dépourvue de message pour qu'elle soit dépourvue d'intérêt ?
4. Cette œuvre contient-elle une forme de mystère ? Est-ce que cela lui donne son originalité et son intérêt ? Pourquoi ?

Faut-il toujours chercher un sens dans une œuvre d'art ?

TEXTE 8 L'œuvre d'art n'a pas pour fonction de nous transmettre un message vrai ; elle existe pour elle-même.

Edgar Allan Poe
(1809-1849)

REPÈRES

Expliquer / comprendre

Le travail d'**explication** peut être défini comme ne recherche des causes qui déterminent un phénomène. Le travail de **compréhension**, en revanche, implique de prendre en compte le *sens* d'une réalité (un texte, un discours, un comportement), en se référant parfois à l'*intention* de celui ou celle qui en est l'auteur et au contexte de sa réalisation, ou encore en rattachant l'objet à un but qu'il chercherait à atteindre.

Edgar Poe affirme ici que la valeur d'une œuvre n'est pas soumise à sa fonction d'information ou d'éducation. Le beau se suffit à lui-même.

Il est reçu[1], implicitement et explicitement, directement et indirectement, que la dernière fin de toute Poésie est la Vérité. Tout poème, dit-on, doit inculquer une morale, et c'est par cette morale qu'il faut apprécier le mérite poétique d'un ouvrage. [...] Avec tout le respect que j'ai pour la Vérité, respect aussi grand que celui qui ait jamais pu faire battre une poitrine humaine, je voudrais cependant limiter, en une certaine mesure, ses moyens d'inculcation[2]. Je voudrais les limiter pour les renforcer, au lieu de les affaiblir en les multipliant. Les exigences de la Vérité sont sévères. Elle n'a aucune sympathie pour les fleurs de l'imagination. Tout ce qu'il y a de plus indispensable dans le Chant est précisément ce dont elle a le moins affaire. C'est la réduire à l'état de pompeux[3] paradoxe que de l'enguirlander de perles et de fleurs. Une vérité, pour acquérir toute sa force, a plutôt besoin de la sévérité que des efflorescences[4] du langage. Ce qu'elle veut, c'est que nous soyons simples, précis, élégants ; elle demande de la froideur, du calme, de l'impassibilité. En un mot, nous devons être à son égard, autant qu'il est possible, dans l'état d'esprit le plus directement opposé à l'état poétique. Bien aveugle serait celui qui ne saisirait pas les différences radicales qui creusent un abîme entre les moyens d'action de la vérité et ceux de la poésie.

EDGAR ALLAN POE, *Du principe poétique*, in *Derniers Contes*, traduction de Félix Rabbe, Albert Savine, 1887, p. 311-313

1. **Reçu** : admis. 2. **Inculcation** : apprentissage. 3. **Pompeux** : excessivement solennel.
4. **Efflorescence** : apparition de fleurs, et par extension, développement.

+ prof
Un reportage sur le facteur Cheval et son Palais idéal

+ prof
Extrait de Comte, ***Système de politique positive*** (1851-1854) sur la fonction de l'art

Questions PERSPECTIVE D'ÉTUDE : *l'existence humaine et la culture*

1 Selon Edgar Poe, pourquoi la poésie doit-elle renoncer à transmettre un message de vérité ou de moralité ?

2 **SUJET DE RÉFLEXION** Une œuvre d'art perd-elle sa valeur en devenant utile ?

En groupes Qu'aimez-vous dans un texte poétique (poème, chanson) ? Cela a-t-il un lien avec la vérité ou avec la morale ? Expliquez à partir d'exemples.

TEXTE 9 Même si l'art ne transmet pas un message, il communique avec nous.

Friedrich Nietzsche
(1844-1900)

S'il est pertinent, aux yeux de Nietzsche, de refuser la fonction moralisante de l'art (l'art n'a pas pour fonction d'apprendre la morale aux individus), en revanche il est aussi essentiel de ne pas négliger la puissance d'expression et de communication de l'œuvre d'art.

« *L'art pour l'art.*[1] » La lutte contre tout but assigné à l'art est toujours une lutte contre la tendance *moralisante* dans l'art, contre la subordination[2] de l'art à la morale. *L'art pour l'art* veut dire : « Au diable la morale ! » – Mais cette hostilité même trahit le pouvoir tyrannique du préjugé. Si l'on exclut de l'art le but de prêcher une morale et d'amender l'homme, il ne s'ensuit nullement que l'art soit totalement dénué de justification, de but et de sens, bref, [qu'il] soit l'« *art pour l'art* », ce serpent qui se mord la queue. « Plutôt pas de fins[3] que des fins morales ! » : c'est la passion à l'état pur qui parle ainsi. [...] L'art est le grand « stimulant » de la vie : comment pourrait-on le concevoir comme dénué de raison d'être et de finalité, comme « *art pour l'art* » ? [...] Il faut en appeler aux artistes eux-mêmes. *Que nous communique l'artiste tragique sur lui-même ?* N'est-ce pas justement un état *délivré* de la peur de ce qui est terrible et douteux, qu'il nous montre ? Cet état est en lui-même un idéal élevé : tous ceux qui le connaissent le placent au-dessus de tout. Il le communique, il *lui faut* absolument le communiquer, pour peu qu'il soit un artiste, un génie de la communication.

Friedrich Nietzsche, *Crépuscule des idoles ou comment philosopher à coups de marteau*, traduction de Jean-Claude Hémery, Folio essais © Éditions Gallimard, p. 72-73

1. **« L'art pour l'art »** : slogan attribué à Théophile Gautier, poète du XIXe siècle, qui affirme que l'art ne doit avoir aucune autre fonction que la beauté pure.
2. **Subordination** : soumission, dépendance à l'égard de.
3. **Fins** : ici, objectifs, buts (voir aussi « finalité »).

VOCABULAIRE

Sens / signification

La **signification** est le contenu transmis par un message. Le **sens** c'est ce qui évoque en nous des idées, ce qui nous fait réfléchir, sans être aussi clair et distinct qu'un message. Il n'est pas toujours évident de le traduire avec des mots, comme dans le cas d'une œuvre d'art. C'est ce sens que nous recherchons par un travail d'*interprétation*.

REPÈRES

Médiat / immédiat

Ce qui nous parvient de manière **médiate** est pour ainsi dire « filtré » par un intermédiaires ou par une « grille » qui s'interpose entre nous-mêmes et l'objet que nous percevons (ou comprenons). Ce qui arrive de façon **immédiate**, en revanche, nous est donné directement, sans qu'il y ait le moindre travail de tri ou de sélection dans ce que nous percevons (ou comprenons).

Questions — PERSPECTIVE D'ÉTUDE : *l'existence humaine et la culture*

1 Pourquoi Nietzsche refuse-t-il l'expression « l'art pour l'art » ? Quelle hypocrisie cette expression dissimule-t-elle selon lui ?

2 Expliquez :
« Si l'on exclut de l'art le but de prêcher une morale et d'amender l'homme, il ne s'ensuit nullement que l'art soit totalement dénué de justification, de but et de sens, bref, [qu'il] soit l'« *art pour l'art* », ce serpent qui se mord la queue. » (l. 4-7)

3 **SUJET DE RÉFLEXION** Dire que l'art ne doit pas transmettre de message moral, est-ce dire qu'il n'a pas de sens ?

Recherche Renseignez-vous sur l'histoire de l'expression « l'art pour l'art » afin de mieux mettre en contexte les critiques formulées par Nietzsche. À qui s'oppose-t-il ici et pourquoi ?

DÉBAT

L'art doit-il choquer ?

DOC. 1 La provocation en art contemporain

• Maurizio Cattelan, L.O.V.E. (2011), sculpture de marbre blanc sur la Piazza Affari de Milan

La sculpture de Cattelan a été érigée face à la bourse de Milan, sur une place prestigieuse d'architecture néoclassique ; elle est imposante (11 mètres de haut avec le socle) et taillée dans un matériau précieux, du marbre de Carrare.

1 En-dehors du geste vulgaire représenté par cette sculpture, qu'est-ce qui lui donne un caractère délibérément provocateur ? Considérez le lieu, les dimensions et le matériau de la sculpture.

2 Cette provocation est-elle « gratuite » selon vous, ou bien remplit-elle une fonction déterminée ? Laquelle ?

DOC. 2 Une œuvre qui fit scandale autrefois

• Gustave Courbet, *Un enterrement à Ornans* (1849), huile sur toile (3,15 × 6,6 m), musée d'Orsay (Paris)

Ce tableau provoqua l'indignation du public lors de son exposition au Salon de 1850-1851. En effet, Courbet choisit ici de représenter une scène ordinaire, un enterrement, et des gens simples en utilisant les codes visuels du tableau historique, fait pour représenter les grands événements du passé (batailles, sacres, mariages, traités de paix).

1 Pouvez-vous trouver un lien entre la provocation représentée par le doc. 1 et celle qui fut perçue dans cette toile ? Lequel ? Expliquez.

2 En voyant cette toile, pouviez-vous vous douter du scandale qu'elle avait provoqué lors de sa première exposition ? Comment l'expliquez-vous et qu'en déduisez-vous sur la question de la provocation en art ?

DOC. 3 Analyse du phénomène du scandale en art

La sociologue Nathalie Heinich évoque la réception houleuse par le public italien d'une autre œuvre délibérément provocatrice de l'artiste Maurizio Cattelan (doc. 1).

Retrouvez tous les arguments mobilisés en 2004 dans l'article complet

hatier-clic.fr/20philot012

L'un des cas les plus récents, qui condense de façon exemplaire car particulièrement concentrée dans le temps l'essentiel des protagonistes et des arguments intervenant dans ce type d'affaires, est advenu en Italie : le 5 mai 2004, on inaugura sur une place de Milan une installation de l'artiste Maurizio Cattelan qui exposait, grâce à la fondation Trussardi, trois mannequins représentant de jeunes garçons pendus à un arbre.

Dès le lendemain, un passant, scandalisé par ce qu'il perçoit comme une mise en scène morbide touchant à des enfants, monte à l'arbre pour les décrocher, mais fait une chute qui occasionne de sérieuses blessures. La foule se rassemble. Un critique d'art spécialisé dans l'art contemporain arrive sur place « pour haranguer la foule, devenue énorme », et parle de « censure », déclarant que « l'art est fait pour scandaliser, il suffit de penser à Giotto ou au Caravage[1] ». La foule le conspue (« Via, via, via ! Honte ! ») : « La place est divisée en deux parties, mais les supporters de Cattelan se comptent sur les doigts d'une main », rapporte un journaliste (*La Repubblica* du 7 mai). Arrive à son tour le commanditaire de l'œuvre, qui la défend au nom de la nécessaire « discussion » engendrée par l'œuvre (« Nous avons réveillé la cité, nous avons suscité un débat », déclare Béatrice Trussardi), tandis qu'un porte-parole de la fondation ajoute qu'« on ne pensait pas que les choses pourraient en arriver là ». [...] Des spécialistes d'art contemporain sont également sollicités : un critique félicite la fondation pour cette « provocation réussie » ; un célèbre architecte estime que « les œuvres d'art servent aussi à dénoncer la violence du monde, les massacres, les agressions contre les enfants, entre autres », et que « ceux qui se scandalisent n'ont évidemment rien compris au sens de l'opération » [...].

Nathalie Heinich, « L'art du scandale. Indignation esthétique et sociologie des valeurs », Politix, De Boeck Supérieur, 2005/3 (n° 71), p. 131-132.
DOI : 10.3917/pox.071.0121. URL : https://www.cairn.info/revue-politix-2005-3-page-121.html

1. **Giotto** (1267-1337) et **Le Caravage** (1571-1610) sont deux figures majeures de la peinture italienne. Ils produisirent tous deux des œuvres radicalement novatrices.

1 D'après les adversaires de l'installation de Cattelan, quelles sont les limites que l'artiste aurait franchies en exposant ainsi son œuvre ?

2 D'après les partisans de l'installation de Cattelan, quels sont les mérites principaux d'une telle démarche artistique ?

3 Pourquoi sommes-nous sensibles à la simple *représentation* d'une réalité insupportable, même lorsque nous savons qu'il s'agit seulement d'une image ?

À vous

Organisez un débat en classe sur le rôle de la provocation en art.

- Une partie de la classe défendra la thèse selon laquelle une œuvre d'art doit toujours chercher à déranger son public.
- L'autre partie de la classe affirmera qu'il existe des limites à ce qu'une œuvre d'art peut montrer.

SYNTHÈSE

▶ Faut-il juger une œuvre d'art en fonction de notre goût ?

Le goût s'applique à une grande diversité d'objets : l'art, mais aussi la nourriture, les personnes, les activités du quotidien. Cependant, il n'est pas sûr que l'on ait affaire, dans tous ces domaines, à la même forme de goût, et donc de plaisir.

- Montesquieu tente d'énumérer les conditions objectives du **plaisir esthétique**, comme s'il y avait un lien nécessaire entre la forme d'une chose et le plaisir qu'elle procure. → Texte 1 p. 12

- Hume conteste la valeur objective des critères esthétiques. Ce qui nous plaît ne tient pas aux propriétés objectives des choses mêmes, mais à notre disposition subjective à les aimer. Autrement dit, notre goût n'est jamais une justification suffisante pour parler d'une **beauté objective**, mais dépend de notre éducation. → Texte 2 p. 14

- Kant distingue nettement deux plaisirs : d'une part, ce qui est **agréable** pour mes sens, et que j'ai un intérêt à consommer (plaisir culinaire, plaisir de dormir, plaisir sexuel), et d'autre part le **plaisir désintéressé** que je ressens face à une œuvre d'art. → Texte 3 p. 16

▶ La beauté fait-elle une œuvre d'art réussie ?

Il semble que le jugement esthétique se résume au fait de parler de la beauté ou de la laideur d'une œuvre. Mais il existe des œuvres d'art qui échappent aux canons traditionnels de la beauté, ou qui représentent même délibérément des objets laids.

- Hannah Arendt propose une description originale de la beauté : une belle œuvre n'est pas simplement une œuvre jolie ou agréable, c'est une œuvre qui échappe à sa fonction première, qui **transcende son époque** et parvient à nous toucher malgré le passage du temps. → Texte 4 p. 17

- Umberto Eco propose de classer le laid en différentes catégories, pour souligner que ce que nous appelons « laid » peut se prêter à une **expérience esthétique**, et peut même nous plaire lorsqu'il est représenté avec talent. → Texte 5 p. 18

▶ L'artiste est-il un créateur ?

On parle volontiers de création artistique, de personnages créés dans un roman, ou même de « créateur de mode », comme si quelque chose de radicalement nouveau, de totalement absent auparavant, venait d'apparaître sous les mains de l'artiste.

- Platon refuse d'envisager l'artiste comme un créateur. Au contraire, il le considère comme un simple **imitateur**, dont l'unique talent consiste à singer les autres professions ou les autres réalités pour en produire l'image. → Texte 6 p. 20

- Bergson estime que l'art est forcément une activité créatrice, parce que le **processus** de production de l'œuvre d'art est long et imprévisible. L'artiste ne sait jamais à l'avance ce qu'il va produire, et chaque nouvelle étape de la production révèle de nouvelles possibilités. → Texte 7 p. 22

▶ Faut-il toujours chercher un sens dans une œuvre d'art ?

Nous avons souvent le réflexe de chercher le sens ou le message de l'artiste, comme si l'œuvre était une version codée de ce que l'artiste voudrait nous dire.

- Poe insiste sur la nécessité de ne pas rattacher une œuvre à un quelconque message, que ce message soit la vérité ou le bien moral. **L'art se suffit à lui-même** ; il est appréciable par lui-même, comme un objet libre et unique. → **Texte 8 p. 24**

- Nietzsche estime que, s'il est vrai que l'œuvre d'art n'est pas porteuse d'un message (de vérité ou de moralité), il serait excessif de croire que l'art n'exprime rien, ne donne rien à penser ou à ressentir, sur le modèle d'une communication entre l'artiste et le spectateur. → **Texte 9 p. 25**

VOCABULAIRE À RETENIR

Beauté

▶ Ce qui plaît à nos sens. La beauté d'une œuvre d'art dépasse la question de l'agréable et du désagréable.

Selon Arendt, la beauté d'une œuvre lui permet de dépasser le contexte matériel et historique de sa production.

Canon

▶ Norme à partir de laquelle on juge ce que l'on qualifie de « beau » ou de « laid ».

Hume estime que nos goûts sont influencés par des canons esthétiques qui dépendent de notre éducation et de notre culture.

Création

▶ Créer consiste à produire quelque chose d'inédit, qui surpasse en originalité toutes les productions antérieures.

Pour Bergson, le travail de l'artiste est un long processus qui aboutit à une réalité entièrement nouvelle, c'est-à-dire à une création.

Esthétique

▶ Étude des arts et de la beauté. Un jugement esthétique porte sur la beauté d'un objet, artistique ou naturel.

D'après Kant, le plaisir esthétique est procuré par un objet que l'on admire pour sa seule forme.

Génie

▶ Artiste qui propose des œuvres entièrement nouvelles et qui ouvre des perspectives insoupçonnées sur ce qu'il est possible de réaliser en art.

Selon Bergson, l'artiste a du génie dans la mesure où les œuvres qu'il crée sont imprévues, surprenantes.

Goût

▶ Disposition que nous possédons envers ce qui nous plaît et ce qui nous déplaît.

Montesquieu explique que notre goût est stimulé par l'ordre et l'harmonie des objets, ainsi que par le fait qu'ils nous surprennent.

Imitation

▶ On peut dire de l'artiste qu'il imite le réel, non pas parce qu'il le reproduit fidèlement, mais parce qu'il donne à ses créations un « air » de réalité (la vraisemblance).

Platon invite le citoyen à se méfier du talent d'imitation des artistes, qui peuvent déformer la réalité.

Interprétation

▶ Interpréter, c'est donner un sens à quelque chose : un discours, un message, mais aussi une œuvre d'art.

Nietzsche considère qu'il est possible d'interpréter les œuvres d'art comme une tentative d'expression et de communication par un artiste.

Comprendre un terme philosophique

1 Pour chacun des énoncés suivants, dites s'il s'agit d'un : jugement esthétique (qui porte sur la beauté ou la laideur, sur ce qui plaît ou déplaît à notre goût) • jugement intéressé (qui témoigne d'un désir ou d'un intérêt particulier pour un objet) • d'un jugement théorique (qui porte sur la connaissance objective des choses).
Plusieurs réponses sont parfois possibles.

a. Je n'aime pas les carottes cuites.

b. J'ai beaucoup apprécié notre conversation.

c. Le monologue du héros était poignant.

d. La Terre tourne autour du Soleil, et je trouve cela admirable.

e. La composition de la scène met en lumière la cruauté de l'événement.

f. Le bleu ne me va pas, je n'aime pas cette veste.

g. Sa voix est insupportable.

h. Cette sculpture est trop abstraite, elle ne me parle pas.

i. La chute du mur de Berlin est un événement crucial de la fin du XXe siècle.

j. Tout vient à point à qui sait attendre.

k. J'ai frémi lorsque les cuivres se sont mis à jouer, c'était sublime.

2 Retrouvez les définitions correspondant aux termes suivants : canon • création • esthétique • génie • jugement de goût • vraisemblance.

Définition 1 Énoncé par lequel on décrit ce qui nous plaît ou nous déplaît.

Définition 2 Règle ou convention qui établit une norme de la beauté.

Définition 3 Réalisation d'un objet radicalement nouveau, sans que rien d'équivalent le précède.

Définition 4 Disposition à créer une œuvre absolument originale, talent de celui qui innove radicalement.

Définition 5 Caractère qui permet à une fiction de donner une impression de vérité au spectateur, et d'emporter son adhésion (même s'il sait qu'il a affaire à une fiction).

Définition 6 Discipline qui étudie l'art en général, ainsi que les catégories qui lui sont rattachées (comme la beauté).

Réfléchir à partir d'une image

3 Observez l'illustration.

– Bonjour. Je m'appelle Ghislaine Lemoine-Renancourt. Je suis chargée de vous faire regarder ce que vous allez voir.

« Bonjour. Je m'appelle Ghislaine Lemoine-Renancourt. Je suis chargée de vous faire regarder ce que vous allez voir. »

• Illustration de Sempé in *Grands Rêves*, Denoël, p. 72

a. Quel type d'inégalité observe-t-on ici entre la guide (ou la critique d'art) et le public ?

b. Quel est le paradoxe dans la formule « vous faire regarder ce que vous allez voir » ?

c. Quelle différence y a-t-il entre « regarder » et « voir » ? Quel serait donc le travail de la guide ?

d. A-t-on besoin d'experts pour apprécier une œuvre d'art ? Répondez en vous appuyant sur votre culture, votre expérience et les œuvres reproduites dans ce chapitre.

Réfléchir à partir d'un texte littéraire

4 Lisez le texte suivant.

Chez Serge.
Posée à même le sol, une toile blanche, avec de fins liserés blancs transversaux.
Serge regarde, réjoui, son tableau.
Marc regarde le tableau.
Serge regarde Marc qui regarde le tableau.
Un long temps où tous les sentiments se traduisent sans mot.

MARC Cher ?
SERGE Deux cent mille.
MARC Deux cent mille ?... […]
SERGE Alors ?
MARC …
SERGE Tu n'es pas bien là. Regarde-le d'ici. Tu aperçois les lignes ?
MARC Comment s'appelle le…
SERGE Peintre. Antrios.
MARC Connu ?
SERGE Très. Très !
Un temps.
MARC Serge, tu n'as pas acheté ce tableau deux cent mille francs ?
SERGE Mais mon vieux, c'est le prix. C'est un ANTRIOS !
MARC Tu n'as pas acheté ce tableau deux cent mille francs !
SERGE J'étais sûr que tu passerais à côté.
MARC Tu as acheté cette merde deux cent mille francs ?!

Yasmina Reza, « *Art* » (1994)
© Albin Michel, p. 14-16

a. Sur quoi porte le désaccord entre les personnages ?
b. Quels sont les ressorts comiques de cette scène ?
c. En quoi cette scène est-elle révélatrice de paradoxes sur notre appréciation des œuvres d'art ?

Confronter des documents

Corrigé p. 237

5 Comparez ces représentations d'artistes au travail. Comment vous renseignent-elles sur la diversité des conditions dans lesquelles une œuvre est réalisée ? Correspondent-elles toutes à la vision que vous vous faites de l'art en général ?

• Le peintre Pierre Soulages, dans son atelier parisien (1989)

• Stanley Kubrick sur le tournage de *2001, l'Odyssée de l'espace* (1968)

• Eric Jackson Bradley et Tori Sparks jouant des extraits de *Macbeth* dans *Sleep No More* (New York, 2011)

Les spectateurs masqués évoluent au milieu du décor pour observer les acteurs qui jouent.

• Concert de l'Orchestre symphonique de Bamberg dans la mairie de Gutersloh (Allemagne, 2001)

MÉTHODE POUR LA **Dissertation**

▶ Trouver des idées pour traiter un sujet

Pour traiter un sujet de manière complète, vous devez trouver des idées. Commencez par analyser le sujet en réfléchissant aux arguments et aux débats qu'il peut susciter spontanément. Puis, examinez ses différents aspects pour éviter de chercher immédiatement à donner des réponses définitives.

Sujet L'art peut-il se passer de règles ?

Brouillon

VERSION NÉGATIVE : « Non, l'art ne peut pas se passer de règles. » → « L'art a besoin de règles. » → « Sans respect des règles, l'art manque son objectif. » → « L'objectif de l'art serait de respecter un certain standard, ou un ensemble de règles traditionnelles ».

VERSION POSITIVE : « Oui, l'art peut se passer de règles. » → « On peut très bien réussir une œuvre, ou produire une œuvre belle, sans se référer à des règles. » → « L'artiste est libre, il n'a pas besoin d'obéir à des lois ou à des conventions. » → « Une œuvre d'art n'est originale que si elle se situe en marge des règles du genre auquel elle appartient. »

■ ÉTAPE 1 : formuler des réponses
Commencez par imaginer rapidement les réponses possibles à la question posée pour voir ensuite comment vous pouvez les reformuler ou en tirer des conséquences plus précises.

- Quand parle-t-on de « règles de l'art » ?

= objet bien réalisé, ce qu'il se fait de plus classique / traditionnel.
Mais pas seulement domaine artistique.
Exemple : excellent gigot cuisiné « dans les règles de l'art ».
→ L'art possède des règles, comme toute technique artisanale : notions liées.

- Peut-on trouver des situations où l'art s'est dispensé d'obéir aux règles, et a néanmoins produit des œuvres marquantes ou « réussies » ?

→ Choix d'une rupture avec les règles établies.
Exemples : réalisme (Un enterrement à Ornans de Courbet), cubisme, dadaïsme, mouvements culturels « underground » (punk, rap, hip-hop) = gestes de rejet ou révolte envers les règles classiques de la pratique artistique et des valeurs (morales, esthétiques ou politiques).

■ ÉTAPE 2 : interroger chaque hypothèse
Demandez-vous dans quelle situation concrète l'hypothèse est validée, en notant des exemples.
On remarque ainsi qu'apprendre un art, c'est apprendre un ensemble de règles, de conventions. Il y a des « règles de l'art » lorsque celui-ci est relié à un savoir-faire plus ancien.

Procédez de même pour l'hypothèse concurrente.
Vous pouvez vous appuyer sur des œuvres étudiées pendant l'année (cf. p. 26).
Pensez à expliquer vos exemples, pour éviter d'être trop vague.

À vous

■ ÉTAPE 1 : formuler des réponses

1. Pour chacun des sujets suivants, imaginez une réponse positive sans la développer.

Sujet 1 **L'artiste a-t-il besoin de modèles ?**

Sujet 2 **L'art répond-il à un besoin ?**

Sujet 3 **Ce qui est beau est-il toujours inutile ?**

Sujet 4 **L'œuvre d'art doit-elle d'abord plaire ?**

2. Pour chacun des sujets suivants, imaginez une réponse négative sans la développer.

Sujet 5 **L'art s'enseigne-t-il ?**

Sujet 6 **L'art n'est-il qu'un divertissement ?**

Sujet 7 **Une œuvre d'art peut-elle ne pas être belle ?**

Sujet 8 **Peut-on apprendre à aimer une œuvre d'art ?**

Sujet 9 **Une œuvre d'art nous apprend-elle quelque chose ?**

3. Pour les sujets suivants, trouvez des situations concrètes vous permettant de justifier une réponse positive ou négative, selon votre inspiration.

Sujet 10 **L'artiste est-il maître de son œuvre ?**

Sujet 11 **Une œuvre d'art doit-elle avoir une signification ?**

Sujet 12 **L'art est-il l'expression d'une révolte ?**

Sujet 13 **L'art est-il une affaire de goût personnel ?**

■ ÉTAPE 2 : interroger chaque hypothèse

4. Choisissez l'un des sujets de l'exercice 1 pour développer une réponse positive en interrogeant l'hypothèse retenue.

5. Choisissez l'un des sujets de l'exercice 2 pour développer une réponse négative en interrogeant l'hypothèse retenue.

D'AUTRES SUJETS POUR S'ENTRAÎNER

Sujet 14 **L'humanité peut-elle se passer d'art ?**

Sujet 15 **Peut-on expliquer une œuvre d'art ?**

Sujet 16 **Pour aimer une œuvre d'art, faut-il la comprendre ?**

Sujet 17 **L'art nous rend-il meilleurs ?**

Sujet 18 **La nature est-elle un modèle pour l'artiste ?**

MÉTHODE POUR L' **Explication de texte**

▸ Mettre une thèse à l'épreuve de l'expérience

Expliquer un texte de philosophie, ce n'est pas le raconter (faire une paraphrase) ni réciter votre cours sans prêter attention à la particularité du propos de l'auteur. Vous devez mettre la thèse du texte et ses arguments à l'épreuve de la réalité et donc du monde dans lequel vous vivez, puis évaluer sa pertinence.

SUJET Platon, *La République* (IVe s. av. J.-C.) → *texte 6 p. 20*

Dans La République, Platon soutient que l'artiste se distingue de tous les autres artisans, parce qu'il se contente d'imiter les autres arts, sans rien produire de réel à son tour. En ce sens, l'artiste serait à la fois un imposteur et un manipulateur, car non seulement il fait croire à son public qu'il possède un savoir supérieur à tous les autres (il est capable de tout reproduire, de tout imiter, comme un dessinateur qui représente un bateau, un animal, et un bâtiment, sans être navigateur, biologiste ou architecte), mais il peut en outre déformer la réalité qu'il imite, tout en conservant la confiance de son public.

Mais ce constat peut-il s'appliquer à toutes les formes artistiques existantes ? Il est vrai que l'art du « trompe-l'œil » existe, et peut produire des illusions troublantes. De même, l'artiste est le plus compétent pour servir un discours idéologique, ou un discours de propagande : les fascismes de la première moitié du XXe siècle ont utilisé les ressources de l'art cinématographique, pictural ou encore musical pour déformer la réalité et diffuser leur idéologie.

Mais qu'observe-t-on, en dehors de ces phénomènes particuliers ? L'art est loin d'être seulement imitatif : si l'on s'intéresse à l'architecture, ou à la musique, quelles sont les réalités « imitées » par les artistes qui produisent de telles œuvres ? Par ailleurs, lorsque nous lisons un roman, ou que nous regardons un film, croyons-nous vraiment ce qui nous est raconté ? Bien au contraire, il semble que le plaisir esthétique ressenti dans ces situations vienne précisément du fait que nous savons que les faits racontés sont fantaisistes. Il est donc difficile de faire de la thèse de Platon une affirmation valable pour l'ensemble des activités et des productions artistiques.

■ ÉTAPE 1 : exposer la thèse de l'auteur
Vous devez d'abord restituer la thèse le plus précisément possible.
Usez des conjonctions qui marquent la reformulation ou l'explication.
N'hésitez pas à développer en cherchant des exemples illustrant ce qu'affirme l'auteur (même si ces exemples ne sont pas dans le texte : cela montre que vous faites un effort de recherche).

■ ÉTAPE 2 : justifier la thèse
Comme dans toute critique, faites dans un premier temps un effort de générosité, c'est-à-dire cherchez des raisons de reconnaître la pertinence de la thèse de l'auteur.

■ ÉTAPE 3 : nuancer la thèse
Vous pouvez ensuite montrer que la thèse peut rencontrer des limites.
Décrivez « ce que cela fait » de se confronter à l'objet dont parle l'auteur (ici, l'œuvre d'art).
Mais veillez à ce que cette expérience reste *impersonnelle*.
Pensez également à en tirer un bref bilan général sur le texte : l'expérience sert ici à comprendre un propos, elle ne suffit pas pour conclure l'analyse.

À vous

Sujet 1 Georg Wilhelm Friedrich Hegel, *Cours d'esthétique* (1835-1838)

La sauvagerie de la passion, [...] ce caractère fruste[1] et cette force indomptée de la passion, l'art les adoucit ne serait-ce qu'en permettant à l'homme de se représenter ce qu'il sent et accomplit en un tel état. Et même si l'art se contente de présenter à la contemplation des tableaux des différentes passions, y compris pour en faire un portrait flatteur, il exerce déjà en cela un pouvoir modérateur, dès lors qu'il porte au moins à la conscience de l'homme ce que sinon celui-ci ne fait qu'*être* immédiatement. Car dorénavant l'homme *observe* ses pulsions et ses penchants, et là où d'ordinaire ceux-ci l'entraînaient sans réflexion, il les voit à présent hors de lui et commence déjà, du fait qu'ils lui font face comme quelque chose d'objectif, à devenir libre à leur égard. C'est pourquoi l'artiste, lorsque la douleur s'empare de lui, peut souvent adoucir et atténuer l'intensité de sa propre sensation de souffrance en représentant celle-ci pour elle-même.

Vol. I, traduction de Jean-Pierre Lefebvre et Veronika von Schenck

1. **Fruste** : brutal, qui manque de finesse ou de délicatesse.

■ ÉTAPE 1 : exposer la thèse de l'auteur

1. Quelle est l'affirmation principale de Hegel, au sujet de l'influence de l'art sur l'esprit humain ?

■ ÉTAPE 2 : justifier la thèse

2. Si vous deviez défendre cette thèse, quels exemples utiliseriez-vous ?

■ ÉTAPE 3 : nuancer la thèse

3. Si vous deviez au contraire la réfuter, ou montrer qu'elle n'est pas valable en toutes circonstances, quels cas concrets choisiriez-vous d'étudier ?

Sujet 2 Henri Bergson, *Les Deux Sources de la morale et de la religion* (1932)

Une œuvre géniale, qui commence par déconcerter, pourra créer peu à peu par sa seule présence une conception de l'art et une atmosphère artistique qui permettront de la comprendre ; elle deviendra alors rétrospectivement géniale ; sinon, elle serait restée ce qu'elle était au début, simplement déconcertante. Dans une spéculation financière[1], c'est le succès qui fait que l'idée avait été bonne. Il y a quelque chose du même genre dans la création artistique, avec cette différence que le succès, s'il finit par venir à l'œuvre qui avait d'abord choqué, tient à une transformation du goût public opérée par l'œuvre même ; celle-ci était donc force en même temps que matière ; elle a imprimé un élan que l'artiste lui avait communiqué ou plutôt qui est celui même de l'artiste, invisible et présent en elle.

Œuvres, PUF, 1959, p. 1038

1. **Spéculation financière** : opération financière destinée à maximiser le profit (par l'achat ou par la vente).

■ ÉTAPE 1 : exposer la thèse de l'auteur

1. Quelle est l'affirmation principale de Bergson concernant les propriétés de l'œuvre « géniale », c'est-à-dire produite par un artiste de génie ?

■ ÉTAPES 2 ET 3 : justifier puis nuancer la thèse

2. Défendez cette thèse, en vous appuyant sur au moins deux exemples.
3. Choisissez ensuite un cas concret pour réfuter cette thèse.

Citations commentées

Dans votre copie, il est nécessaire de commenter systématiquement chaque citation pour montrer son intérêt philosophique. Cela signifie qu'il faut aussi réfléchir à ce qu'elle peut apporter au progrès de la réflexion dans la perspective d'une réponse précise au sujet traité.

1 « Est beau ce qui plaît universellement sans concept. »

Emmanuel Kant, *Critique de la faculté de juger* (1790)

Quand on dit qu'une chose est belle, elle est à nos yeux censée plaire à tous les êtres humains (« universellement »). Par ailleurs, ce qui est beau plaît « sans concept », c'est-à-dire sans que cela soit explicable par la théorie. Je ne peux pas démontrer qu'une chose est belle, ni convaincre par un raisonnement de la beauté d'une chose, dont je n'ai pas une expérience immédiate : pour juger de la beauté d'une chose, il faut la ressentir.

2 « L'art est contemplation des choses, indépendante du principe de raison. »

Arthur Schopenhauer, *Le Monde comme volonté et comme représentation* (1818)

Schopenhauer distingue l'acte de contempler et l'acte de raisonner : ainsi, on ne peut identifier l'expérience esthétique de l'œuvre d'art à un travail intellectuel. Ce sont la sensibilité et le désir qui sont mobilisés par l'œuvre, et non pas les principes de la logique. Il y aurait donc, dans l'art, une part nécessaire d'irrationnel, quelque chose que l'on ne peut expliquer ou démontrer de manière claire.

3 « L'art ne reproduit pas le visible ; il rend visible. »

Paul Klee, *La Théorie de l'art moderne* (1945)

Le mérite de l'artiste est de révéler des aspects du monde dont nous n'avions pas connaissance, ou que nous étions incapables d'identifier correctement. Ainsi, à la lecture d'un roman, ou face à une peinture, nous pouvons avoir l'impression que l'artiste a saisi la complexité d'un sentiment. Découvrir un artiste, c'est enrichir sa perception du monde, et se donner les moyens d'observer les choses avec plus de finesse.

4 « La vie imite l'art bien plus que l'art n'imite la vie. »

Oscar Wilde, *Le Déclin du mensonge* (1891)

De manière provocatrice, Wilde choisit de renverser l'idée selon laquelle l'art est un miroir du quotidien, pour affirmer qu'au contraire ce sont les œuvres d'art qui orientent notre manière de vivre. En effet, les chefs-d'œuvre, ainsi que les œuvres à large succès populaire ont un effet réel sur les cultures dans leur ensemble, tant au point de vue de l'éducation que du mode de vie ou du langage.

À vous

▶ **Commentez cette citation sur le modèle des citations 1 à 4.**

5 « Il n'est point de serpent ni de monstre odieux / Qui par l'art imité ne puisse plaire aux yeux. »
Nicolas Boileau, *Art poétique* (1674)

À lire, à voir

- **Un livre :** Patrick Süskind, *Le Parfum* (1985) → l'auteur propose un pari artistique original, en restituant le monde des odeurs par la littérature.
- **Un film :** *Faites le mur !* de Banksy (2010) → un documentaire consacré au street art et à l'une de ses principales figures, l'anonyme Banksy, qui dénonce les dérives de l'art contemporain.
- **Une série :** *D'art d'art* (depuis 2002) → diffusée sur France 2, mais aussi disponible en ligne, cette série documentaire présente et commente les œuvres majeures des arts plastiques (peinture, dessin, sculpture, photographie, collages) dans un format très court (moins de deux minutes).

2 La justice

Activité

Pouvez-vous toujours être juste dans vos jugements ?

• Capture écran du film ***Le Glaive et la Balance*** d'André Cayatte (1963)

Vidéo
Un extrait du film
hatier-clic.fr/20philot021

Contexte : Trois hommes sont jugés pour les meurtres d'un enfant et d'un policer. L'enquête établit que deux des trois hommes sont coupables, mais sans parvenir à déterminer lesquels sont impliqués dans le crime. Les jurés ont pourtant à rendre un verdict : libérer les trois accusés « au bénéfice du doute » ou risquer de condamner un innocent.

1 Pourquoi rendre un verdict consiste-t-il ici, pour les jurés, à choisir entre deux injustices ?

2 Les jurés ont peur de la foule qu'ils entendent aux fenêtres. Pourquoi ?

3 D'après vous, est-il plus injuste de condamner un innocent ou de libérer un coupable ?

Définir la notion

Autour de l'expression « Rendre (la) justice »

1 Rendre justice lors d'un litige

• Nicolas Poussin, *Le Jugement de Salomon* (1649), musée du Louvre

Deux femmes ont chacune mis au monde un enfant, mais l'un des deux est mort. Elles se disputent alors la maternité de l'enfant survivant, et sollicitent le roi Salomon. Celui-ci propose de couper l'enfant en deux parts égales.

a. Cette solution vous semble-t-elle juste ? Pourquoi ?

L'une des deux femmes cède pour sauver l'enfant. Salomon choisit de le lui donner, car il reconnaît le geste d'une mère.

b. En quoi cette décision finale est-elle plus juste que la première ? ▶ Vers le problème philosophique **« Toutes les inégalités sont-elles des injustices ? » p. 42**

2 Rendre justice à un artiste

Van Gogh n'est parvenu à vendre qu'une seule œuvre de son vivant. Désormais, ses tableaux attirent de nombreux visiteurs dans les musées.

a. En quoi peut-on dire que la postérité a rendu justice au talent de l'artiste ?

b. Est-il injuste de trouver un peintre meilleur qu'un autre ? ▶ Vers le problème philosophique **« Toutes les inégalités sont-elles des injustices ? » p. 42**

• Exposition au musée Barberini à Potsdam (Allemagne, 2019)

• Patrick Dils avec son avocat (2002)

3 Rendre justice à un innocent

En 1989, Patrick Dils est condamné pour meurtre. Il avoue les faits puis les nie. En 2002, son innocence est établie. Il est acquitté et dédommagé à hauteur d'un million d'euros.

a. En vous appuyant sur ce cas, faites une distinction entre rendre justice et rendre la justice.

b. Les décisions rendues par la justice sont-elles toujours justes ? ▶ Vers le problème philosophique **« Peut-on désobéir aux lois au nom de la justice ? » p. 46**

c. Peut-on dire que Patrick Dils a obtenu justice grâce à la compensation financière ? Pourquoi ? ▶ Vers le problème philosophique **« Qu'est-ce qu'obtenir justice ? » p. 50**

Définir la notion

Autour du mot « justice »

1 Justice et sentiment d'injustice

Il nous arrive spontanément d'éprouver un sentiment d'injustice face à certaines situations. Mais il n'est pas sûr que ce sentiment nous permette de déterminer de manière fiable ce qui est juste ou non.

a. Donnez des exemples de situations face auxquelles on pourrait s'exclamer : « C'est injuste ! »

Le moraliste Vauvenargues écrit : ***« Tout ce qui est injuste nous blesse, lorsqu'il ne nous profite pas directement. »***

b. Expliquez la citation. Donnez deux exemples pour l'illustrer.

c. Quelle est la principale motivation de l'être humain selon l'auteur ? ▸ Vers le problème philosophique **« Existe-t-il un désir naturel de justice ? » p. 40**

2 Justice et égalité

Pour définir la justice, on fait souvent appel à la loi du talion, ***« œil pour œil, dent pour dent »****.*

a. En quoi cette formule incarne-t-elle un principe de justice ?

b. Si on devait partager de la nourriture entre dix naufragés, quel partage vous semblerait le plus juste ? Serait-ce nécessairement de donner la même part à chacun ?

La discrimination positive consiste à favoriser des groupes de personnes victimes de discriminations, par exemple dans l'accès à l'emploi.

c. Cette mesure consiste-t-elle à refuser l'égalité ? ▸ Vers le problème philosophique **« Toutes les inégalités sont-elles des injustices ? » p. 42**

3 Justice légale et justice morale

Quand on parle de ce qui est juste, on peut vouloir dire deux choses distinctes : ***ce qui est autorisé par la loi*** *particulière d'un État, ou* ***ce qui est conforme à un idéal*** *de justice conçu comme universel.*
Par exemple, dans la plupart des pays du monde, l'excision, pratique qui consiste à mutiler une femme en lui amputant le clitoris, est interdite alors qu'elle ne l'est pas au Liberia ou en Sierra Leone.

a. En quel sens peut-on dire que la justice n'est pas la même partout ?

b. Peut-on dire pour autant que l'excision est une pratique juste, même dans les pays où elle est autorisée ? ▸ Vers le problème philosophique **« Peut-on désobéir aux lois au nom de la justice ? » p. 46**

4 Justice et institution judiciaire

Il faut distinguer la justice comme idéal et la justice comme institution judiciaire qui a pour rôle de sanctionner les infractions à la loi.

a. Expliquez les expressions suivantes, et précisez le sens du terme « justice » ou « justicier ».

Poursuivre quelqu'un en justice

Être un justicier

b. Recourir à l'institution judiciaire permet-il toujours d'obtenir justice ? Pourquoi ? ▸ Vers le problème philosophique **« Qu'est-ce qu'obtenir justice ? » p. 50**

Existe-t-il un désir naturel de justice ?

TEXTE 1 L'être humain répugne naturellement à commettre l'injustice.

Jean-Jacques Rousseau (1712-1778)

VOCABULAIRE

Pitié

Fait de souffrir face à la souffrance de l'autre. Pour Rousseau, il s'agit du sentiment qui fonde la morale et la justice chez l'homme.

Rousseau imagine un état qui précéderait la civilisation : l'état de nature dans lequel les êtres humains vivraient libres et solitaires. Cela lui permet de déterminer ce que pourrait être l'être humain s'il n'était pas transformé par la société.

La pitié est un sentiment naturel, qui, modérant dans chaque individu l'activité de l'amour de soi-même[1], concourt à la conservation mutuelle de toute l'espèce. C'est elle qui nous porte sans réflexion au secours de ceux que nous voyons souffrir ; c'est elle qui, dans l'état de nature, tient lieu de lois, de mœurs et de vertu, avec cet avantage que nul n'est tenté de désobéir à sa douce voix ; c'est elle qui détournera tout sauvage robuste d'enlever à un faible enfant ou à un vieillard infirme sa subsistance acquise avec peine, si lui-même espère pouvoir trouver la sienne ailleurs ; c'est elle qui, au lieu de cette maxime[2] sublime de justice raisonnée, *Fais à autrui comme tu veux qu'on te fasse,* inspire à tous les hommes cette autre maxime de bonté naturelle, bien moins parfaite, mais plus utile peut-être que la précédente, *Fais ton bien avec le moindre mal d'autrui qu'il est possible.* C'est, en un mot, dans ce sentiment naturel, plutôt que dans des arguments subtils, qu'il faut chercher la cause de la répugnance que tout homme éprouverait à mal faire, même indépendamment des maximes de l'éducation.

Jean-Jacques Rousseau, *Discours sur l'origine et les fondements de l'inégalité parmi les hommes* (1755), GF Flammarion, p. 214-215

1. **Amour de soi-même** : tendance naturelle à la conservation de soi.
2. **Maxime** : principe de conduite.

REPÈRES

Intuitif / discursif

Est **intuitif** ce qui relève d'une connaissance directe et immédiate. Est **discursif** ce qui se connaît par le discours logique et par le raisonnement. Selon Rousseau, c'est intuitivement que l'on sait ce qui est moral et juste, car la pitié est un sentiment immédiat. Il n'est pas nécessaire de raisonner pour ressentir de la pitié.

Questions PERSPECTIVE D'ÉTUDE : *l'existence humaine et la culture*

1 Expliquez :
« La pitié est un sentiment naturel, qui, modérant dans chaque individu l'activité de l'amour de soi-même, concourt à la conservation mutuelle de toute l'espèce. » (l. 1-2)

2 Quelles différences existe-t-il entre la pitié et la « justice raisonnée » (l. 8) d'après l'auteur ?

3 **SUJET DE RÉFLEXION** Face à la souffrance de l'autre, éprouve-t-on toujours de la pitié ? Qu'est-ce qui peut atténuer ou au contraire favoriser ce sentiment ?

APPROFONDIR Lisez un résumé du mythe d'Œdipe. hatier-clic.fr/20philot022
Pourquoi Œdipe a-t-il été épargné ? Quelles en sont les conséquences ?

TEXTE 2 Les êtres humains ne sont pas justes parce qu'ils le désirent, ils le sont par contrainte.

Platon
(428-348 av. J.-C.)

Le personnage de Glaucon répond ici à Socrate. Pour ce dernier, l'être humain désire naturellement être juste, car la justice est un bien. On ne serait donc injuste que par ignorance. Or, du point de vue de Glaucon, cette idée est une illusion.

Que ceux qui pratiquent la justice le fassent contre leur gré et par impuissance à commettre l'injustice, nous le saisirons très bien si nous nous représentons en pensée la situation suivante. Accordons à l'homme juste et à l'homme injuste un même pouvoir de faire ce qu'ils souhaitent ; ensuite, accompagnons-les et regardons où le désir de chacun va les guider. Nous trouverons l'homme juste s'engageant à découvert sur le même chemin que l'homme injuste, mû par son appétit du gain, cela même que toute la nature poursuit naturellement comme un bien, mais qui se voit ramené par la force de la loi au respect de l'équité[1]. [...] Supposons à présent qu'il existe deux anneaux de ce genre[2], l'un au doigt du juste, l'autre au doigt de l'injuste : il n'y aurait personne, semble-t-il, d'assez résistant pour se maintenir dans la justice et avoir la force de ne pas attenter aux biens d'autrui et de ne pas y toucher, alors qu'il aurait le pouvoir de prendre impunément au marché ce dont il aurait envie, de pénétrer dans les maisons pour s'unir à qui lui plairait, et de tuer les uns, libérer les autres de leurs chaînes selon son gré, et d'accomplir ainsi dans la société humaine tout ce qu'il voudrait, à l'égal d'un dieu. S'il se comportait de la sorte, il ne ferait rien de différent de l'autre, et de fait les deux tendraient au même but. On pourrait alors affirmer qu'on tient là une preuve de poids que personne n'est juste de son plein gré, mais en y étant contraint, compte tenu du fait qu'on ne l'est pas personnellement en vue d'un bien : partout, en effet, où chacun croit possible pour lui de commettre l'injustice, il le fait. Car tout homme croit que l'injustice lui est beaucoup plus avantageuse individuellement que la justice, et c'est à juste titre que chacun le pense.

PLATON, *La République*, livre II, 359b-360d, traduction de Georges Leroux

1. **Équité** : voir définition p. 43.
2. Glaucon vient ici de raconter le mythe de l'anneau de Gygès (voir l'anecdote).

ANECDOTE

L'anneau de Gygès

Ce mythe, imaginé par Platon, raconte l'histoire du berger Gygès qui lors d'un orage voit une faille s'ouvrir dans la terre. Il y découvre un anneau au doigt d'un cadavre et s'aperçoit que cet anneau a le pouvoir de le rendre invisible. Il décide d'utiliser ce pouvoir pour séduire la reine et faire assassiner le roi afin de prendre sa place sur le trône.

REPÈRES

Obligation / contrainte

L'**obligation** est un devoir que nous choisissons de respecter. La **contrainte** est une nécessité qui s'impose à nous par la force, nous ne pouvons choisir de nous y soustraire. Ici, Glaucon fait de la justice, non une obligation, mais une contrainte.

Questions

PERSPECTIVE D'ÉTUDE : *l'existence humaine et la culture*

1. Que veut montrer Glaucon en faisant référence au mythe de l'anneau de Gygès ?
2. Expliquez : « personne n'est juste de son plein gré, mais en y étant contraint, compte tenu du fait qu'on ne l'est pas personnellement en vue d'un bien » (l. 17-18)
3. Selon Glaucon, qu'est-ce qui distingue réellement l'homme juste de l'homme injuste ?
4. SUJET DE RÉFLEXION Serions-nous justes si nous n'avions pas à subir le regard de l'autre ?

Toutes les inégalités sont-elles des injustices ?

TEXTE 3 Ce sont les inégalités qui sont justes.

Platon
(428-348 av. J.-C.)

Platon met en scène Calliclès, personnage fictif qui donne ici la réplique à Socrate. Pour Calliclès, la justice consiste à respecter les inégalités naturelles existant entre les hommes.

Certes, ce sont les faibles, la masse des gens, qui établissent les lois, j'en suis sûr. C'est donc en fonction d'eux-mêmes et de leur intérêt personnel que les faibles font les lois, qu'ils attribuent des louanges, qu'ils répartissent des blâmes. Ils veulent faire peur aux hommes plus forts qu'eux et qui peuvent leur être supérieurs. C'est pour empêcher que ces hommes ne leur soient supérieurs qu'ils disent qu'il est vilain, qu'il est injuste, d'avoir plus que les autres et que l'injustice consiste justement à vouloir avoir plus. Car, ce qui plaît aux faibles, c'est d'avoir l'air d'être égaux à de tels hommes, alors qu'ils leur sont inférieurs.

Et quand on dit qu'il est injuste, qu'il est vilain, de vouloir avoir plus que la plupart des gens, on s'exprime en se référant à la loi. Or, au contraire, il est évident, selon moi, que la justice consiste en ce que le meilleur ait plus que le moins bon et le plus fort plus que le moins fort. Partout il en est ainsi, c'est ce que la nature enseigne, chez toutes les espèces animales, chez toutes les races humaines et dans toutes les cités ! Si le plus fort domine le moins fort et s'il est supérieur à lui, c'est là le signe que c'est juste.

PLATON, *Gorgias*, 483b-484a, traduction de Monique Canto
© Flammarion, 2018, p. 214-215

VOCABULAIRE

Droit du plus fort
Idée selon laquelle le plus fort aurait le droit de dominer le plus faible. Mais cette expression montre la faiblesse de la position de Calliclès : quand le plus faible obéit au plus fort, ce n'est pas parce qu'il s'y sent obligé et qu'il lui en reconnaît le droit, mais parce qu'il ne peut pas échapper à cette contrainte.

REPÈRES

En fait / en droit
Le fait désigne ce qui est ; le droit désigne ce qui devrait être parce que c'est conforme à la loi ou à la justice. Pour Calliclès, puisque les hommes sont inégaux **en fait**, on ne doit pas les traiter de manière égale **en droit**. Il s'oppose ainsi au principe de l'égalité de droit qui consiste à traiter les individus de la même façon, en dépit des inégalités de fait qui peuvent exister.

Questions PERSPECTIVE D'ÉTUDE : *l'existence humaine et la culture*

1 Expliquez :
« C'est donc en fonction d'eux-mêmes et de leur intérêt personnel que les faibles font les lois » (l. 1-2)

2 Comment Calliclès définit-il la justice ? En quoi cela contredit-il l'opinion courante ?

3 SUJET DE RÉFLEXION Est-il juste de passer de l'idée qu'il existe des inégalités de fait à celle qu'il doit exister des inégalités de droit ? Appuyez-vous sur des exemples.

Recherche Calliclès affirme que le droit du plus fort règne chez toutes les espèces animales, mais est-ce toujours le cas ? Renseignez-vous sur les comportements d'empathie et de solidarité des animaux, en particulier des chimpanzés et des capucins, en vous appuyant sur les travaux de Frans de Waal. hatier-clic.fr/20philot023

TEXTE 4 Il faut distinguer deux types d'égalité.

Aristote
(384-322 av. J.-C.)

Équité
Principe de justice consistant à prendre en compte les différences entre les situations des individus afin de déterminer ce qui leur est dû. L'équité se distingue donc de l'égalité stricte qui conduit à traiter les individus de manière identique en négligeant leurs différences.

Afin de déterminer ce qui est dû à chacun, Aristote distingue ici deux formes d'égalité : l'égalité arithmétique, qui consiste en une stricte égalité, et l'égalité de proportion ou équité, qui prend en compte l'inégalité entre les situations des individus.

De la justice particulière et du juste qui y correspond, une première espèce est celle qui intervient dans la distribution des honneurs, ou des richesses, ou des autres avantages qui se répartissent entre les membres de la communauté politique [...]. Si, en effet, les personnes ne sont pas égales, elles n'auront pas des parts égales ; mais les contestations et les plaintes naissent quand, étant égales, les personnes possèdent ou se voient attribuer des parts non égales, ou quand, les personnes n'étant pas égales, leurs parts sont égales. On peut encore montrer cela en s'appuyant sur le fait qu'on tient compte de la valeur propre des personnes. Tous les hommes reconnaissent, en effet, que la justice dans la distribution doit se baser sur un mérite de quelque sorte, bien que tous ne désignent pas le même mérite [...]. Au contraire, le juste dans les transactions privées, tout en étant une sorte d'égal, et l'injuste une sorte d'inégal, n'est cependant pas l'égal selon la proportion de tout à l'heure, mais selon la proportion arithmétique. Peu importe, en effet, que ce soit un homme de bien qui ait dépouillé un malhonnête homme, ou un malhonnête homme un homme de bien [...] : la loi n'a égard qu'au caractère distinctif du tort causé, et traite les parties à égalité, se demandant seulement si l'une a commis, et l'autre subi, une injustice, ou si l'une a été l'auteur et l'autre la victime d'un dommage. Par conséquent, cet injuste dont nous parlons, qui consiste dans une inégalité, le juge s'efforce de l'égaliser.

ARISTOTE, *Éthique à Nicomaque*, livre V, 5-7, traduction de Jules Tricot

REPÈRES

Identité / égalité / différence
L'**identité** désigne le fait d'être le même : ainsi, avoir une identité, c'est être et rester le même. La **différence** caractérise au contraire ce qui distingue un être d'un autre. Enfin, l'**égalité** caractérise des choses qui sont identiques sous un certain rapport (même quantité, qualité ou valeur).

Questions PERSPECTIVE D'ÉTUDE : *la morale et la politique*

1 Selon Aristote, dans quels domaines faut-il prendre en compte l'inégalité de mérite des individus ? Dans quels autres domaines ne faut-il pas en tenir compte ?

2 D'après l'auteur, quelles situations font naître en nous un sentiment d'injustice ?

3 **SUJET DE RÉFLEXION** Peut-on dire avec Aristote que pour rendre justice, « Peu importe [...] que ce soit un homme de bien qui ait dépouillé un malhonnête homme, ou un malhonnête homme un homme de bien » ? (l. 13-14)

En groupes Répartissez-vous en deux groupes. Le premier groupe défendra que la rétribution au mérite est justifiée, l'autre que le mérite d'un individu est trop difficile à évaluer pour constituer un critère de justice. Vous pouvez vous appuyer sur les arguments de Mill (texte 5 p. 44).

Toutes les inégalités sont-elles des injustices ?

TEXTE 5 Les inégalités sont acceptables si elles participent au bien-être du plus grand nombre.

John Stuart Mill (1806-1873)

VOCABULAIRE

Utilité

Pour la philosophie utilitariste que représente Mill, le critère d'utilité signifie qu'une action est bonne si elle est utile afin de parvenir au bonheur du plus grand nombre. Pour le déterminer, il faut calculer les plaisirs et les peines engendrées par cette action.

Selon Mill, le problème consistant à déterminer ce qui est juste s'est révélé jusqu'alors insoluble. Nous avons donc besoin d'un nouveau critère, celui de l'utilité, pour déterminer ce qu'il est réellement juste ou non de faire.

Dans une société coopérative de production, est-il juste ou non que le talent ou l'habileté donnent droit à une rémunération plus élevée ? Ceux qui répondent négativement à la question font valoir l'argument suivant : celui qui fait ce qu'il peut a le même mérite et ne doit pas, en toute justice, être placé dans une position d'infériorité s'il n'y a pas faute de sa part ; les aptitudes supérieures constituent déjà des avantages plus que suffisants, par l'admiration qu'elles excitent, par l'influence personnelle qu'elles procurent, par les sources intimes de satisfaction qu'elles réservent, sans qu'il faille y ajouter une part supérieure des biens de ce monde ; et la société est tenue, en toute justice, d'accorder une compensation aux moins favorisés, en raison de cette inégalité injustifiée d'avantages plutôt que de l'aggraver encore.

À l'inverse, les autres disent : la société reçoit davantage du travailleur dont le rendement est supérieur ; ses services étant plus utiles, la société doit les rémunérer plus largement ; une part plus grande dans le produit du travail collectif est bel et bien son œuvre ; la lui refuser quand il la réclame, c'est une sorte de brigandage. […] Qui décidera entre ces appels à des principes de justice divergents ? […] C'est l'utilité sociale seule qui permet de décider entre l'un et l'autre.

John Stuart Mill, *L'Utilitarisme* (1861), traduction de Georges Tanesse © Flammarion, 1968, 2018, p. 120-121

ANECDOTE

Le dilemme du tramway

Imaginons le conducteur d'un tramway dont les freins auraient lâché. Doit-il renverser les cinq personnes présentes sur les rails face à lui ou dévier le tramway afin de n'en tuer qu'une seule ? Et qu'en serait il si le seul moyen d'arrêter le tramway et donc de sauver cinq personnes était de pousser un homme sur les rails ?

(source : Philippa Foot en 1967)

Questions PERSPECTIVE D'ÉTUDE : *la morale et la politique*

1 Mill oppose d'abord deux conceptions différentes de la justice. Lesquelles ?

2 Expliquez : « C'est l'utilité sociale seule qui permet de décider entre l'un et l'autre. » (l. 15-16)

3 **SUJET DE RÉFLEXION** Nos talents nous appartiennent-ils ? Ne dépendent-ils que de nous et ne doivent-ils profiter qu'à nous ?

Travail d'invention Sur le modèle de l'exemple du dilemme du tramway, imaginez d'autres cas de figure permettant de réfléchir à la pertinence et au danger du critère d'utilité pour déterminer ce qui est juste.

TEXTE 6 Les inégalités ne sont acceptables que si elles participent au bien de chacun et non seulement à celui de la majorité.

John Rawls
(1921-2002)

John Rawls cherche à montrer sur quels principes pourrait se construire une société juste. Il imagine alors une situation fictive qu'il appelle le « voile d'ignorance ».

Parmi les traits essentiels de cette situation, il y a le fait que personne ne connaît sa place dans la société, sa position de classe ou son statut social, pas plus que personne ne connaît le sort qui lui est réservé dans la répartition des capacités et des dons naturels, par exemple l'intelligence, la force, etc. [...] Les principes de la justice sont choisis derrière un voile d'ignorance. [...] La question reste posée de savoir si le principe d'utilité serait alors reconnu. À première vue, il semble tout à fait improbable que des personnes se considérant elles-mêmes comme égales, ayant le droit d'exprimer leurs revendications les unes vis-à-vis des autres, consentent à un principe qui puisse exiger une diminution des perspectives de vie de certains, simplement au nom de la plus grande quantité d'avantages dont jouiraient les autres. [...] Je soutiendrai que les personnes placées dans la situation initiale choisiraient deux principes assez différents. Le premier exige l'égalité dans l'attribution des droits et des devoirs de base. Le second, lui, pose que des inégalités socio-économiques, prenons par exemple des inégalités de richesse et d'autorité, sont justes si et seulement si elles produisent, en compensation, des avantages pour chacun et, en particulier, pour les membres les plus désavantagés de la société. [...] Il peut être opportun, dans certains cas, que certains possèdent moins afin que d'autres prospèrent, mais ceci n'est pas juste. Par contre, il n'y a pas d'injustice dans le fait qu'un petit nombre obtienne des avantages supérieurs à la moyenne, à condition que soit par là même améliorée la situation des moins favorisés.

JOHN RAWLS, *Théorie de la justice* (1971), « Empreintes », traduction de Catherine Audard © Éditions du Seuil, 1987, pour la traduction française, « Points Essais », 2009, p. 38-41

VOCABULAIRE

Voile d'ignorance
Dispositif fictif qui permettrait d'ignorer tout de sa position sociale, de ses talents, ou de ses aptitudes. Les principes à même de fonder une société juste seraient alors ceux que les hommes accepteraient sous un « voile d'ignorance », c'est-à-dire sans être influencés par leurs intérêts particuliers.

REPÈRES

Principe / cause / fin
Ces trois termes permettent de répondre à la question « pourquoi ? ». Le **principe** signifie ce qui vient en premier ou ce qui est la raison d'être de quelque chose, son fondement. La **cause** désigne ce qui produit un effet et permet de l'expliquer. La **fin** renvoie au but d'un phénomène. Ici, ce sont les principes d'une société juste que recherche Rawls.

+ prof
Un extrait du film *Parasite* de Bong Joon Ho (2019)

Questions PERSPECTIVE D'ÉTUDE : *la morale et la politique*

1 Selon Rawls, deux principes de justice devraient fonder une société juste. Lesquels ?

2 Pourquoi le principe d'utilité n'en fait-il pas partie ? Appuyez-vous sur la définition du terme « utilité » (p. 44).

3 **SUJET DE RÉFLEXION** Les principes de justice établis par Rawls font-ils obstacle à la liberté des individus ?

En groupes Formez quatre groupes. Chaque groupe réfléchit à la société qui lui semble la plus juste et aux principes qui pourraient la fonder. Confrontez ensuite vos positions.

Peut-on désobéir aux lois au nom de la justice ?

TEXTE 7 Seule la loi instituée par l'État peut nous dire ce qui est juste.

Thomas Hobbes
(1588-1679)

VOCABULAIRE

État de nature

Chez Hobbes, toute situation dans laquelle il n'existe pas de pouvoir commun qui contrôle les individus. Aucune loi ne vient régir les comportements.

S'il n'existe pas de loi pour garantir leur sécurité aux êtres humains, tout individu a le droit de faire tout ce qui est en son pouvoir pour survivre. On ne peut donc, pour Hobbes, parler de juste et d'injuste en dehors des lois.

Ceci aussi est une conséquence de cette guerre de chacun contre chacun[1] : que rien ne peut être injuste. Les notions du bon et du mauvais, du juste et de l'injuste n'ont pas leur place ici. Là où n'existe aucune puissance commune, il n'y a pas de loi ; là où il n'y a pas de loi, rien n'est injuste. En temps de guerre, la force et la tromperie sont les deux vertus cardinales[2]. Justice et injustice ne sont aucunement des facultés du corps ou de l'esprit. Si elles l'étaient, ce serait celles d'un humain seul au monde, comme le sont ses sensations et ses passions. Ce sont des qualités relatives à l'humain en société, non à l'humain solitaire. C'est aussi une conséquence de ce même état qu'il n'y a ni propriété, ni pouvoir, ni distinction du *tien* et du *mien*, et que ce qui peut appartenir à chacun, c'est ce qu'il peut obtenir et conserver aussi longtemps qu'il le pourra. Tel est donc le misérable état du genre humain dans lequel il se trouve par nature[3].

THOMAS HOBBES, *Léviathan* (1651), chapitre 13, traduction de Gérard Mairet, Folio essais © Éditions Gallimard, p. 227-228

1. **Guerre de chacun contre chacun** : s'il n'y a pas de lois, les humains désireux de survivre vont se méfier les uns des autres et chercher à se protéger, créant un climat propice à la violence.
2. **Vertus cardinales** : qualités morales essentielles, parmi lesquelles on compte traditionnellement la prudence ou le courage.
3. **Par nature** : renvoie à l'état de nature tel que le définit Hobbes.

Questions PERSPECTIVE D'ÉTUDE : *la morale et la politique*

1 Expliquez :
« Là où n'existe aucune puissance commune, il n'y a pas de loi ; là où il n'y a pas de loi, rien n'est injuste. » (l. 3-4)

2 Pourquoi Hobbes fait-il de la force et de la tromperie des « vertus cardinales » ? En quoi est-ce étonnant ?

3 **SUJET DE RÉFLEXION** S'il n'y avait pas de lois, pourrait-on savoir ce qui est juste ?

RECHERCHE Selon Hobbes, en l'absence de lois et d'un pouvoir fort pour les faire respecter, l'homme serait dans un état de misère, que l'on qualifie souvent d'anarchie. Cherchez la définition du mot « anarchisme ». Les mouvements anarchistes veulent-ils le désordre ? Quelles sont leurs principales revendications ? hatier-clic.fr/20philot024

TEXTE 8 Ce ne sont pas les lois qui nous enseignent ce qui est juste.

Cicéron
(106-43 av. J.-C.)

Selon Cicéron, il ne suffit pas qu'une loi soit approuvée pour être juste. Seule la nature, et non la loi, nous permet de distinguer la justice de l'injustice.

[Ce] qui est complètement insensé, c'est de considérer comme étant « juste » tout ce qui figure dans les institutions et les lois des peuples, ou même, les lois (en admettant qu'il en soit !), portées par des tyrans[1]. Si les Trente d'Athènes[2] avaient eu la volonté d'imposer des lois ou si le peuple athénien tout entier s'était complu en leurs lois tyranniques, serait-ce une raison pour les réputer « justes » ? [...]

Si le droit se fondait sur la volonté des peuples, sur les décrets des chefs ou la sentence des juges, on aurait alors le droit de faire le métier de brigand, de commettre l'adultère, de fabriquer de faux testaments, si de tels actes obtenaient l'agrément des votes ou des résolutions de la masse.

Mais si l'opinion ou la volonté des gens insensés jouit d'un tel pouvoir [...], pourquoi ne décident-ils pas que ce qui est mauvais et nuisible passera dorénavant pour bon et salutaire ? Ou encore, pourquoi, puisque la loi peut créer le droit à partir de l'injuste, ne pourrait-elle pas créer le bien avec ce qui est mal ? En tous cas, pour ce qui est de nous, nous ne pouvons distinguer la loi bonne de la loi mauvaise en vertu d'aucune autre règle que celle de la nature. [...]

Croire qu'elles dépendent de l'opinion au lieu de les fonder sur la nature, c'est le fait d'un individu insensé.

CICÉRON, *Traité des lois*, livre I, traduction de Georges de Plinval
, p. 23-25

1. **Tyran** : celui qui s'empare du pouvoir par la force et qui l'exerce de manière absolue, sans partage.
2. **Les Trente d'Athènes** : tyrannie de trente magistrats imposée par Sparte à Athènes en 404 avant J.-C., après la guerre du Péloponnèse.

VOCABULAIRE

Nature

Chez Cicéron, il s'agit de l'ordre des choses tel que les êtres humains devraient s'y conformer. La nature s'oppose à ce qui est artificiel ou conventionnel, c'est-à-dire à ce qui a été décidé par les humains.

VOCABULAIRE

Droit positif / droit naturel

Le **droit positif** est l'ensemble du droit tel qu'il est défini par les lois d'un pays. Au contraire, on appelle **droit naturel** les droits qu'aurait tout être humain en tant qu'humain, et qui devraient être respectés dans tous les pays.

Questions

PERSPECTIVE D'ÉTUDE : *la morale et la politique*

1. En quoi l'idée selon laquelle tout ce qui est légal serait aussi légitime est-elle absurde ? Quelles conséquences en découlent ?
2. Sur quel principe une loi juste est-elle fondée selon Cicéron ? Dès lors, la justice peut-elle différer d'un pays à l'autre ?
3. **SUJET DE RÉFLEXION** L'idée d'un droit naturel peut-elle constituer un motif légitime de désobéissance ?

Peut-on désobéir aux lois au nom de la justice ?

TEXTE 9 Il n'est pas juste de désobéir aux lois car elles garantissent la paix sociale.

Baruch Spinoza
(1632-1677)

REPÈRES

Légal / légitime

Ce qui est **légal** désigne ce qui est conforme à la loi. Ce qui est **légitime** signifie ce qui est conforme à la justice comme principe moral. Pour Spinoza, ce qui est légal est aussi légitime. Mais cette distinction nous invite à réfléchir à ce qui les distingue.

Pour Spinoza, la désobéissance aux lois mettrait en péril le plus grand bien que nous pouvons attendre de la société : la paix.

Nous voyons donc que chaque citoyen relève non de son droit mais du droit de la Cité[1] dont il est tenu d'exécuter tous les ordres, et qu'il n'a aucunement le droit de déterminer ce qui est juste ou injuste […]. La raison enseigne en tout à rechercher la paix, dont on ne peut certes jouir que si les règles de droit communes de la Cité sont observées sans violations : par conséquent, plus un homme est conduit par la raison, c'est-à-dire, plus il est libre, plus constamment il observera les règles de droit de la Cité et exécutera les ordres du Souverain dont il est le sujet. Dans le même sens va le fait que la société civile est naturellement instituée pour ôter la crainte commune et chasser les misères communes, et qu'ainsi elle tend précisément à ce vers quoi tout homme conduit par la raison ferait effort, mais en vain, dans l'état de nature[2]. C'est pourquoi, si un homme conduit par la raison doit faire parfois, sur ordre de la Cité, ce qu'il sait être contraire à la raison, ce dommage est largement compensé par le bien qu'il tire de la société civile prise en elle-même : car c'est aussi une loi de la raison que de deux maux il faut choisir le moindre […].

Baruch Spinoza, *Traité politique* (1677), chapitre III, traduction de Charles Ramond

1. **Relever de son droit** c'est n'obéir qu'à sa volonté ; **relever du droit de la Cité**, c'est obéir à l'État.
2. **État de nature** : état qui précéderait l'état social garanti par l'État et ses lois.

Questions PERSPECTIVE D'ÉTUDE : *la morale et la politique*

1 Dans quel but la société a-t-elle été instituée selon Spinoza ?

2 Expliquez :

a. « par conséquent, plus un homme est conduit par la raison, c'est-à-dire, plus il est libre, plus constamment il observera les règles de droit de la Cité et exécutera les ordres du Souverain dont il est le sujet. » (l. 5-7)

b. « si un homme conduit par la raison doit faire parfois, sur ordre de la Cité, ce qu'il sait être contraire à la raison, ce dommage est largement compensé par le bien qu'il tire de la société civile prise en elle-même » (l. 10-13)

3 **SUJET DE RÉFLEXION** Faut-il vouloir la paix à tout prix ?

TEXTE 10 Celui qui désobéit aux lois n'est pas toujours criminel.

Hannah Arendt
(1906-1975)

Pour Hannah Arendt, il est nécessaire de distinguer l'infraction à la loi faite pour des raisons privées de celle qui constitue un véritable acte de désobéissance civile.

Des actes de désobéissance civile interviennent lorsqu'un certain nombre de citoyens ont acquis la conviction que les mécanismes normaux de l'évolution ne fonctionnent plus ou que leurs réclamations ne seront pas entendues ou ne seront suivies d'aucun effet – ou encore, tout au contraire, lorsqu'ils croient possible de faire changer d'attitude un gouvernement qui s'est engagé dans une action dont la légalité et la constitutionnalité[1] sont gravement mises en doute. […]

Il existe une différence essentielle entre le criminel qui prend soin de dissimuler à tous les regards ses actes répréhensibles et celui qui fait acte de désobéissance civile en défiant les autorités et s'institue lui-même porteur d'un autre droit. […]

Le délinquant de droit commun[2], par contre, même s'il appartient à une organisation criminelle, agit uniquement dans son propre intérêt ; il refuse de s'incliner devant la volonté du groupe, et ne cédera qu'à la violence des services chargés d'imposer le respect de la loi. Celui qui fait acte de désobéissance civile, tout en étant généralement en désaccord avec une majorité, agit au nom et en faveur d'un groupe particulier. Il lance un défi aux lois et à l'autorité établie à partir d'un désaccord fondamental, et non parce qu'il entend personnellement bénéficier d'un passe-droit.

HANNAH ARENDT, *Du mensonge à la violence* (1972),
traduction de Guy Durand © Éditions Calmann-Lévy, 1972
© 1969, 1970 by Hannah Arendt, p. 76-77

VOCABULAIRE

Désobéissance civile
Refus public de se soumettre à une loi jugée injuste pour la dénoncer. La désobéissance civile est un acte politique à distinguer de la délinquance pour Arendt.

+ prof
Extrait de Frédéric Gros, ***Désobéir*** (2017)

1. **Constitutionnalité** : conformité à la constitution. La constitution est un texte fondamental qui fixe les valeurs et les principes d'une république.
2. **Délinquant de droit commun** : qui commet des infractions à la loi sans chercher à remettre en cause l'ordre politique.

QUESTIONS PERSPECTIVE D'ÉTUDE : *la morale et la politique*

1 À quelles conditions peut-on parler de désobéissance civile selon l'auteure ?

2 Expliquez :
« Il existe une différence essentielle entre le criminel qui prend soin de dissimuler à tous les regards ses actes répréhensibles et celui qui fait acte de désobéissance civile en défiant les autorités et s'institue lui-même porteur d'un autre droit. » (l. 7-9)

3 **SUJET DE RÉFLEXION** Quand peut-il être juste de désobéir ?

EN GROUPES Formez quatre groupes. Chaque groupe présentera une forme de désobéissance civile qui lui semble légitime afin de réfléchir à la question suivante : existe-t-il des formes de révolte plus justes que d'autres ?

Qu'est-ce qu'obtenir justice ?

TEXTE 11 Ce n'est pas par la vengeance mais par la punition que l'on obtient justice.

Georg Wilhelm Friedrich Hegel (1770-1831)

REPÈRES

Objectif / subjectif

Est **subjectif** ce qui se rapporte au sujet, à son point de vue, à ses préférences. Est **objectif** ce qui se rapporte à l'objet, ce qui ne dépend pas du sujet, ce qui est donc valable pour tous. Les raisons de la vengeance sont toujours subjectives pour Hegel car elles sont propres au sujet : elles risquent de n'être reconnues et acceptées que par lui. Au contraire, la punition d'un juge est objective car elle procède d'une évaluation extérieure des dommages.

Hegel distingue la vengeance de la punition juste fondée sur le droit.

Mais il ne faut pas que l'acte de réparation soit exercé par l'individu lésé ou par ceux qui dépendent de lui, car, chez eux, la restauration du droit en son caractère universel se trouve liée au caractère fortuit[1] de la passion. La réparation ne peut être l'œuvre que d'un tiers, à cet effet commis[2], qui ne fasse valoir et n'effectue que de l'universel. Dans cette mesure, elle est *punition.*

Éclaircissement. La *vengeance* se distingue de la *punition* en ce que l'une est une réparation obtenue par un acte de la partie lésée, tandis que l'autre est l'œuvre d'un juge. C'est pourquoi il faut que la réparation soit effectuée à titre de punition, car, dans la vengeance, la passion joue son rôle et le droit se trouve ainsi troublé. De plus, la vengeance n'a pas la forme du droit, mais celle de l'arbitraire[3], car la partie lésée agit toujours par sentiment ou selon un mobile subjectif. Aussi bien le droit qui prend la forme de la vengeance constitue à son tour une nouvelle offense, n'est senti que comme conduite individuelle et provoque, inexpiablement[4], à l'infini, de nouvelles vengeances.

Georg Wilhelm Friedrich Hegel, *Propédeutique philosophique* (1809-1811), traduction de Maurice de Gandillac © 1963 by Les Éditions de Minuit, p. 53

1. **Fortuit** : qui est dû au hasard.
2. **À cet effet commis** : chargé de cette fonction.
3. **Arbitraire** : qui ne dépend que d'une volonté individuelle, qui n'est pas fondé sur une raison valable pour tous.
4. **Inexpiablement** : ici, sans qu'on puisse l'apaiser, l'arrêter ; de façon implacable.

+ prof

Un extrait du film ***Dans ses yeux*** de Juan José Campanella (2010) sur le thème de la vengeance

Questions PERSPECTIVE D'ÉTUDE : *la morale et la politique*

1. En quoi la vengeance se distingue-t-elle de la punition pour Hegel ?
2. Pourquoi la vengeance provoque-t-elle « inexpiablement, à l'infini, de nouvelles vengeances » ? (l. 13-14)
3. **SUJET DE RÉFLEXION** Une peine de justice peut-elle réparer l'injustice subie par la victime ?

APPROFONDIR Renseignez-vous sur l'histoire de Michael Kohlhaas, écrite par Heinrich von Kleist. hatier-clic.fr/20philot025 Pourquoi ce paisible marchand met-il l'Allemagne à feu et à sang ? À quelles conditions est-il légitime de se venger selon lui ?

TEXTE 12 Pour obtenir justice, il ne suffit pas que le coupable soit puni.

Denis Salas
(né en 1952)

Pour le magistrat Denis Salas, qui s'inspire ici du philosophe Paul Ricœur, la justice doit permettre la reconstruction d'un lien entre l'offenseur et l'offensé. On l'appelle la « justice restauratrice » ou restaurative.

Le ressort de cette justice restauratrice est la honte. Son mécanisme opère le passage de la honte dégradante – le tribunal vous déclare coupable de… – en honte positive. À l'opposé de l'humiliation, elle exprime une désapprobation compréhensive de la part de la communauté. Le regard porté sur l'acte ne désigne plus un coupable mais un membre de celle-ci. L'auteur peut passer de l'indifférence à la prise de conscience (s'il présente des excuses, par exemple) et la victime, de la honte à la reconnaissance. Pour que l'on sorte de la honte et que l'autre y entre, pour permettre ce jeu d'équivalence, le rituel ne doit pas être punitif. Il ne résulte ni de la rétribution (« tu es coupable, tu seras puni pour la faute »), ni de la réhabilitation (« tu es coupable, mais tu vaux mieux que tes actes ») mais de la volonté de régler une dette mutuelle : « en m'offensant, tu t'es endetté à mon égard ». Par conséquent, « tu » me dois la vérité afin qu'ensemble « nous » puissions trouver la paix. L'offenseur doit se dissocier de son acte et prendre le risque de se couvrir de honte en reconnaissant les faits, en regardant la victime en face. […] L'acte est réprouvé mais son auteur est aussi reconnu comme moralement capable de changer. […] Cette démarche annule le crime aux yeux de la victime infiniment mieux qu'un châtiment. Celle-ci va être guidée plus facilement, sinon vers le pardon, du moins vers une forme de satisfaction.

Denis Salas, *La Volonté de punir. Essai sur le populisme pénal* (2005)

Justice restaurative
Conception de la justice selon laquelle il faut permettre à la victime et à son offenseur d'entamer un dialogue ouvrant à la compréhension afin d'apaiser la souffrance et de prévenir la récidive.

+ prof
Extrait de Claude Lévi-Strauss, ***Tristes Tropiques*** (1955)

Questions

PERSPECTIVE D'ÉTUDE : *la morale et la politique*

1 Pourquoi la honte est-elle le ressort de la justice restauratrice ?

2 Expliquez :
« Cette démarche annule le crime aux yeux de la victime infiniment mieux qu'un châtiment. » (l. 15-16)

3 **SUJET DE RÉFLEXION** Faut-il encourager la possibilité d'une confrontation et d'un dialogue entre une victime et celui qui lui a causé du tort ? Pour quelles raisons ?

Recherche Informez-vous sur la notion de justice restauratrice ou restaurative.
hatier-clic.fr/20philot026 Quels sont les principes et les origines de la justice restaurative ? Quelles en sont les principales mesures ?

La peine de prison est-elle une juste peine ?

DOC. 1 Vers un « populisme pénal » ?

Face aux scandales des faits divers, crimes et délits exposés dans les médias, n'est-il pas naturel de vouloir que les individus dangereux soient emprisonnés et qu'ils le demeurent le plus longtemps possible ? C'est en tous cas une idée fréquente, auquel répond un discours politique de plus en plus répressif. Selon ce dernier, la prison serait le meilleur moyen de répondre au besoin de sécurité de la société. C'est ce que le magistrat Denis Salas appelle le « populisme pénal » dans *La Volonté de punir* (2005). Mais selon l'auteur, ce discours simpliste, loin de répondre aux problèmes réels de la société, n'est qu'un moyen d'exacerber nos peurs et de permettre des entorses fondamentales aux droits des individus.

1 **RECHERCHE** Renseignez-vous sur la « loi des trois coups » aux États-Unis. En quoi cette loi semble-t-elle participer de la tendance du « populisme pénal » ?

2 D'après une étude de 2011, 63 % des personnes condamnées à une peine de prison ferme sont recondamnées dans les cinq ans. Comment peut-on expliquer ces chiffres ? hatier-clic.fr/20philot027

3 Selon vous, la peine de justice doit-elle servir à la victime, à la société, ou au coupable ? Ces trois objectifs peuvent-ils entrer en contradiction ?

DOC. 2 La prison : un châtiment récent ?

On peut comprendre le caractère d'évidence que la prison-châtiment a pris très tôt. Dès les premières années du XIXe siècle, on aura encore conscience de sa nouveauté ; et pourtant elle est apparue tellement liée, et en profondeur, avec le fonctionnement même de la société, qu'elle a rejeté dans l'oubli toutes les autres punitions que les réformateurs du XVIIIe siècle avaient imaginées. Elle sembla sans alternative, et portée par le mouvement même de l'histoire [...].

Cette « évidence » de la prison dont nous nous détachons si mal se fonde d'abord sur la forme simple de la « privation de liberté ». Comment la prison ne serait-elle pas la peine par excellence dans une société où la liberté est un bien qui appartient à tous de la même façon et auquel chacun est attaché par un sentiment « universel et constant » ? [...]

Mais l'évidence de la prison se fonde aussi sur son rôle, supposé ou exigé, d'appareil à transformer les individus. Comment la prison ne serait-elle pas immédiatement acceptée puisqu'elle ne fait, en enfermant, en redressant, en rendant docile, que reproduire, quitte à les accentuer un peu, tous les mécanismes qu'on trouve dans le corps social ?

MICHEL FOUCAULT, *Surveiller et punir* (1975) © Éditions Gallimard, p. 234-235

Le philosophe Michel Foucault (1926-1984) étudie comment et pourquoi la peine de prison a remplacé d'autres types de peines comme les exécutions publiques. Il voit dans ce châtiment une volonté de contrôler, de discipliner et de culpabiliser les individus.

1 À partir de quel siècle la peine de prison est-elle devenue le châtiment privilégié selon l'auteur ?

2 Pourquoi cette peine est-elle devenue la peine par excellence ?

3 Pour l'auteur, les mécanismes de discipline et de surveillance que l'on trouve en prison sont présents sous d'autres formes dans la société. Donnez-en des exemples.

DOC. 3 Les conditions de vie en prison sont-elles conformes à la justice ?

• Un prisonnier dans sa cellule de la prison de Bourg-en-Bresse (2018)

La Cour européenne des droits de l'homme a condamné à 17 reprises la France pour l'état de ses prisons, parlant de « traitements dégradants » et « inhumains ». Elle pointe notamment la surpopulation, l'insalubrité, le manque d'hygiène, d'intimité ou encore de soins. Selon une étude menée par la Fondation Jean Jaurès, parue le 9 avril 2017, 50 % des Français estiment pourtant que les détenus sont « trop bien traités » dans les prisons françaises.

1 Dans quelle mesure peut-on dire ici que la justice se rend coupable d'injustices ?

2 Un prisonnier mérite-t-il selon vous de perdre tous ses droits ?

3 La prison porte un autre nom : l'institut pénitentiaire, dans lequel on retrouve le mot « pénitence ». Cherchez la définition de ce terme. Quel rapport peut-on établir entre la prison et la pénitence ?

À vous

- Une partie de la classe défendra la thèse selon laquelle la prison est la peine la plus méritée et la plus adaptée pour assurer la sécurité d'une société.
- L'autre partie de la classe critiquera la pertinence de la peine de prison et défendra la nécessité d'inventer des peines alternatives.

SYNTHÈSE

▶ Existe-t-il un désir naturel de justice ?

L'être humain paraît spontanément révolté par l'injustice. Mais le sentiment d'injustice ne signifie pas nécessairement que l'être humain recherche naturellement la justice.

- Rousseau soutient que l'être humain éprouve naturellement un sentiment qui le porte à éviter de commettre l'injustice : la **pitié**. Ce sentiment inné nous fait considérer l'intérêt d'autrui et non seulement le nôtre. → **Texte 1 p. 40**

- Platon expose l'idée selon laquelle l'humain ne serait pas naturellement juste, mais animé par **son propre intérêt**. Il ne serait juste que par contrainte et par peur de la sanction. → **Texte 2 p. 41**

▶ Toutes les inégalités sont-elles des injustices ?

À première vue, on pourrait définir la justice comme un idéal d'égalité. Cependant, si les individus sont différents, il pourrait être plus juste de les traiter différemment.

- Platon présente la thèse d'un sophiste selon laquelle **les inégalités naturelles** entre les êtres humains doivent fonder **les inégalités sociales**. L'égalité serait une forme d'injustice imposée par les faibles, jaloux de la puissance des plus forts. → **Texte 3 p. 42**

- Aristote distingue l'**égalité arithmétique** (stricte égalité), et l'égalité de proportion ou **équité**, qui prend en compte l'inégalité des situations des individus. S'agissant des richesses et des honneurs, les individus doivent être récompensés selon leur mérite. → **Texte 4 p. 43**

- Mill propose d'évaluer les actions en vertu de leur **utilité**. Ce qui est juste, c'est ce qui permet de produire le maximum de bonheur pour le plus grand nombre. → **Texte 5 p. 44**

- Rawls entend établir qu'une société juste doit garantir une **égalité de droits et de devoirs** fondamentaux entre les citoyens. Il ne s'agit pas d'interdire toute inégalité, mais seulement celles qui ne serviraient que les intérêts de certains. → **Texte 6 p. 45**

▶ Peut-on désobéir aux lois au nom de la justice ?

Si la justice se définit comme ce que dictent les lois, alors désobéir aux lois ne peut être qu'injuste. Mais la justice peut aussi être comprise comme un principe moral supérieur aux lois.

- Hobbes tâche de montrer que désobéir aux lois au nom de la justice n'a aucun sens, car c'est aux **lois** de déterminer ce qui est juste et injuste. → **Texte 7 p. 46**

- Cicéron considère qu'une loi n'est juste que parce qu'elle est conforme à la **nature**, norme de droit universel. → **Texte 8 p. 47**

- Spinoza insiste sur le fait qu'il n'est pas juste de désobéir aux lois de son pays, car cela mettrait en péril la **paix** sociale. → **Texte 9 p. 48**

- Arendt s'efforce de penser la légitimité de la **désobéissance civile** : elle doit être conçue comme une action publique permettant de lutter contre les lois jugées injustes. → **Texte 10 p. 49**

▶ Qu'est-ce qu'obtenir justice ?

L'institution judiciaire a pour rôle de rendre la justice. Mais la peine infligée par le juge pourrait ne pas suffire à obtenir justice.

- Hegel développe l'idée que la **vengeance** ne permet pas d'obtenir justice. Seule la punition prononcée par un **tiers** extérieur (le juge) qui sanctionne non une offense mais une infraction objective à la loi peut faire que justice soit rendue. → **Texte 11 p. 50**

- Denis Salas rappelle que la punition décidée par le juge ne peut suffire à rendre justice. C'est par le **dialogue** que la victime peut obtenir justice et apaisement et le coupable saisir les conséquences dramatiques de son acte. → **Texte 12 p. 51**

VOCABULAIRE À RETENIR

Désobéissance civile

▶ Refus public et politique de se soumettre à une loi jugée injuste afin de la dénoncer.

Il est essentiel de ne pas confondre la désobéissance civile et la délinquance, d'après Hannah Arendt.

Droit du plus fort

▶ Droit qu'auraient les forts à dominer les faibles. Mais cette idée est contradictoire : on obéit à un droit parce qu'on le reconnaît comme légitime.

Selon Calliclès, personnage de Platon, seul le droit du plus fort peut être juste, et non les droits institués artificiellement par la société.

Droit naturel

▶ Droit qu'aurait tout être humain du seul fait qu'il est un être humain, et que toute loi devrait respecter.

Seules les lois conformes au droit naturel sont légitimes pour Cicéron.

Droit positif

▶ Ensemble de ce qu'il est autorisé de faire, dans le cadre de ce que les lois d'un État prévoient.

Il faut toujours respecter le droit positif d'un État, afin de garantir la paix sociale, d'après Spinoza.

Égalité / Équité

▶ L'égalité caractérise les choses qui sont identiques sous un certain rapport (même quantité, qualité ou valeur). L'équité consiste au contraire à prendre en compte les différences entre les situations des individus afin de déterminer ce qui leur est dû.

Tous les humains doivent être traités avec égalité pour Aristote, mais il est équitable que les honneurs et les richesses soient attribués selon le mérite.

Légal / Légitime

▶ Est légal ce qui est conforme à la loi. Est légitime ce qui est conforme à la justice comme principe moral.

Pour Cicéron, tout ce qui est légal n'est pas légitime, car des lois peuvent être injustes.

Utilité

▶ Critère permettant de décider de la justice d'une action en fonction des conséquences qu'elle aura sur le bonheur du plus grand nombre.

Une action est juste si elle est utile à la majorité, pour Mill.

Voile d'ignorance

▶ Dispositif fictif qui consiste à placer les individus dans une situation d'égalité : ignorant tout de leurs aptitudes, goûts, situation sociale, ils peuvent réfléchir aux principes les plus justes pour fonder une société.

C'est seulement sous un voile d'ignorance que les individus peuvent décider de principes équitables, selon Rawls.

Faire le point s'Exercer

Retenir les différents sens d'une notion

1 **Expliquez dans les énoncés suivants en quel sens on entend le terme « justice » ou « juste ».**

a. En Belgique, il est juste de pratiquer l'euthanasie.

b. Cet homme a eu des problèmes avec la justice.

c. Il n'est pas juste qu'un enfant soit maltraité.

2 **Répondez aux questions suivantes en utilisant la distinction entre droit naturel et droit positif établie p. 47 et définie p. 55.**

a. En quel sens peut-on dire du droit qu'il n'est pas le même partout ?

b. En quel sens peut-on dire qu'il est le même partout ?

Comprendre un terme philosophique

3 **Parmi les situations suivantes, lesquelles vous paraissent équitables et lesquelles vous paraissent injustes ? Justifiez.**

a. Accorder plus d'aides sociales aux foyers les plus démunis.

b. Contrôler plus fréquemment l'identité de personnes en raison de leur origine ethnique.

c. Réserver des places aux étudiants de milieux défavorisés dans une grande école.

d. Donner un salaire plus élevé aux hommes qu'aux femmes.

e. Privilégier l'embauche de personnes sortant de prison en réinsertion professionnelle.

f. Être condamné à une peine plus lourde qu'un autre pour le même délit.

g. Condamner un récidiviste à une peine plus lourde qu'un autre pour le même délit.

Réfléchir à partir d'une image

Corrigé p. 237

4 **Observez l'image suivante.**

a. Que signifie le glaive ?

b. Que symbolise la balance ?

c. Pourquoi Thémis a-t-elle les yeux bandés ? La justice doit-elle être aveugle ?

• Statue représentant Thémis, déesse de la justice à Bruxelles

Analyser un cas pour comprendre une distinction conceptuelle

5 Lisez le cas suivant.

Le philosophe américain Ronald Dworkin (dans son livre *Prendre les droits au sérieux*) revient sur l'affaire judiciaire Riggs vs Palmer, datée de 1889. En application des lois testamentaires de New York, faut-il autoriser le petit-fils meurtrier à toucher l'héritage de son grand-père alors qu'il l'a assassiné ?

a. La loi selon laquelle il faut respecter les volontés inscrites dans un testament vous semble-t-elle juste ?

b. Pourquoi la situation de cette affaire pose-t-elle problème ? Serait-il juste ici de respecter la loi ?

c. Montrez en quoi ce cas permet de distinguer ce qui est légal de ce qui est légitime.

6 Lisez le cas suivant.

En 1991 dans la ville de Morsang-sur-Orge (dans l'Essonne), un arrêté municipal interdit la pratique du « lancer de nain », alors populaire en boîte de nuit. Mais l'homme atteint de nanisme et qui assurait les spectacles, dépose une requête devant le tribunal administratif pour que soit annulé l'arrêté. En 1995, le Conseil d'État confirme l'interdiction de cette attraction.

a. Cette décision vous semble-t-elle juste ? Sur quoi se fonde-t-elle ?

b. Comment expliquer que l'homme atteint de nanisme veuille faire annuler l'arrêté ? Consent-il vraiment à être lancé ?

c. Est-il juste d'interdire une pratique consentie et qui ne pourrait faire du mal qu'à soi-même ? Utilisez le couple légal/légitime pour rédiger votre réponse.

Exercer son esprit critique

7 Lisez le texte suivant.

La justice intègre de plus en plus de moyens technologiques pour aider les juges à rendre leur verdict. Par exemple, pour juger un vol, des logiciels peuvent aider à mobiliser le droit pertinent, évaluer le contexte et anticiper la probabilité des jugements qui pourraient être rendus (types de peines, durée, montants des amendes…) en comparant l'affaire à d'autres affaires similaires.

Le numérique doit ainsi faire plus que d'aider les parties à avoir une idée de la décision, à repérer les juges qui ne sont pas dans la norme ou à mesurer leurs désaccords. Il remet en cause le fait que la justice soit rendue par des hommes car en tant qu'hommes, ils sont nécessairement sujets à des biais. […] On retrouve là cette vieille idée que le jugement appartient à Dieu, seul être qui ne soit pas en proie à des biais cognitifs[1], raison pour laquelle le jugement dernier est l'aune[2] à laquelle tous les hommes devront se soumettre : c'est un jugement infaillible. On le croyait derrière nous car dépassé mais on y revient de la plus curieuse manière : par un culte voué à la techno-science.

Antoine Garapon, Jean Lassègue, *Justice digitale* (2018) © Presses universitaires de France, p. 136-137

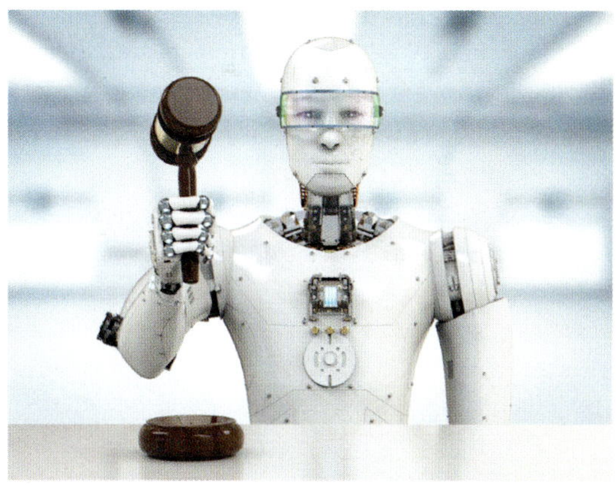

1. **Biais cognitif** : distorsion du jugement qui empêche une connaissance objective. Ainsi les préjugés, notamment racistes, constituent un biais cognitif.
2. **Aune** : mesure.

a. Expliquez la comparaison faite par les auteurs entre le jugement numérique et le jugement de Dieu.

b. Pourrait-il être préférable d'être jugé par une machine plutôt que par un juge ?

MÉTHODE POUR LA **Dissertation**

▸ Construire un plan

Le plan permet de suivre le mouvement de remise en question que vous avez élaboré dans votre problématisation. Il est construit en trois parties en commençant par une première réponse possible au sujet. Chaque nouvelle partie interroge celle qui précède ou y répond, pour parvenir à la réponse la plus convaincante.

Sujet Peut-on savoir ce qui est juste ?

Brouillon

I Notre sentiment d'injustice nous révèle spontanément que la justice est bafouée : nous serions donc capables de savoir ce qui est juste.
- idée 1 : nous jugeons spontanément injustes les situations d'inégalité.
- idée 2 : le sentiment de la pitié nous pousse à ne pas commettre d'injustice.

■ ÉTAPE 1 : donner une première réponse au sujet (partie I)
Vous présentez et défendez l'idée que vous allez ensuite remettre en question.

II Notre sentiment d'injustice ne constitue pas un savoir sur ce qui est juste car il est subjectif et non objectif. Nous serions donc incapables de savoir intuitivement ce qui est juste.
- idée 1 : notre sentiment d'injustice n'est pas objectif car il est plus aigu quand c'est nous qui sommes lésés ; le sentiment ne constitue pas un savoir.
- idée 2 : nous ne savons pas toujours comment juger une situation, et hésitons entre plusieurs principes de justice opposés (par exemple la répartition selon le mérite ou le besoin).

■ ÉTAPE 2 : remettre en question la partie I (partie II)
Vous pouvez critiquer la pertinence de la première réponse examinée en proposant des contre-arguments, en interrogeant ses conséquences, ou en mettant en évidence ses présupposés pour les discuter.
Ici nous examinons des contre-arguments qui peuvent être opposés aux arguments donnés dans la partie I.

III Est-il légitime de faire de la justice un objet de savoir ? Penser savoir avec certitude ce qui est juste, c'est s'empêcher de l'être ; pour être juste, il faut être toujours traversé par l'inquiétude de bien juger.
- idée 1 : être sûr de savoir ce qui est juste, c'est ne plus être sensible aux circonstances particulières d'une situation et être aveugle au fait que la justice est aussi affaire de conventions et de discussions.
- idée 2 : être juste, c'est s'interroger sur la justice pour tenter de s'y conformer au mieux. Ne plus douter et ne plus s'interroger pourrait conduire aux pires injustices.

■ ÉTAPE 3 : enrichir son plan (partie III)
La troisième partie peut par exemple vous permettre d'examiner un nouveau sens du sujet. Cela fonctionne particulièrement bien pour les sujets de type : « Peut-on ? », car ce dernier signifie aussi bien : « Est-on capable ? » que « Est-ce légitime ? »
Pour ce sujet, on s'intéresse à la question de la légitimité après avoir interrogé la capacité dans la partie I et dans la partie II.

À vous

■ ÉTAPES 1 ET 2 : construire la première et la deuxième partie

1. Proposez une première et une deuxième partie pour chacun des sujets suivants. Vous devez d'abord proposer une première hypothèse de réponse (partie I), puis la remettre en question (partie II).

Sujet 1 **Avoir le droit pour soi, est-ce être juste ?**

Sujet 2 **Le principe d'égalité exige-t-il d'abolir toutes les différences existant entre les êtres humains ?**

Sujet 3 **Le juste et l'injuste ne sont-ils que des conventions ?**

■ ÉTAPE 3 : enrichir son plan d'une troisième partie

2. Complétez le plan ci-dessous en proposant une troisième partie pour le sujet suivant.

Sujet 4 **Ne sommes-nous justes que par intérêt ?**

__Partie I__ Il semble exister chez l'homme un désir naturel de rendre la justice et de lutter contre l'injustice : ce serait par nature que nous sommes justes.
__Partie II__ Mais, ce désir n'est qu'une apparence trompeuse : ce n'est que pour satisfaire notre intérêt et par peur des sanctions que nous respectons la justice.

DISTINGUER UN PLAN PERTINENT D'UN PLAN MAL CONSTRUIT

3. Plusieurs plans sont proposés pour traiter le sujet suivant. Dites lequel est pertinent et lesquels sont à rejeter. Justifiez.

Sujet 5 **Suffit-il d'obéir aux lois pour être juste ?**

Plan A	Plan B
I Ce que sont les lois : comment elles sont créées, à quoi elles servent *II Ce qu'est la justice : ses différents sens* *III Pour être juste, il ne suffit donc pas d'obéir aux lois*	*I La justice ne se réduit pas à la légalité : certaines lois peuvent être injustes* *II Il peut donc être nécessaire de désobéir aux lois pour faire triompher la justice* *III Pour être juste, il suffit d'obéir aux lois car les lois nous disent ce qui est juste*
Plan C	**Plan D**
I Pour être juste, il suffirait d'obéir aux lois car les lois nous disent ce qui est juste *II La justice ne se réduit pas à la légalité : certaines lois peuvent être injustes* *III Il peut donc être nécessaire de désobéir aux lois pour faire triompher la justice*	*I Pour être juste, il faut viser le bien de tous et non seulement le sien* *II L'homme n'est pas juste car il recherche son propre intérêt* *III C'est pourquoi l'homme a besoin des lois pour être juste*

MÉTHODE POUR L' **Explication de texte**

▸ Analyser une phrase du texte

Pour expliquer des phrases du texte, vous devez prendre en compte la totalité du texte. Une phrase ne se comprend que dans son contexte.

Sujet Thomas Hobbes, *Léviathan* (1651)

L'ignorance des causes et de la constitution originaire du droit, de l'équité, de la loi et de la justice conduit les gens à faire de la coutume[1] et de l'exemple la règle de leurs actions, de telle sorte qu'ils pensent qu'une chose est injuste quand elle est punie par la coutume, et qu'une chose est juste quand ils peuvent montrer par l'exemple qu'elle n'est pas punissable et qu'on l'approuve [...]. Ils en appellent de la coutume à la raison, et de la raison à la coutume, comme cela les sert, s'éloignant de la coutume quand leur intérêt le requiert et combattant la raison aussi souvent qu'elle va contre eux. C'est pourquoi la doctrine du juste et de l'injuste est débattue en permanence, à la fois par la plume et par l'épée.

Chapitre 11, traduction de Gérard Mairet, Folio essais

1. **Coutume** : habitudes en vigueur dans une société.

Amorces de réponse

Hobbes donne la cause permettant d'expliquer que les individus ne parviennent pas à s'accorder sur la justice : quoi qu'ils disent, ils ne recherchent que leur intérêt, autrement dit, leur propre satisfaction.

Ici, l'idée de Hobbes pourrait surprendre : les êtres humains ne sont-ils pas sensibles à l'injustice et désireux d'agir de manière juste ? Mais recourir à l'idée de justice n'est qu'un prétexte selon lui : les humains sont prêts à s'appuyer sur n'importe quel principe pourvu que ce dernier leur permette de donner raison à leurs actions.

Ainsi, l'être humain a parfois recours à la « coutume », autrement dit aux habitudes de la société.

Il pourrait penser, par exemple, que même si la raison me dit que je dois payer ce que je dois, il est juste de ne pas rappeler une dette oubliée, car beaucoup font de même. Mais l'individu peut aussi, quand cela l'arrange, s'appuyer sur la raison, c'est-à-dire sur la faculté de faire des déductions logiques : même si la coutume veut qu'on laisse un pourboire au serveur, ma raison me dit que c'est à l'employeur de lui assurer un salaire décent.

■ ÉTAPE 1 : comprendre le rôle de la phrase

Vous devez vous demander ce que signifie la phrase à expliquer et pourquoi l'auteur dit cela. *Donne-t-il sa thèse ? S'agit-il d'un exemple ? Cherche-t-il à préciser un argument ?*

■ ÉTAPE 2 : interroger la phrase et l'expliquer

Demandez-vous si cette phrase est étonnante. *Est-elle opposée à l'opinion courante ? Paraît-elle contradictoire ?*
Si oui, montrez où réside sa difficulté, pour ensuite faire des hypothèses d'explication.
Expliquez la phrase avec vos propres mots, reformulez-la en définissant les mots importants.

■ ÉTAPE 3 : illustrer le propos de l'auteur avec un exemple

Pour rendre le propos de l'auteur plus clair, il faut trouver des exemples par vous-mêmes ou utiliser ceux donnés dans le texte.

À vous Sujet 1 **Thomas Hobbes, *Léviathan* (1651)** → suite du texte p. 60

Ce qui n'est pas le cas de la doctrine des lignes et des figures, parce que la vérité en ce domaine n'intéresse pas les gens, attendu qu'elle ne s'oppose ni à leur ambition, ni à leur profit, ni à leur lubricité. En effet, en ce qui concerne la doctrine selon laquelle *les trois angles d'un triangle sont égaux à deux angles d'un carré*, si elle avait été contraire au droit de dominer de quelqu'un, ou à l'intérêt de ceux qui dominent, je ne doute pas qu'elle eût été, sinon débattue, en tout cas éliminée en brûlant tous les livres de géométrie, si cela eût été possible à celui qui y aurait eu intérêt.

■ ÉTAPES 1 ET 2 : comprendre le rôle de la phrase et l'interroger

1. Lisez la phrase soulignée. Avec quel cas précédemment donné Hobbes fait-il une comparaison ?
2. Pour quelle raison, selon Hobbes, la vérité en géométrie est-elle moins débattue que la vérité en matière de justice ?
3. En quoi l'idée de l'auteur est-elle étonnante ? Pourquoi pense-t-on généralement que la vérité scientifique suscite moins de controverse ?

■ ÉTAPE 3 : illustrer le propos de l'auteur avec un exemple

4. Donnez un exemple de vérité scientifique qui s'est trouvée débattue et même niée parce qu'elle heurtait l'intérêt de certains hommes.
5. En reprenant vos réponses aux questions 1 à 4, expliquez la phrase soulignée.

Sujet 2 **Thomas d'Aquin, *Somme théologique* (1266-1273)**

Toute loi, avons-nous dit, vise l'intérêt commun des hommes, et ce n'est que dans cette mesure qu'elle acquiert force et valeur de loi. Dans la mesure, au contraire, où elle ne réalise pas ce but, elle perd de sa force d'obligation [...]. Or il arrive fréquemment qu'une disposition légale utile à observer pour le bien public, en règle générale, devienne, en certains cas, extrêmement nuisible. Aussi le législateur, ne pouvant envisager tous les cas particuliers, rédige-t-il la loi en fonction de ce qui se présente le plus souvent, portant son attention sur l'utilité commune. C'est pourquoi s'il se présente un cas où l'observation de telle loi soit préjudiciable à l'intérêt général, celle-ci ne doit plus être observée. Ainsi à supposer que dans une ville assiégée on promulgue la loi que les portes doivent demeurer closes, c'est évidemment utile au bien public, en règle générale ; mais s'il arrive que les ennemis poursuivent des citoyens dont dépend le salut de la cité, il serait très préjudiciable à cette ville de ne pas leur ouvrir ses portes.

traduction de M. J. Laversin, Desclée & Cie, p. 186-187

■ ÉTAPES 1 ET 2 : comprendre le rôle de la phrase et l'interroger

1. Lisez la phrase soulignée. Quel est le rôle argumentatif de cette phrase dans le texte ? Est-ce un argument ? Est-ce un exemple ? Est-ce la thèse ?
2. Que signifie l'expression « et ce n'est que dans cette mesure que » ?
3. D'après la phrase, à quelle condition une loi est-elle une loi ? Expliquez avec vos propres mots, en définissant ce qu'il faut entendre par « intérêt commun des hommes ».

■ ÉTAPE 3 : illustrer le propos de l'auteur avec un exemple

4. Donnez un exemple de loi visant l'intérêt commun des humains.
5. Rédigez l'explication de la phrase complète.

Citations commentées

Dans votre copie, il est nécessaire de commenter systématiquement chaque citation pour montrer son intérêt philosophique. Cela signifie qu'il faut aussi réfléchir à ce qu'elle peut apporter au progrès de la réflexion dans la perspective d'une réponse précise au sujet traité.

1 « Une chose n'est pas juste parce qu'elle est loi ; mais elle doit être loi parce qu'elle est juste. »

MONTESQUIEU, *De l'esprit des lois* (1748)

Montesquieu renverse un raisonnement qui lui semble malhonnête : ce n'est pas la loi qui nous dit ce qu'est la justice, c'est la justice qui doit nous dire quelles lois nous devons adopter. Notre conception de la justice n'a donc pas à s'appuyer sur les lois existantes, ce qui reviendrait à passer du fait au droit. Au contraire, ce sont les lois qui doivent, pour être légitimes, se fonder sur un principe moral et universel de justice.

2 « De chacun selon ses moyens, à chacun selon ses besoins. »

KARL MARX, *L'Idéologie allemande* (1846)

Pour définir la justice, Marx refuse deux principes : la stricte égalité et la rétribution au mérite. Il met en avant deux autres critères : la capacité de chacun à déterminer quelle est la juste contribution qu'une personne doit à la société, et le besoin de chacun à évaluer ce que la société doit à un individu.

3 « Plaisante justice qu'une rivière borne ! Vérité en deçà des Pyrénées, erreur au-delà. »

BLAISE PASCAL, *Pensées* (1670)

Pascal pointe le caractère relatif et conventionnel de la justice humaine qui n'est fondée que sur les lois et les coutumes. Ainsi, il suffit de franchir une frontière (les frontières entre États prenaient appui sur des barrières dites naturelles, comme une rivière ou une chaîne montagneuse) pour que les critères de la justice changent. Cette citation nous invite à distinguer le droit positif, qui change selon les pays et selon le temps, du droit naturel.

4 « Commettre l'injustice est pire que la subir, et j'aimerais mieux quant à moi la subir que la commettre. »

PLATON, *Gorgias*, (IVe s. av. J.-C.)

Socrate, que Platon fait parler ici, bouscule une idée reçue : commettre une injustice, c'est certes faire du mal aux autres, mais c'est aussi et d'abord se faire du mal à soi-même. En effet, c'est rompre l'accord avec soi-même et se priver de la seule manière de vivre qui pourrait nous rendre heureux, car on ne peut être heureux qu'en faisant le bien.

À vous

▸ **Commentez cette citation sur le modèle des citations 1 à 4.**

5 « Tu fais les parts et je choisis, ou bien je fais les parts et tu choisis. »
(ALAIN, « Définitions », in *Les Arts et les Dieux*, posth. 1953)

À lire, à voir

- **Un livre :** Michael J. Sandel, *Justice* (2008) → ce professeur américain mène des réflexions claires appuyées sur de nombreux exemples.
- **Une série :** *American Crime Story. L'affaire O. J. Simpson* (saison 1, 2016) → le procès du célèbre footballeur américain. La série montre les mécanismes de l'institution judiciaire et permet de s'interroger sur la difficulté de rendre justice dans un contexte de fortes tensions raciales.
- **Un film :** *The Third Murder* de Hirokazu Kore-eda (2018) → ce film japonais montre la difficulté d'établir la vérité en matière de justice.

3 La liberté

Activité Avez-vous déjà eu le sentiment d'être libre, alors que vous ne l'étiez pas ?

• Photogramme extrait du film ***Vol au-dessus d'un nid de coucou*** réalisé par Miloš Forman (1975) et adapté du roman de Ken Kesey (1962)

Vidéo
Un extrait du film
hatier-clic.fr/20philot031

Contexte : Jack Nicholson interprète un détenu, McMurphy, interné dans un hôpital psychiatrique. Il participe avec les autres patients aux séances thérapeutiques dispensées par l'infirmière Miss Ratched.

1 Comment la relation d'autorité est-elle établie par la mise en scène et le dialogue ?

2 Pourquoi la figure du « fou » est-elle instructive pour réfléchir à la liberté humaine ?

Définir la notion

Autour de l'expression « Respecter la liberté de chacun »

1 Respecter la vie privée

a. Quel rapport y a-t-il entre la défense de la vie privée et l'idée de liberté ?

b. Le droit qui garantit ma propriété est-il un obstacle à la liberté d'autrui ? ▶ Vers le problème philosophique **« La loi est-elle un obstacle à la liberté ? » p. 66**

c. Être libre implique-t-il de se séparer des autres ? Ou bien y a-t-il aussi une forme de liberté qui implique de vivre en collectivité ? ▶ Vers le problème philosophique **« Pour être libre, faut-il être seul ? » p. 76**

• Manifestantes et manifestants « pro-choice » aux États-Unis (31 mai 2019), qui défendent la liberté des femmes de décider ce qu'elles font de leur corps et de leur grossesse. Les panneaux disent « Je soutiens le planning familial » (*planned parenthood*).

2 Respecter la liberté de choix

Le planning familial propose des soins de santé reproductive, des cours d'éducation sexuelle et un accès libre à l'avortement pour les femmes qui le souhaitent.

a. Pourquoi la liberté individuelle implique-t-elle la possibilité de disposer librement de son propre corps ?

b. Pourquoi nier la liberté de choix d'autrui revient-il à le contraindre ou à l'opprimer ? ▶ Vers le problème philosophique **« Peut-on être libre tout en étant contraint ? » p. 69**

3 La révolte contre la négation de la liberté

Le 9 novembre 1989, les Berlinois de l'Est apprennent que le passage en Allemagne de l'Ouest ne sera plus soumis à un contrôle drastique. La population commence donc à détruire le mur qui divisait la ville depuis 1961. Cet épisode reste un symbole fort de la chute du bloc communiste et de la fin de la guerre froide.

a. Comment appelle-t-on un gouvernement qui méprise la liberté de son peuple ?

b. À quel moment devient-il légitime de se révolter pour affirmer sa liberté ? ▶ Vers le problème philosophique **« Être libre, est-ce avoir le pouvoir de se révolter ? » p. 72**

• Ouverture d'un nouveau point de passage entre Berlin-Est et Berlin-Ouest, le 11 novembre 1989

Définir la notion

Autour du mot « liberté »

1 La liberté et la volonté

*L'expression qui sert souvent à revendiquer sa liberté est **« je fais ce que je veux »**.*

a. D'après cette expression, quel serait le contraire de la liberté ?

b. Pourquoi avons-nous l'impression de ne dépendre de personne quand nous voulons quelque chose ?

c. Ce que nous voulons peut-il être le résultat de circonstances que nous ne maîtrisons pas ?

d. Pour faire ce que l'on veut, faut-il se révolter ? Contre quoi et dans quelle mesure ? ▶ Vers le problème philosophique **« Être libre, est-ce avoir le pouvoir de se révolter ? » p. 72**

2 La liberté et les libertés

*Le concept de liberté n'est pas à sens unique : il existe plusieurs nuances qui font que l'expression **« je suis libre »** peut avoir des significations diverses, selon qu'il renvoie au fait de suivre ses penchants de manière spontanée, au fait de délibérer avant d'agir ou au fait de s'affranchir d'une oppression ou d'une contrainte.*

Reliez chaque exemple à l'un des trois termes qui lui correspond le mieux.

Émancipation　　Délibération

Spontanéité

1. Agir sur un coup de tête, sans réfléchir (quand on suit son impulsion sans se retenir)
2. Peser le pour et le contre, mûrir sa décision (quand on a un choix important à faire, et qu'on s'interroge sur ce qu'on veut vraiment)
3. Prendre en charge son existence, assumer ses responsabilités (quand on ne dépend plus d'un adulte ou d'un tuteur) ▶ Vers le problème philosophique **« Pour être libre, faut-il être seul ? » p. 76**

3 La liberté et ses contraires

Le sens du mot « liberté » varie en fonction du terme auquel on l'oppose.

Contrainte　　Dépendance

Obéissance　　Manipulation

a. Quel sens prend le mot liberté en opposition à chacun des quatre antonymes ci-dessus ?

b. Dans chaque cas (situation de contrainte, obéissance, dépendance, manipulation), déterminez les conditions qui permettraient de conserver sa liberté ou de l'acquérir. ▶ Vers le problème philosophique **« Peut-on être libre tout en étant contraint ? » p. 69**

4 Liberté politique, liberté physique et liberté morale

- *Dans l'Antiquité, le concept de liberté désignait une différence sociale qui permettait d'opposer le citoyen à l'esclave : la **liberté politique**.*
- *Mais il a aussi servi à décrire des réalités naturelles qui existent ou se développent sans contrainte extérieure : la **liberté physique**.*
- *La différence entre l'homme libre et l'esclave permet de définir une **liberté morale**, qui désigne notre indépendance vis-à-vis de nos passions ou émotions, c'est-à-dire le fait de se rendre « maître de soi-même ».*

a. Pour chacune des expressions en gras, cherchez un exemple permettant de l'illustrer.

b. Dans chaque cas, la liberté est définie par rapport à une forme de loi (loi politique, loi physique, loi morale). Quelles différences permettent de distinguer ces lois ? Comment s'imposent-elles à nous ?

c. Peut-on se libérer de ces lois pour être libre, et est-ce souhaitable ? ▶ Vers le problème philosophique **« La loi est-elle un obstacle à la liberté ? » p. 66**

La loi est-elle un obstacle à la liberté ?

TEXTE 1 La loi, qui provient de l'État, limite ma liberté.

Thomas Hobbes (1588-1679)

Pour Hobbes, l'autorité politique est le résultat d'un contrat passé entre les hommes qui luttaient les uns contre les autres à « l'état de nature », c'est-à-dire avant l'apparition des premières sociétés. En passant ce contrat, les hommes se sont donné une autorité suprême, celle de l'État.

En toute république[1] où les hommes particuliers sont privés de leur droit de se protéger par eux-mêmes, il y a une souveraineté absolue [...]. Mais en quel homme ou en quelle assemblée d'hommes cette souveraineté est-elle placée, cela n'est pas manifeste[2] au point de ne pas exiger quelques marques[3] en vertu desquelles cela peut être discerné. Et, premièrement, c'est une marque infaillible de souveraineté absolue en un homme ou en une assemblée d'hommes, qu'aucune autre personne naturelle ou civile[4] n'a le droit de punir cet homme ou de dissoudre cette assemblée. Car celui qu'on ne peut de droit punir, on ne peut de droit lui résister, et celui auquel on ne peut de droit résister possède un pouvoir coercitif[5] sur tous les autres et peut de ce fait former et gouverner leurs actions à son gré, ce qui est souveraineté absolue. En sens opposé, ne sont pas souverains celui qui dans une république peut être puni par un autre ou l'assemblée qui peut être dissoute. Car, pour punir et dissoudre, est toujours requis un pouvoir plus grand que le pouvoir de ceux qui sont punis ou dissous, et on ne peut appeler « souverain » le pouvoir vis-à-vis duquel il existe un pouvoir plus grand.

Thomas Hobbes, *Éléments de la loi naturelle et politique* (1640), traduction de Dominique Weber © Librairie Générale Française, 2003, p. 239

1. **République** : ici, « État » au sens général.
2. **Manifeste** : clair.
3. **Marques** : indices.
4. **Naturelle ou civile** : à l'état de nature ou à l'état social.
5. **Pouvoir coercitif** : pouvoir d'utiliser la force pour contraindre autrui.

VOCABULAIRE

Souveraineté

Est dit souverain dans un État celui qui possède la plus haute autorité, et qui par conséquent n'est soumis à la volonté de personne d'autre que lui-même. D'un individu, on peut aussi dire qu'il est souverain sur ses décisions si celles-ci n'appartiennent qu'à lui.

VOCABULAIRE

Autoritarisme

Doctrine philosophique d'après laquelle l'autorité souveraine de l'État l'emporte sur tout autre principe politique, y compris les questions de droit et de justice.

Questions

PERSPECTIVE D'ÉTUDE : *la morale et la politique*

1 Pourquoi, au début du texte, Hobbes explique-t-il l'apparition de l'État par un besoin de protection ?

2 Expliquez :
« celui qu'on ne peut de droit punir, on ne peut de droit lui résister » (l. 7-8)

3 **SUJET DE RÉFLEXION** Si la loi est l'expression du souverain dans un État, doit-elle nécessairement respecter notre liberté individuelle ?

TEXTE 2 L'État doit en toutes circonstances respecter les bornes de la liberté individuelle.

Benjamin Constant
(1767-1830)

Libéralisme

Doctrine politique qui place la liberté des individus au sommet des valeurs à respecter dans une société (au-delà même de l'autorité de l'État). Le libéralisme économique, quant à lui, défend l'idée d'une libre circulation des biens et des produits : l'État doit intervenir le moins possible dans le marché.

Pour Benjamin Constant, les hommes font trop souvent l'erreur d'accorder un pouvoir démesuré à l'autorité politique, ce qui représente un risque considérable pour leur liberté. Afin de préserver les libertés individuelles, il est donc nécessaire d'imposer des bornes à l'exercice du pouvoir de l'État.

La reconnaissance abstraite[1] de la souveraineté du peuple n'augmente en rien la somme de liberté des individus ; et si l'on attribue à cette souveraineté une latitude[2] qu'elle ne doit pas avoir, la liberté peut être perdue malgré ce principe, ou même par ce principe. […]

Dans une société fondée sur la souveraineté du peuple, il est certain qu'il n'appartient à aucun individu, à aucune classe, de soumettre le reste à sa volonté particulière ; mais il est faux que la société tout entière possède sur ses membres une souveraineté sans bornes. L'universalité[3] des citoyens est le souverain, dans ce sens, que nul individu, nulle fraction, nulle association partielle ne peut s'arroger la souveraineté, si elle ne lui a pas été déléguée[4]. Mais il ne s'ensuit pas que l'universalité des citoyens, ou ceux qui par elle sont investis de la souveraineté, puissent disposer souverainement de l'existence des individus. Il y a au contraire une partie de l'existence humaine qui, de nécessité, reste individuelle et indépendante, et qui est de droit hors de toute compétence sociale. La souveraineté n'existe que de manière limitée et relative. Au point où commencent l'indépendance et l'existence individuelle, s'arrête la juridiction[5] de cette souveraineté. Si la société franchit cette ligne, elle se rend aussi coupable que le despote[6] qui n'a pour titre que le glaive exterminateur ; la société ne peut excéder sa compétence sans être usurpatrice, la majorité, sans être factieuse[7].

BENJAMIN CONSTANT, *Principes de politique* (1815), chapitre premier

1. **Abstraite** : ici, par les simples idées, et non dans les faits.
2. **Latitude** : marge d'action, liberté.
3. **L'universalité** : ici, la totalité, l'ensemble.
4. **Déléguée** : confiée, transmise.
5. **Juridiction** : ici, pouvoir de commander.
6. **Despote** : souverain autoritaire, tyran.
7. **Factieuse** : qui provoque des troubles pour renverser l'ordre établi.

+ prof

Un extrait du documentaire ***Citizenfour*** de Laura Poitras (2015) sur les révélations d'Edward Snowden

Questions

PERSPECTIVE D'ÉTUDE : *la morale et la politique*

1 Comment l'auteur justifie-t-il ici l'idée selon laquelle le pouvoir souverain n'est pas un pouvoir absolu ?

2 Sur quels aspects de votre existence estimez-vous que personne ne peut avoir d'autorité ?

Comparer les thèses Essayez de distinguer les conceptions que Hobbes (p. 66) et Constant (ci-dessus) proposent du pouvoir de l'État sur les individus. Sur quels points s'opposent-ils ?

La loi est-elle un obstacle à la liberté ?

TEXTE 3 La loi conforme à la volonté générale garantit ma liberté.

Jean-Jacques Rousseau (1712-1778)

Selon Rousseau, l'État et la société civile sont issus d'un contrat passé entre les hommes à l'état de nature (comme chez Hobbes). Il réfléchit ici à l'impact de ce contrat sur notre liberté.

Ce que l'homme perd par le contrat social[1], c'est sa liberté naturelle et un droit illimité à tout ce qui le tente et qu'il peut atteindre ; ce qu'il gagne, c'est la liberté civile et la propriété de tout ce qu'il possède. Pour ne pas se tromper dans ces compensations, il faut bien distinguer la liberté naturelle qui n'a pour bornes que les forces de l'individu, de la liberté civile qui est limitée par la volonté générale, et la possession qui n'est que l'effet de la force ou le droit du premier occupant, de la propriété qui ne peut être fondée que sur un titre positif[2].

On pourrait sur ce qui précède ajouter à l'acquis de l'état civil[3] la liberté morale, qui seule rend l'homme vraiment maître de lui ; car l'impulsion du seul appétit est esclavage, et l'obéissance à la loi qu'on s'est prescrite est liberté.

JEAN-JACQUES ROUSSEAU, *Du contrat social*, I, 8, « De l'état civil » (1762)

1. **Le contrat social** : c'est ainsi que Rousseau définit notre rapport à la loi et à son autorité. Le peuple passe un contrat social avec lui-même, et s'engage à ce que tous respectent les lois. Ainsi, l'homme quitte « l'état de nature » et entre dans « l'état civil ».
2. **Titre positif** : autorisation officielle, validée par la loi.
3. **Ajouter à l'acquis de l'état civil** : ajouter à ce que l'on gagne avec l'état civil.

VOCABULAIRE

Volonté générale
Volonté qui recherche l'intérêt de l'ensemble d'un peuple, et dans laquelle chaque citoyen peut se reconnaître (même s'il a des désirs particuliers qui sont en conflit avec la volonté générale). C'est la seule limite que Rousseau reconnaît à la liberté civile.

REPÈRES

Obligation / contrainte
Lorsque la loi m'oblige, j'agis parce que je comprends les raisons de mon **obligation** (même si elles me déplaisent). En revanche, si je suis **contraint**, c'est qu'on exerce sur moi une pression (menace physique ou chantage, par exemple).

Questions PERSPECTIVE D'ÉTUDE : *la morale et la politique*

1. Pourquoi Rousseau estime-t-il nécessaire de distinguer deux formes de liberté ?
2. La liberté naturelle ne peut-elle pas être maintenue à l'état de société ? Pourquoi ?
3. Pourquoi l'homme à l'état naturel dispose-t-il d'un « droit illimité à tout ce qui le tente et qu'il peut atteindre » (l. 1-2) ?
4. **SUJET DE RÉFLEXION** Faut-il respecter la volonté générale pour préserver notre liberté ?

Peut-on être libre tout en étant contraint ?

TEXTE 4 Il existe des contraintes extérieures qui m'enlèvent tout ou partie de ma volonté.

Aristote
(384-322 av. J.-C.)

Aristote étudie le comportement humain afin de définir ce qu'est une vie « bonne ». C'est pourquoi il s'interroge aussi sur ce qui nous permet d'être libres, d'agir volontairement (pour que nous puissions décider quoi faire) et, à l'inverse, sur ce qui contraint notre volonté.

On admet d'ordinaire qu'un acte est involontaire quand il est fait sous la contrainte, ou par ignorance. [Ce que l'on fait par contrainte, c'est tout ce qui possède] son principe[1] hors de nous, c'est-à-dire un principe dans lequel on ne relève [aucune participation] de l'agent ou du patient[2] : si, par exemple, on est emporté quelque part, soit par le vent, soit par des gens qui vous tiennent en leur pouvoir.
Mais pour les actes accomplis par crainte de plus grands maux ou pour quelque noble motif (par exemple, si un tyran nous ordonne d'accomplir une action honteuse, alors qu'il tient en son pouvoir nos parents et nos enfants, et qu'en accomplissant cette action nous assurerions leur [survie], et en refusant de la faire, leur mort), pour de telles actions la question est débattue de savoir si elles sont volontaires ou involontaires. C'est là encore ce qui se produit dans le cas d'une cargaison que l'on jette par-dessus bord au cours d'une tempête : dans l'absolu, personne ne se débarrasse ainsi de son bien volontairement, mais quand il s'agit de [sa] propre [survie] et de [celle] de ses compagnons un homme [sensé] agit toujours ainsi. De telles actions sont donc mixtes, tout en ressemblant plutôt à des actions volontaires, car elles sont librement choisies au moment où on les accomplit, et la fin de l'action varie avec les circonstances de temps[3]. On doit donc, pour qualifier une action de volontaire ou d'involontaire, se référer [au contexte dans lequel] elle s'accomplit.

ARISTOTE, *Éthique à Nicomaque*, III, 1, d'après la traduction de Jules Tricot

1. **Son principe** : ici, sa cause.
2. **L'agent ou le patient** : celui qui agit ou celui qui subit.
3. **Les circonstances de temps** : ici, le danger de mort que représente la tempête.

REPÈRES

Cause / fin

Ce qui **cause** une action est le phénomène qui provoque cette action, qui la fait exister. La **fin** est en revanche le but visé par celui qui agit. La cause et la fin répondent toutes deux à la question « pourquoi », mais la cause renvoie à l'origine du phénomène (« Pourquoi as-tu cassé le verre ? – Parce qu'il m'a glissé des mains »), tandis que la fin renvoie à l'objectif (« Pourquoi me fais-tu un cadeau ? – Parce que j'ai envie de te faire plaisir »).

+ prof
Extrait de Saint Augustin (354-430), ***Le Libre Arbitre***

Questions

PERSPECTIVE D'ÉTUDE : *l'existence humaine et la culture*

1. Quels sont les différents types d'action distingués ici par Aristote ?
2. Quel rôle le contexte joue-t-il dans cette classification ?
3. SUJET DE RÉFLEXION Si chacune de mes décisions se fait en fonction d'un contexte, faut-il dire que toutes mes décisions sont contraintes par ce contexte ?

Peut-on être libre tout en étant contraint ?

TEXTE 5 Quel que soit le contexte de mon action, j'ai toujours le choix, et je suis donc libre.

Jean-Paul Sartre
(1905-1980)

La pensée de Sartre porte notamment sur la responsabilité que nous avons envers nos conditions d'existence. De ce point de vue, il est essentiel de préciser quel rôle remplit le choix libre dans le déroulement de notre vie.

Le choix est possible dans un sens, mais ce qui n'est pas possible, c'est de ne pas choisir. Je peux toujours choisir, mais je dois savoir que si je ne choisis pas, je choisis encore. Ceci, quoique paraissant strictement formel[1], a une très grande importance, pour limiter la fantaisie et le caprice. S'il est vrai qu'en face d'une situation, par exemple la situation qui fait que je suis un être sexué pouvant avoir des rapports avec un être d'un autre sexe, pouvant avoir des enfants, je suis obligé de choisir une attitude, et que de toute façon je porte la responsabilité d'un choix qui, en m'engageant, engage aussi l'humanité entière, même si aucune valeur *a priori*[2] ne détermine mon choix, celui-ci n'a rien à voir avec le caprice […]. L'homme se trouve dans une situation organisée, où il est lui-même engagé, il engage par son choix l'humanité entière, et il ne peut pas éviter de choisir : ou bien il restera chaste, ou il se mariera sans avoir d'enfants, ou il se mariera et aura des enfants ; de toute façon quoi qu'il fasse, il est impossible qu'il ne prenne pas une responsabilité totale en face de ce problème.

JEAN-PAUL SARTRE, *L'existentialisme est un humanisme* (1946) © Éditions Gallimard, p. 63-64

1. **Quoique paraissant strictement formel** : ici, bien que cela ressemble à un jeu sur les mots.
2. **Valeur *a priori*** : une valeur que je respecterais avant même de prendre ma décision.

VOCABULAIRE

Libre arbitre

Même s'il n'en parle pas directement, le texte renvoie à la notion d'après laquelle il existerait en nous une puissance absolue d'autodétermination, que l'on nomme « libre arbitre » depuis la fin de l'Antiquité.

REPÈRES

Impossible / possible

Est **possible** quelque chose qui peut exister dans la réalité, même si cela paraît difficile ou improbable. Il faut bien distinguer la possibilité et la probabilité : ce qui est probable, c'est ce qui a de fortes chances de se produire ; quelque chose peut être possible sans être probable.
En revanche, ce qui est **impossible** est ce qui ne peut jamais se trouver dans la réalité, à aucune condition.

QUESTIONS PERSPECTIVE D'ÉTUDE : *l'existence humaine et la culture*

1 Comment Sartre relie-t-il l'idée de choix libre à l'idée de responsabilité ? Faut-il choisir librement pour être responsable ?

2 Expliquez :
« en face d'une situation, par exemple la situation qui fait que je suis un être sexué pouvant avoir des rapports avec un être d'un autre sexe, pouvant avoir des enfants, je suis obligé de choisir une attitude » (l. 4-6)

EN GROUPES Suffit-il de dire qu'on a le choix, pour se considérer comme libre ? Un groupe réfléchira à la question morale (choix entre le bien et le mal), un groupe à la question économique (choix du consommateur), un groupe à la question politique (choix que l'on fait en votant), un groupe à la question sociale (choisir sa place dans la société).

TEXTE 6 L'individu ne croit au libre arbitre que parce qu'il ignore les causes qui le déterminent.

Baruch Spinoza
(1632-1677)

Spinoza considère que l'idée de libre arbitre ne correspond à aucune réalité en nous. Il utilise pour s'en expliquer une image célèbre, celle d'une pierre consciente de son mouvement.

Pour le comprendre clairement, prenons un exemple très simple. Une pierre reçoit d'une cause extérieure qui la pousse une certaine quantité de mouvement, par laquelle elle continuera nécessairement à se mouvoir après l'arrêt de l'impulsion externe. […] Concevez maintenant, si vous voulez bien, que la pierre, tandis qu'elle continue de se mouvoir, sache et pense qu'elle fait tout l'effort possible pour continuer de se mouvoir. Cette pierre, assurément, puisqu'elle n'est consciente que de son effort, et qu'elle n'est pas indifférente, croira être libre et ne persévérer dans son mouvement que par la seule raison qu'elle le désire. Telle est cette liberté humaine que tous les hommes se vantent d'avoir et qui consiste en cela seul que les hommes sont conscients de leurs désirs et ignorants des causes qui les déterminent. C'est ainsi qu'un enfant croit désirer librement le lait, et un jeune garçon irrité vouloir se venger, s'il est irrité, mais fuir s'il est craintif. Un ivrogne croit dire par une décision libre ce qu'ensuite il aurait voulu taire.

BARUCH SPINOZA, « Spinoza à Schuller », traduction de Robert Misrahi, in *Correspondance* recueilli dans *Œuvres complètes*, Bibliothèque de la Pléiade, édition de Roland Caillois, Madeleine Francès et Robert Misrahi © Éditions Gallimard, p. 1251-1252

VOCABULAIRE

Déterminisme
Spinoza défend ici une position déterministe, parce qu'il considère que tous les phénomènes du monde (y compris nos pensées et nos actions) sont déterminés par des causes extérieures à eux. Déterminer quelque chose c'est lui donner une orientation, la pousser à se comporter d'une certaine façon. Le déterminisme affirme que tout ce qui arrive est déterminé.

Questions

PERSPECTIVE D'ÉTUDE : *l'existence humaine et la culture*

1 Pourquoi l'image de la pierre permet-elle à Spinoza de remettre en question l'image que nous nous faisons de la liberté ?

2 Expliquez :
« Telle est cette liberté humaine que tous les hommes se vantent d'avoir » (l. 8-9).

3 Pourquoi les hommes se vantent-ils d'être libres ?

Analyser un exemple Reprenez chacun des exemples donnés à la fin du texte de Spinoza. En quel sens illustrent-ils correctement sa thèse ? Quel est leur point commun ?

+ prof
Extrait d'Émile Durkheim, ***Les Règles de la méthode sociologique*** (1895)

Être libre, est-ce avoir le pouvoir de se révolter ?

IMAGE La révolte comme réponse à l'injustice sociale et économique

• Giuseppe Pellizza da Volpedo, *Il Quarto Stato* (*Le Quart État*, 1901), peinture (2,93 × 5,45 m), Museo del Novecento (Milan)

REPÈRES

Idéal / réel

L'**idéal**, c'est ce qu'on ne peut concevoir qu'en idée, parce que cela est trop parfait, trop difficile ou trop rare. Le **réel**, en revanche, c'est ce qu'on observe dans l'expérience, passée ou présente. En politique, on se réfère souvent à des idéaux de justice et de société pour améliorer la situation présente (ou réelle). Quand on imagine une société parfaite dans le but de transformer la société existante, on parle d'utopie.

Questions

1. Qu'est-ce qui, dans la composition de l'image et la posture des personnages, donne un sentiment de révolte imminente ?
2. Selon Baudelaire, « La lutte et la révolte impliquent toujours une certaine quantité d'espérance, tandis que le désespoir est muet » (*Les Paradis artificiels*, 1860) : en quel sens ce tableau permet-il d'illustrer les notions d'espoir et d'idéal qui motivent le désir de se révolter ?
3. Pourquoi l'insatisfaction vis-à-vis d'une situation donnée (économique ou sociale) et le désir d'agir contre cette situation sont-ils vus comme des marques de liberté ?

En groupes Est-il possible qu'un État présente des inégalités ou des injustices comme des réalités légitimes et acceptables ? Par quels moyens ? Formez deux groupes et choisissez chacun un exemple précis, puis expliquez pourquoi la situation est telle et quelles mesures on peut envisager pour la changer.

TEXTE 7 Face à l'injustice des lois, il est nécessaire de se révolter pour retrouver sa liberté.

Henry David Thoreau
(1817-1862)

REPÈRES

Légal / légitime

Ce qui est **légal**, c'est ce que dit la loi, quel qu'en soit le contenu. Ce qui est **légitime** c'est ce qui *devrait* se trouver dans la loi, selon notre conception de la justice : ainsi, une loi injuste sera aussi jugée illégitime, c'est-à-dire qu'elle ne *devrait* pas avoir d'autorité sur nous.
Il arrive que des populations se révoltent contre des lois ou des gouvernements jugés illégitimes.

Thoreau est connu pour sa réflexion sur le concept de désobéissance civile. Il s'applique ici à le justifier en étudiant les moyens dont nous disposons réellement pour corriger des lois qui seraient injustes.

Il existe des lois injustes : nous contenterons-nous de leur obéir ? ou tenterons-nous de les amender, jusqu'à ce que nous soyons arrivés à nos fins ? ou les transgresserons-nous tout de suite ? En général, les hommes, sous un gouvernement comme le nôtre, croient devoir attendre d'avoir persuadé la majorité de les modifier. Ils croient que s'ils résistaient, le remède serait pire que le mal. Mais si le remède est pire que le mal, la faute en revient au gouvernement lui-même. C'est lui le fautif. Pourquoi n'est-il pas plus prompt à prévoir et à préparer des réformes ? […]

On dirait qu'une négation effective et délibérée de son autorité est le seul délit que le gouvernement n'ait jamais envisagé ; sinon, pourquoi n'a-t-il pas arrêté de châtiment défini, convenable et approprié ? […]

Si l'injustice est indissociable du frottement nécessaire à la machine gouvernementale, prenons-en notre parti : peut-être l'usage le rendra-t-il moins fort, et à coup sûr la machine s'usera. Si l'injustice a un ressort, une poulie, une corde ou une manivelle qui lui est exclusivement dévolue, alors il est permis de se demander si le remède ne sera pas pire que le mal ; mais si la machine par nature veut faire de vous l'instrument de l'injustice envers votre prochain, alors, je vous le dis, violez la loi. Que votre vie soit un contre-frottement pour bloquer la machine. Il me faut veiller, en tout cas, à ne pas me prêter au mal que je condamne.

HENRY DAVID THOREAU, *La Désobéissance civile* (1849),
traduction de Jean-Pierre Cattelain © Éditions d'Utovie, p. 22-24

+ prof

Un reportage sur un stage de résistance à l'autorité suivi par des cadets de la Police nationale (France 2, 2015)

Questions — PERSPECTIVE D'ÉTUDE : *la morale et la politique*

1 Quelles sont les différentes options envisagées par l'auteur pour réagir à l'injustice des lois ?

2 Expliquez :
« En général, les hommes, sous un gouvernement comme le nôtre, croient devoir attendre d'avoir persuadé la majorité de les modifier. Ils croient que s'ils résistaient, le remède serait pire que le mal. » (l. 3-5)

3 **SUJET DE RÉFLEXION** Refuser l'autorité d'un gouvernement est-il le seul moyen d'améliorer la loi ?

Débat Formez deux groupes, qui s'opposeront sur la décision à prendre pour lutter contre une loi jugée injuste. Un groupe défendra la révolte, l'autre groupe défendra la participation à un processus démocratique.

Être libre, est-ce avoir le pouvoir de se révolter ?

TEXTE 8 La pensée libre se définit par son pouvoir de refuser.

Alain (Émile Chartier, dit) (1868-1951)

Le philosophe Alain réfléchit ici à la manière dont s'éveille et se construit la pensée humaine, et insiste sur le fait que la réflexion n'est pas une attitude de passivité ou d'acceptation.

Penser, c'est dire non. Remarquez que le signe du oui est d'un homme qui s'endort ; au contraire le réveil secoue la tête et dit non. Non à quoi ? Au monde, au tyran, au prêcheur ? Ce n'est que l'apparence. En tous ces cas-là, c'est à elle-même que la pensée dit non. Elle rompt l'heureux acquiescement[1]. Elle se sépare d'elle-même. Elle combat contre elle-même. Il n'y a pas au monde d'autre combat. Ce qui fait que le monde me trompe par ses perspectives, ses brouillards, ses chocs détournés, c'est que je consens, c'est que je ne cherche pas autre chose. Et ce qui fait que le tyran est maître de moi, c'est que je respecte au lieu d'examiner. Même une doctrine[2] vraie, elle tombe au faux[3] par cette somnolence. C'est par croire[4] que les hommes sont esclaves. Réfléchir, c'est nier ce que l'on croit.

Qui croit seulement ne sait même plus ce qu'il croit. Qui se contente de sa pensée ne pense plus rien. Je le dis aussi bien pour les choses qui nous entourent. Qu'est-ce que je vois en ouvrant les yeux ? Qu'est-ce que je verrais si je devais tout croire ? En vérité une sorte de bariolage[5], et comme une tapisserie incompréhensible. Mais c'est en m'interrogeant sur chaque chose que je la vois.

ALAIN, « Penser, c'est dire non… » in *Propos sur la religion*, Rieder, 1969

1. **Acquiescement** : accord.
2. **Doctrine** : pensée qui s'enseigne et s'apprend.
3. **Elle tombe au faux** : elle devient fausse.
4. **C'est par croire** : c'est par l'acte de croire.
5. **Bariolage** : assemblage de couleurs en désordre.

VOCABULAIRE

Esprit critique

L'acte de critiquer n'est pas celui de condamner, mais de juger avec conscience et lucidité. Un esprit critique, donc, est un esprit capable de juger de ses propres idées, de prendre du recul vis-à-vis de ce qu'il pense. Critiquer revient à se libérer de ses préjugés, et à se défendre face aux discours et aux opinions des autres.

+ prof

Extrait des ***Méditations métaphysiques*** (1641), de René Descartes

Questions — PERSPECTIVE D'ÉTUDE : *la connaissance*

1 Pourquoi Alain compare-t-il le « oui » et le « non » au sommeil et à l'éveil ? Cette comparaison vous semble-t-elle efficace pour comprendre le travail de la pensée ? Pourquoi ?

2 Expliquez :
« En tous ces cas-là, c'est à elle-même que la pensée dit non. Elle rompt l'heureux acquiescement. Elle se sépare d'elle-même. Elle combat contre elle-même. » (l. 3-5)

3 **SUJET DE RÉFLEXION** Pour penser librement, faut-il penser par soi-même ?

En binômes Pourriez-vous défendre une idée qui n'est absolument pas la vôtre ? Avez-vous le sentiment que cela stimule votre réflexion ? Formez un binôme et tentez de convaincre l'autre d'une opinion avec laquelle vous n'êtes pas d'accord. Essayez ensuite de décrire cette expérience.

TEXTE 9 Être libre, c'est renoncer à se révolter contre la destinée.

Épictète
(50-125)

Stoïcisme
École philosophique de l'Antiquité qui s'attache à affirmer la souveraineté absolue du destin (*fatum*) sur nos vies : la lutte contre le destin est une agitation absurde. Nous devons plutôt apprendre à le comprendre et à l'accepter. Cette pensée a pour principaux représentants Épictète, Sénèque et Marc Aurèle.

Destin
Cette notion ne veut pas seulement dire que « ce qui arrive devait arriver », elle implique aussi que chaque être possède une « destination », un but vers lequel il se dirige nécessairement. Pour les stoïciens, la liberté de l'individu consiste à reconnaître et à accepter ce destin plutôt qu'à lutter contre lui.

Le stoïcien Épictète explique pourquoi, afin de mener une vie heureuse et libre, il est essentiel de distinguer ce qui dépend de notre volonté libre, et ce qui n'en dépend pas.

Parmi les choses, les unes dépendent de nous, les autres n'en dépendent pas ; en dépendent le jugement, la tendance, le désir, l'aversion[1] et, en un mot, tout ce qui est notre œuvre ; n'en dépendent pas le corps, la richesse, les témoignages de considération, les dignités, et, en un mot, tout ce qui n'est pas notre œuvre.
Les choses qui dépendent de nous sont par nature libres, sans entraves, sans empêchement, tandis que celles qui ne dépendent pas de nous sont inconsistantes, esclaves, susceptibles d'être entravées, dépendantes d'autrui.
En conséquence, souviens-toi de ceci : si tu juges libre ce qui, par nature, est esclave, et personnel ce qui appartient à autrui, tu subiras contrainte, douleur, trouble, tu adresseras des reproches aux dieux et aux hommes ; mais, si tu regardes comme tien cela seul qui est tien et comme appartenant à autrui ce qui, en fait, lui appartient, personne ne pourra jamais te contraindre, t'entraver ; [...] tu ne feras jamais rien contre ton gré ; personne ne te causera de tort ; tu n'auras point d'ennemi, parce que rien de nuisible ne pourra t'atteindre.
Ces grands biens que tu recherches, souviens-toi qu'il ne faut pas te démener médiocrement pour les atteindre, mais qu'il faut renoncer définitivement à certaines choses, et en différer d'autres pour le moment. Mais, si, en plus de ces biens, tu veux encore pouvoir et richesse, il pourra se faire que tu manques même ces derniers parce que tu recherches en même temps les premiers ; en tout cas, tu manqueras infailliblement les seuls biens qui peuvent te procurer liberté et bonheur.

Épictète, *Entretien*, I, traduction de Joseph Souilhé et Amand Jagu

1. L'aversion : le dégoût, ou la répulsion.

Questions — PERSPECTIVE D'ÉTUDE : *l'existence humaine et la culture*

1 Pourquoi peut-on dire, d'une part, que « le désir » et « l'aversion » dépendent de nous, et que, d'autre part, « le corps » et « la richesse » ne dépendent pas de nous ? Est-ce paradoxal ? Pourquoi ?

2 Expliquez :
« si tu juges libre ce qui, par nature, est esclave, et personnel ce qui appartient à autrui, tu subiras contrainte, douleur, trouble, tu adresseras des reproches aux dieux et aux hommes » (l. 8-10)

3 **SUJET DE RÉFLEXION** Le philosophe Sénèque affirmait que « la destinée est un guide pour ceux qui l'acceptent, et elle traîne derrière elle ceux qui la refusent ». En quel sens ce texte permet-il d'éclairer cette thèse ?

Pour être libre, faut-il être seul ?

TEXTE 10 La solitude permet de penser librement.

Jean-Jacques Rousseau
(1712-1778)

Rousseau vit isolé à Montmorency, persuadé que ses écrits lui ont attiré un nombre considérable d'ennemis. Lorsque M. de Malesherbes lui écrit pour tenter de le rassurer, Rousseau lui expose les raisons de son choix de mener une existence solitaire.

J'allais alors d'un pas plus tranquille chercher quelque lieu sauvage dans la forêt ; quelque lieu désert où rien ne montrant la main des hommes n'annonçât la servitude et la domination, quelque asile[1] où je pusse croire avoir pénétré le premier, et où nul tiers[2] importun ne vînt s'interposer entre la nature et moi. C'était là qu'elle semblait déployer à mes yeux une magnificence toujours nouvelle. L'or des genêts, et la pourpre des bruyères, frappaient mes yeux d'un luxe qui touchait mon cœur ; la majesté des arbres qui me couvraient de leur ombre, la délicatesse des arbustes qui m'environnaient, l'étonnante variété des herbes et des fleurs que je foulais sous mes pieds, tenaient mon esprit dans une alternative continuelle d'observation et d'admiration : le concours de tant d'objets intéressants qui se disputaient mon attention, m'attirant sans cesse de l'un à l'autre, favorisait mon humeur rêveuse et paresseuse [...].
Mon imagination ne laissait pas longtemps déserte la terre ainsi parée. Je la peuplais bientôt d'êtres selon mon cœur, et chassant bien loin l'opinion, les préjugés, toutes les passions factices, je transportais, dans les asiles de la nature, des hommes dignes de les habiter.

JEAN-JACQUES ROUSSEAU, Lettre à M. de Malesherbes du 26 janvier 1762

1. **Asile** : refuge.
2. **Tiers** : autre personne.

VOCABULAIRE

Imagination
La faculté d'imaginer permet de produire des impressions sensibles sans que celles-ci soient présentes dans notre expérience. Ce ne sont pas seulement des impressions visuelles (ou images), mais aussi des impressions sonores, tactiles, olfactives. Par opposition à la raison, l'imagination n'est pas soumise aux contraintes de la logique.

Questions

PERSPECTIVE D'ÉTUDE : *l'existence humaine et la culture*

1 En quel sens la nature s'oppose-t-elle ici à la société des humains ?

2 Expliquez :
« quelque lieu désert où rien ne montrant la main des hommes n'annonçât la servitude et la domination » (l. 2-3)

3 Pourquoi s'isoler des opinions des autres êtres humains nous rendrait-il plus libre ?

4 SUJET DE RÉFLEXION La nature est-elle toujours le contexte idéal pour être libre ?

DÉFINIR Essayez comme Rousseau de vous isoler et d'imaginer librement quelque chose, sans tenir compte des circonstances dans lesquelles vous vous trouvez. Y parvenez-vous ? Quelles limites rencontrez-vous ?

TEXTE 11 La liberté humaine consiste à développer nos facultés, ce qui ne peut se faire qu'en société.

Emmanuel Kant
(1724-1804)

Kant étudie les sources des conflits qui opposent les hommes dans une société, et qui laissent penser que l'humain n'est pas fait pour vivre en groupe, mais devrait vivre seul. En réalité, le rapport entre l'être humain et ses semblables est plus complexe qu'il n'y paraît.

J'entends ici par antagonisme[1] l'*insociable sociabilité* des hommes, c'est-à-dire leur tendance à entrer en société, tendance cependant liée à une constante résistance à le faire qui menace sans cesse de scinder cette société. Cette disposition réside manifestement dans la nature humaine. L'homme possède une inclination[2] à *s'associer* car dans un tel état il se sent plus homme, c'est-à-dire ressent le développement de ses dispositions[3] naturelles. Mais il a aussi une forte tendance à se *singulariser* (s'isoler), car il rencontre en même temps en lui-même ce caractère insociable qu'il a de vouloir tout diriger seulement selon son point de vue ; par suite, il s'attend à des résistances de toute part, de même qu'il se sait lui-même enclin de son côté à résister aux autres. Or, c'est cette résistance qui éveille toutes les forces de l'homme, qui le conduit à surmonter sa tendance à la paresse et, sous l'impulsion de l'ambition, de la soif de domination ou de la cupidité, à se tailler un rang parmi ses compagnons qu'il supporte peu volontiers, mais dont il ne peut pourtant pas non plus se passer. Or c'est précisément là que s'effectuent véritablement les premiers pas qui mènent de l'état brut à la culture, laquelle réside au fond dans la valeur sociale de l'homme.

EMMANUEL KANT, *Idée d'une histoire universelle au point de vue cosmopolitique* (1784), traduction de Luc Ferry, recueilli dans *Critique de la faculté de juger* © Éditions Gallimard, p. 192

1. **Antagonisme** : conflit, rapport de concurrence.
2. **Inclination** : tendance, désir.
3. **Dispositions** : ici, capacités.

VOCABULAIRE

Sociabilité / société

La **sociabilité** désigne l'aptitude d'un individu à établir un lien avec d'autres êtres humains, et à les fréquenter.
La **société** désigne une forme de vie collective, où les individus dépendent les uns des autres pour assurer leur bien-être.

REPÈRES

Essentiel / accidentel

Est **essentiel** ce qui participe à la définition d'une chose. Si une réalité perd quelque chose qui lui est essentiel, elle cesse d'être elle-même. En revanche, on qualifie d'**accidentelle** une caractéristique d'une réalité qui peut changer (ou disparaître) sans que celle-ci cesse d'être elle-même. Ainsi, la faculté de raisonner est essentielle à l'être humain.

Questions

PERSPECTIVE D'ÉTUDE : *la morale et la politique*

1 Quels sont les deux sentiments contradictoires que Kant attribue à l'humain vis-à-vis de la société ?

2 Peut-on être libre si nos facultés ne sont pas développées ? Être plus cultivé, mieux éduqué, revient-il à être plus libre, et pourquoi ?

3 Expliquez :
« L'homme possède une inclination à s'associer car dans un tel état il se sent plus homme, c'est-à-dire ressent le développement de ses dispositions naturelles. » (l. 4-6)

4 SUJET DE RÉFLEXION « Surmonter sa tendance à la paresse », cela revient-il à être plus libre ?

Débat Le fait d'être en rivalité avec autrui est-il un moyen de devenir plus libre ? En vous inspirant de votre culture et de votre expérience, organisez un débat sur cette question.

DÉBAT

Faut-il limiter la liberté d'expression ?

DOC. 1 La liberté de pensée et la liberté d'expression selon la loi française

Art. 10. Nul ne doit être inquiété pour ses opinions, même religieuses, pourvu que leur manifestation ne trouble pas l'ordre public établi par la Loi.
Art. 11. La libre communication des pensées et des opinions est un des droits les plus précieux de l'Homme : tout Citoyen peut donc parler, écrire, imprimer librement, sauf à répondre de l'abus de cette liberté dans les cas déterminés par la Loi.

Déclaration des droits de l'homme et du citoyen (1789)

La diffamation[1] commise envers les particuliers par l'un des moyens énoncés en l'article 23[2] sera punie d'une amende de 12 000 euros.
La diffamation commise par les mêmes moyens envers une personne ou un groupe de personnes à raison de leur origine ou de leur appartenance ou de leur non-appartenance à une ethnie, une nation, une race ou une religion déterminée sera punie d'un an d'emprisonnement et de 45 000 euros d'amende ou de l'une de ces deux peines seulement.

Art. 32 de la loi du 29 juillet 1881 sur la liberté de la presse, modifiée par la loi du 6 août 2012

1 Quelle différence peut-on faire entre la liberté de pensée (ou d'opinion) et la liberté d'expression ?

2 **RECHERCHE** Cherchez quels sont les « délits de presse » qu'établit la loi de 1881 sur la liberté de la presse. En quel sens protège-t-elle la liberté des citoyens ?

hatier-clic.fr/20philot032

1. **Diffamation** : fait de porter atteinte à l'honneur ou à la réputation de quelqu'un par des paroles publiques.
2. C'est-à-dire, soit par des discours proclamés dans des lieux publics, soit par des écrits ou des imprimés distribués au public.

DOC. 2 Unes de journaux censurées durant la Première Guerre mondiale

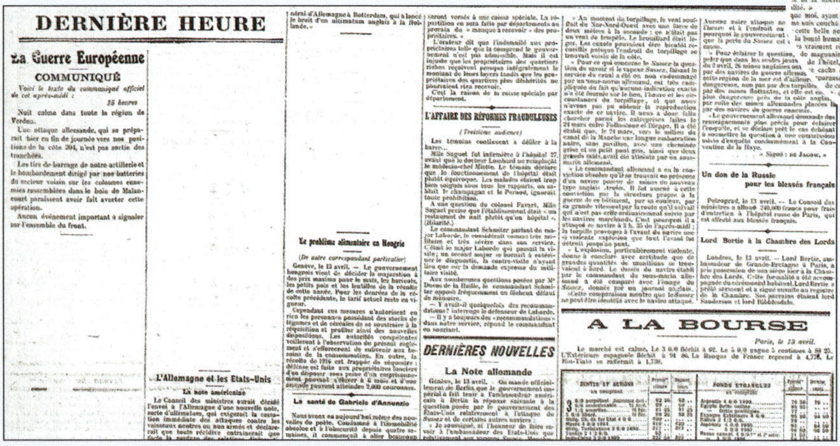
DERNIÈRE HEURE
La Guerre Européenne
COMMUNIQUÉ
L'AFFAIRE DES RÉFORMES FRAUDULEUSES
DERNIÈRES NOUVELLES
La Note allemande
Un don de la Russie pour les blessés français
Lord Bertie à la Chambre des Lords
A LA BOURSE

• Journal des Débats (1916)

1 Pourquoi, selon vous, la censure était-elle aussi active en 1916 ?

2 Peut-on comparer la limitation actuelle de la liberté d'expression (voir doc. 1) et la censure qui se pratiquait durant la Première Guerre mondiale ?

VOCABULAIRE

Censure
Institution qui examine le contenu de diverses productions culturelles avant d'en autoriser la publication ou la diffusion. En France, depuis 1986, la censure est interdite : un contenu ne peut pas être interdit avant d'être rendu public, même s'il peut être contrôlé par la suite.

DOC. 3 La liberté d'expression selon la loi américaine : l'arrêt « Skokie » de 1977

• Des manifestants antiracistes protestent dans les rues de Skokie (Illinois) contre une éventuelle marche néonazie

• Des manifestants néonazis le 31 novembre 1978

L'arrêt « Skokie » est une décision de la Cour d'appel fédérale des États-Unis, par laquelle une manifestation néonazie fut autorisée à se dérouler, alors qu'elle avait été d'abord interdite par les autorités locales. Les opposants à la manifestation purent aussi manifester.

Cette décision de justice a fait « jurisprudence » : elle vaut désormais comme une référence pour juger des questions de liberté d'expression. Ainsi, aux États-Unis, toute opinion est libre d'être exprimée, même la plus extrême ou la plus hostile envers une catégorie de citoyens (racisme, homophobie, antisémitisme, insultes publiques par exemple). On ne peut interdire une manifestation que s'il y a une menace avérée de violences physiques.

1 Quelles différences et quels points communs observez-vous entre la loi française et la loi américaine dans leur vision de la liberté d'expression ?

2 Peut-on tolérer des opinions qui soutiennent l'intolérance ? Où se trouve le paradoxe dans cette idée ?

À vous

Limiter la liberté d'expression revient-il forcément à opprimer les individus ?

- Une partie de la classe défendra la thèse selon laquelle il ne saurait exister de liberté authentique sans une liberté d'expression totale.
- L'autre partie montrera qu'il est parfois nécessaire, pour protéger la liberté de chacun dans une société, de limiter la liberté d'expression.

SYNTHÈSE

▶ La loi est-elle un obstacle à la liberté ?

Il est courant de se représenter la loi comme une barrière qui nous empêche d'agir.

• Hobbes affirme que la **souveraineté** de l'État est impossible à contester. Si le peuple avait la possibilité de se révolter contre l'État, alors le souverain ne posséderait aucune autorité, et ne pourrait protéger les citoyens. → **Texte 1 p. 66**

• Constant insiste sur la nécessité de respecter les **libertés individuelles** dans un État de droit. Aucune autorité n'est assez grande pour nier ces libertés : si la loi se place au-dessus de la liberté de l'individu, alors le système est tyrannique. → **Texte 2 p. 67**

• Rousseau explique, par le **contrat social**, que l'on peut se représenter la société politique comme le fruit d'un accord entre le peuple et ses futurs gouvernants. La « liberté civile », placée sous l'autorité de la loi, n'est limitée que par la volonté générale. → **Texte 3 p. 68**

▶ Peut-on être libre tout en étant contraint ?

La contrainte représente, à première vue, le strict contraire de l'état de liberté. Lorsqu'on me contraint, je suis incapable d'agir par moi-même, ma volonté n'est pas à l'origine de mes actions.

• Aristote distingue **action volontaire** (donc libre) et action contrainte. Il signale l'existence de « mixtes », où le principe de l'action (sa cause) est délicat à identifier. → **Texte 4 p. 69**

• Sartre souligne le caractère absolu de la **liberté de choix**. Quelle que soit ma situation, je possède au fond de moi l'aptitude de choisir entre plusieurs options. → **Texte 5 p. 70**

• Spinoza s'oppose à toute idée de liberté de choix (ou de libre arbitre) : pour lui, tout être voit son comportement **déterminé par des causes extérieures**. Les humains ont **l'illusion** de décider librement lorsqu'ils **ignorent** quelles causes les poussent à agir. → **Texte 6 p. 71**

▶ Être libre, est-ce avoir le pouvoir de se révolter ?

La liberté d'un peuple ou d'un individu se conçoit souvent comme la faculté de se déterminer soi-même, sans être soumis à une autorité abusive ou arbitraire.

• Thoreau explique que face à une loi injuste, la **désobéissance civile** serait le moyen le plus clair et le plus efficace de lutter contre ses abus. → **Texte 7 p. 73**

• Alain considère que la pensée ne trouve son véritable exercice que dans la possibilité de refuser, ou de mettre à distance ce qui lui est donné. C'est en se révoltant contre les idées toutes faites que l'on accède à l'**esprit critique**. → **Texte 8 p. 74**

• Épictète estime que la liberté ne consiste pas à se rebeller contre le monde extérieur ; il faut faire la part des choses entre ce qui dépend de nous et ce qui n'en dépend pas. Accepter cette distinction, c'est commencer à **travailler sur soi-même** pour devenir vraiment libre. → **Texte 9 p. 75**

▶ Pour être libre, faut-il être seul ?

La présence de l'autre peut agir sur nos pensées et nos actions. Le regard qui me juge ou la responsabilité que je possède vis-à-vis des autres sont autant de freins à la liberté, qu'on peut alors chercher dans la solitude.

- Rousseau voit dans la **solitude** le moyen de libérer son esprit. La nature lui offre une diversité immense d'objets qui alimentent son imagination et l'éloignent des préjugés de son époque. → **Texte 10 p. 76**

- Kant considère que l'humain possède deux inclinations naturelles contradictoires, l'une qui le force à s'isoler de ses semblables, et l'autre qui le pousse à les fréquenter. C'est dans ce **va-et-vient entre la sociabilité et l'insociabilité** que l'être humain progresse et se libère de ses désirs primaires. → **Texte 11 p. 77**

VOCABULAIRE À RETENIR

Autonomie

▶ Fait d'être libre en se donnant ses propres règles. Au sens politique, une région ou un État autonome a le pouvoir de se donner ses propres lois, mais n'est pas pour autant indépendant.

Chez Rousseau, le peuple devient autonome en suivant la volonté générale.

Autorité

▶ Pouvoir d'agir sur autrui, de lui donner des ordres. L'autorité implique toujours un respect de la part de celui qui obéit. L'autorité politique voit ses conditions d'exercice fixées par la loi.

Selon Hobbes, l'autorité de l'État est absolue, elle ne peut être contestée par personne.

Cause

▶ Ce qui produit un effet et le détermine (elle lui donne une orientation).

Pour Spinoza, nous croyons être libres lorsque nous ignorons les causes de nos actions.

Délibération

▶ Délibérer c'est « peser le pour et le contre », comparer les options pour prendre une décision finale. L'action délibérée s'oppose à l'action impulsive ou irréfléchie.

Pour Aristote, une action libre est toujours précédée d'une délibération.

Libre arbitre

▶ Concept qui désigne notre faculté de choisir nous-mêmes parmi plusieurs options. L'idée de libre arbitre sert de fondement à l'idée de responsabilité morale.

Pour Sartre, notre libre arbitre est mobilisé dans chacune de nos actions.

Obligation / contrainte

▶ Être obligé, c'est être tenu d'agir d'une certaine façon, en ayant compris le bien-fondé des raisons qui nous poussent à agir.
La contrainte, en revanche, s'impose à nous de l'extérieur et exerce une pression à laquelle nous ne pouvons résister.

Rousseau considère que, si l'on obéit à une loi légitime, on agit par obligation et non par contrainte, ce qui est compatible avec notre liberté.

Volonté

▶ Faculté de se déterminer, en un sens large. On peut l'opposer au désir, qui est irréfléchi, tandis que la volonté suppose de notre part une délibération.

Aristote oppose les actions volontaires, qui proviennent de nous, et les actions contraintes, qui proviennent de causes extérieures.

Retenir le vocabulaire

1 Pour chacun des énoncés suivants, dites s'il s'agit d'une situation de : liberté politique • liberté morale • liberté naturelle • spontanéité • esclavage • obligation • contrainte • autonomie. **Plusieurs réponses sont possibles.**

a. Les parents doivent donner une instruction à leurs enfants.

b. Cet homme a été vendu comme une simple marchandise.

c. Le peuple a voté et a donné la majorité de ses voix au parti d'opposition.

d. Il a réussi à résister à la tentation d'acheter un nouveau téléphone.

e. Il a été la victime d'un maître chanteur qui possédait un dossier sensible sur lui.

f. Il a bien fallu que j'accomplisse le travail pour lequel je m'étais engagée par contrat.

g. Cette région s'est dotée d'une constitution qui lui permet de gérer seule son économie.

h. Elle n'a pas eu besoin qu'on lui rappelle ses obligations, elle est restée fidèle à ses engagements.

i. Voir ces animaux sauvages courir sans entraves est un plaisir unique.

j. Sans prévenir, il a pris un billet d'avion et s'est envolé.

k. J'ai été physiquement menacé, j'ai donné tout ce que j'avais sur moi.

Comprendre un terme philosophique

Corrigé p. 237

2 Dites dans quels contextes ces phrases peuvent être prononcées et expliquez leur lien avec la notion de liberté.

a. « Tu n'as pas le choix. »

b. « Sa détermination est exemplaire. »

c. « Écouter ce morceau de musique me donne le sentiment de m'évader. »

d. « Il lui obéit sans même en avoir conscience. »

3 Retrouvez les définitions correspondant aux quatre termes philosophiques suivants : déterminisme • libéralisme politique • libre arbitre • autoritarisme.

Définition 1 Concept selon lequel nous disposons toujours du pouvoir de choisir quelle attitude adopter face à plusieurs options possibles.

Définition 2 Conception selon laquelle le pouvoir politique consiste avant tout en l'affirmation d'une autorité absolue sur le peuple, et que la loi a pour fonction première de restreindre la liberté humaine.

Définition 3 Théorie selon laquelle tous nos choix, même ceux qui nous paraissent parfaitement délibérés, sont les effets de causes dont nous n'avons pas conscience.

Définition 4 Doctrine qui place la liberté de l'individu au sommet des valeurs à respecter en politique : une loi ne peut être légitime qu'à condition de préserver et d'encourager cette liberté.

Réfléchir à partir d'une image

4 Observez l'image.

• Bouteilles de shampoing dans un rayon de supermarché

a. Cette image donne-t-elle le sentiment de disposer d'une grande liberté de choix ?

b. À partir de cette image, vous vous demanderez s'il suffit d'avoir le choix pour être vraiment libre.

c. Si la liberté ne consiste pas seulement en la capacité de choisir, alors comment peut-on la définir ?

d. Dans *Dans les forêts de Sibérie* (© Gallimard), Sylvain Tesson écrit : « Quinze sortes de ketchup. À cause de choses pareilles, j'ai eu envie de quitter ce monde. » Comment cette phrase illustre-t-elle le rapport entre le choix et la liberté ?

Réfléchir à partir d'un texte littéraire

5 Lisez le texte suivant.

Simone de Beauvoir raconte sa jeunesse dans la bourgeoisie parisienne, qui lui impose de lourds standards de féminité dont elle peine à se délivrer. Son ambition de devenir une intellectuelle se construit par opposition aux valeurs familiales.

Demain j'allais trahir ma classe et déjà je reniais mon sexe ; cela non plus, mon père ne s'y résignait pas : il avait le culte de la jeune fille, la vraie. Ma cousine Jeanne incarnait cet idéal : elle croyait encore que les enfants naissaient dans les choux. Mon père avait tenté de préserver mon ignorance ; il disait autrefois que lorsque j'aurais dix-huit ans il m'interdirait encore les *Contes* de François Coppée[1] ; maintenant, il acceptait que je lise n'importe quoi : mais il ne voyait pas beaucoup de distance entre une fille avertie, et la Garçonne dont, dans un livre infâme, Victor Margueritte[2] venait de tracer le portrait. Si du moins j'avais sauvé les apparences ! Il aurait pu s'accommoder d'une fille exceptionnelle à condition qu'elle évitât soigneusement d'être insolite : je n'y réussis pas.

Simone de Beauvoir, *Mémoires d'une jeune fille rangée*, III © Éditions Gallimard, p. 178

1. **François Coppée** : auteur du XIXe s. connu pour ses écrits à tonalité sentimentale, attachés à la description du quotidien.
2. Cet auteur fit scandale en racontant dans le roman *La Garçonne* (1922) l'histoire d'une jeune fille libérée de son milieu bourgeois d'origine, qui recherche une vie de plaisirs.

a. En quel sens ce texte relate-t-il l'expérience d'une révolte ? De qui ? Contre quoi ?

b. Pourquoi l'ignorance apparaît-elle ici comme un obstacle à la liberté ?

Confronter des documents

6 En quel sens les œuvres suivantes expriment-elles un sentiment de liberté ? Pouvez-vous différencier les types de liberté qu'on y observe ?

• Caspar David Friedrich, *Le Voyageur contemplant une mer de nuages* (1817), huile sur toile, Hamburger Kunsthalle (Hambourg, Allemagne)

• Gravure illustrant la marche des femmes sur Versailles, pendant la Révolution française (1789), musée Carnavalet (Paris)

• Joan Miró, *Libellule aux ailerons rouges à la poursuite d'un serpent glissant en spirale vers l'étoile-comète* (1951), Fondation Miró (Barcelone)

MÉTHODE POUR LA **Dissertation**

▸ Nuancer une thèse

Dans le cadre d'une dissertation, vous pouvez être amené(e) à discuter les thèses des auteurs que vous introduisez dans votre raisonnement. Il est important de montrer que vous avez bien compris la thèse de l'auteur cité, et que les idées qu'il avance sont ouvertes à la discussion.

SUJET Suffit-il de se sentir libre pour l'être vraiment ?

Paragraphe

La liberté n'est pas une caractéristique dont on pourrait se défaire : le choix même de ne plus être libre est encore un choix, et il est une preuve de ma liberté, que je ressens à travers la moindre de mes actions ou de mes pensées. Voilà pourquoi Jean-Paul Sartre affirme, dans L'existentialisme est un humanisme, que la liberté de choix est absolue chez l'homme, et que par conséquent il n'existe aucune action qui ne dépende pas d'un choix préalable. Même l'absence de choix, dit-il, est un choix.

■ ÉTAPE 1 : exposer la thèse de l'auteur
Veillez toujours à bien montrer que vous avez compris la thèse (p. 70) que vous allez nuancer (voir aussi p. 136).

❶ Cependant, il existe bien des cas où l'individu se trouve dans un état de soumission, sans qu'il en soit conscient. Par exemple, lorsqu'un enfant a grandi toute sa vie dans la condition d'esclave, il peut parfaitement avoir l'impression de vivre librement ainsi, car il a été habitué à adopter ce mode de vie. Il n'est donc pas évident d'affirmer que notre sentiment de liberté est toujours fiable.

OU

❷ Toutefois, lorsque Sartre parle de choix, ne veut-il pas dire « choix éclairé » ? S'il est vrai que l'on fait constamment des choix, pour chaque pensée ou chaque action, peut-on dire qu'un choix effectué dans l'ignorance est un véritable choix ? Si je choisis mais que j'ignore quelles sont mes options, ou que je ne connais pas les limites de mon action, je ne suis pas tout à fait libre. Il est donc possible de perdre sa liberté dans l'état d'ignorance, tout en conservant l'impression de la posséder.

■ ÉTAPE 2 : nuancer la thèse

❶ Vous pouvez procéder au moyen d'un exemple.
Pensez à utiliser des expressions qui rappellent qu'on a affaire à des cas particuliers (et non à des généralités).
Expliquez toujours votre exemple, en disant pourquoi le constat que vous faites paraît légitime.
Pensez à rattacher votre étude de l'exemple au sujet, en reprenant les termes de l'intitulé ou des expressions qui s'en rapprochent.

❷ Vous pouvez également analyser des concepts.
Exprimez-vous sur le mode de la supposition : *si l'on admet que ce mot signifie A, alors on peut arriver à la conclusion que B...*
Interrogez-vous sur le sens fort d'un mot : plus le sens est fort, plus il est possible que la thèse que vous avez citée n'y corresponde pas entièrement.
Pensez à relier votre développement au sujet proposé.

À vous

Exprimer une nuance

1. Parmi les formulations suivantes, dites lesquelles expriment une nuance, et lesquelles manquent de nuance.

a. *Il est possible de formuler des objections à l'encontre de cette thèse.*

b. *Cette idée est évidemment fausse.*

c. *On ne peut pas être sceptique, car sinon tout serait faux.*

d. *Cette thèse peut-elle être défendue sous tous les angles ?*

e. *Ce que dit cet auteur est absurde.*

f. *Mais cela n'est pas vrai. Changeons de perspective.*

g. *Il faut se demander s'il y a d'autres définitions possibles de ce concept.*

h. *Si l'on peut comprendre pourquoi l'auteur défend cette thèse, il est aussi nécessaire d'envisager notre problème sous un autre angle.*

i. *Cette idée comporte un certain nombre de failles.*

j. *Ceux qui pensent une chose pareille sont des insensés.*

k. *Passons à une autre idée.*

l. *D'autres perspectives d'analyse sont possibles.*

■ ÉTAPE 2 : nuancer la thèse

2. Sur le modèle de la page 84, exposez puis nuancez dans un paragraphe la thèse d'Épictète (p. 75) à propos du sujet suivant.

Sujet 1 **Être libre, est-ce faire ce que l'on veut ?**

3. Même consigne pour les thèses suivantes et en fonction des sujets indiqués.

Sujet 2 **Peut-on refuser l'autorité politique ?**
Thèse de Thomas Hobbes → **Texte 1 p. 66**

Sujet 3 **Le pouvoir politique peut-il être au service de la liberté de tous ?**
Thèse de Benjamin Constant → **Texte 2 p. 67**

Sujet 4 **Être libre, est-ce agir sans raison ?**
Thèse de Baruch Spinoza → **Texte 6 p. 71**

Sujet 5 **Penser rationnellement, est-ce penser librement ?**
Thèse d'Alain → **Texte 8 p. 74**

D'AUTRES SUJETS POUR S'ENTRAÎNER

Sujet 6 **Obéir à nos obligations, est-ce renoncer à notre liberté ?**

Sujet 7 **Y a-t-il des actions qui ne dépendent pas de notre volonté ?**

Sujet 8 **Sommes-nous libres de décider du contenu de la loi ?**

MÉTHODE POUR L' **Explication de texte**

▸ Comprendre l'organisation argumentative du texte

L'une des principales exigences de l'explication de texte est de dégager un plan, qui servira de cadre général à votre analyse. Pour cela, vous devez repérer les moments forts du texte. Essayez avant tout de montrer un mouvement d'ensemble, qui correspond à la progression du texte. Remarquez que c'est l'objet de la réflexion de l'auteur qui dirige le découpage du texte et vous permet de comprendre le reste du texte.

Sujet Bertrand Russell, *Pourquoi je ne suis pas chrétien* (1927)

La question du libre arbitre demeure [...]. Quelles que soient les considérations auxquelles on se livre sur le plan de la haute métaphysique[1], il est bien évident que personne n'y croit en pratique.

On a toujours cru qu'il était possible de former le caractère ; on a toujours su que l'alcool ou l'opium ont quelque influence sur le comportement. Le défenseur du libre arbitre soutient qu'on peut à son gré éviter de s'enivrer, mais il ne soutient pas que lorsqu'on est ivre on puisse articuler les syllabes de *Constitution britannique* de manière aussi claire qu'à jeun. Et quiconque a eu affaire à des enfants sait qu'une éducation convenable contribue davantage à les rendre sages que les plus éloquentes exhortations[2].

La seule conséquence, en fait, de la théorie du libre arbitre, c'est qu'elle empêche de suivre les données du bon sens jusqu'à leur conclusion rationnelle. Quand un homme se conduit de façon brutale, nous le considérons intuitivement comme méchant, et nous refusons de regarder en face le fait que sa conduite résulte de causes antérieures, lesquelles, si l'on remontait assez loin, nous entraîneraient bien au-delà de sa naissance, donc jusqu'à des événements dont il ne saurait être tenu pour responsable, quelque effort d'imagination que nous fissions.

Traduction de Gabriel Beauroy et Guy Le Clech

■ PREMIÈRE PARTIE : l'auteur soutient une thèse centrale
Observez le caractère affirmatif de ses phrases, mais aussi l'extension très générale du propos. Pour Russell, l'existence du libre arbitre est contestée par notre pratique de la vie.

■ DEUXIÈME PARTIE : l'auteur énumère des exemples pour appuyer son propos
Répétition qui indique que l'auteur s'en remet au sens commun.
Il emploie des exemples pour expliquer que dans la pratique nous constatons l'impuissance du libre arbitre.

■ TROISIÈME PARTIE : l'auteur explique une idée et formule un constat
Expression qui montre que Russell va donner une explication : il s'agit de révéler ce que cache la théorie qu'il dénonce.
En effet, il tente d'expliquer pourquoi nous tenons à l'idée de libre arbitre, et formule un diagnostic moral : si nous cessions de croire au libre arbitre, nous devrions cesser de croire à la responsabilité et à la méchanceté des individus qui nous nuisent.

1. **Métaphysique** : discipline ancienne qui consiste à réfléchir aux premières causes des phénomènes (ici, la volonté et le libre arbitre).
2. **Exhortation** : discours par lequel on pousse quelqu'un à faire quelque chose.

À vous **Sujet 1** **Alexis de Tocqueville, *De la démocratie en Amérique* (1835-1840)**

Nos contemporains sont incessamment travaillés par deux passions ennemies : ils sentent le besoin d'être conduits et l'envie de rester libres. Ne pouvant détruire ni l'un ni l'autre de ces instincts contraires, ils s'efforcent de les satisfaire à la fois tous les deux. Ils imaginent un pouvoir unique, tutélaire[1], tout-puissant, mais élu par les citoyens. Ils combinent la centralisation et la souveraineté du peuple. Cela leur donne quelque relâche. Ils se consolent d'être en tutelle, en songeant qu'ils ont eux-mêmes choisi leurs tuteurs. Chaque individu souffre qu'on l'attache, parce qu'il voit que ce n'est pas un homme ni une classe, mais le peuple lui-même qui tient le bout de la chaîne. Dans ce système, les citoyens sortent un moment de la dépendance pour indiquer leur maître, et y rentrent.

1. **Tutélaire** : qui appartient à un tuteur, qui garde, qui protège.

1. Montrez où se situent les étapes du raisonnement. Vous pouvez identifier un constat général sur les passions humaines, une déduction sur le fonctionnement des mentalités et une conclusion sur le système politique que cela contribue à créer.
2. Par quels procédés l'auteur indique-t-il un paradoxe dans le rapport du peuple à sa propre liberté ?

Sujet 2 **Henri Bergson, *Leçons de psychologie et de métaphysique* (1887-1888)**

Notre conscience nous avertit [...] que nous sommes des êtres libres. Avant d'accomplir une action, quelle qu'elle soit, nous nous disons que nous pourrions nous en abstenir. Nous concevons [...] divers motifs et par conséquent diverses actions possibles, et après avoir agi, nous nous disons encore que, si nous avions voulu, nous aurions pu autrement faire. – Sinon, comment s'expliquerait le regret d'une action accomplie ? Regrette-t-on ce qui ne pouvait pas être autrement qu'il n'a été ? Ne nous disons-nous pas quelquefois : « Si j'avais su, j'aurais autrement agi ; j'ai eu tort. » On ne s'attaque ainsi rétrospectivement qu'à des actes contingents[1] ou qui paraissent l'être. Le remords ne s'expliquerait pas plus que le regret si nous n'étions pas libres ; car comment éprouver de la douleur pour une action accomplie et qui ne pouvait pas ne pas s'accomplir ? – Donc, un fait est indiscutable, c'est que notre conscience témoigne de notre liberté.

PUF, p. 267

1. **Contingent** : qui aurait pu ne pas se produire (contraire de « nécessaire »).

1. Repérez les connecteurs logiques du texte et dites comment ils nous renseignent sur la construction du propos de Bergson.
2. Pourquoi, au milieu du texte, Bergson passe-t-il de l'affirmation à la question rhétorique ? Est-ce que cela crée une rupture dans l'argumentation ? Quel est l'effet sur le lecteur ?
3. La dernière phrase, qui commence par « Donc », marque clairement la conclusion du raisonnement : quel est le « fait » qui y est établi, et comment est-il progressivement rendu visible par l'auteur dans ce texte ?

Citations commentées

Dans votre copie, il est nécessaire de commenter systématiquement chaque citation pour montrer son intérêt philosophique. Cela signifie qu'il faut aussi réfléchir à ce qu'elle peut apporter au progrès de la réflexion dans la perspective d'une réponse précise au sujet traité.

❶ « L'homme est né libre, et partout il est dans les fers. »

JEAN-JACQUES ROUSSEAU, *Du contrat social* (1762)

Rousseau souligne à la fois que la liberté est une caractéristique essentielle de l'homme et que les États lui dénient cette possibilité. Il distingue ainsi le *droit* (ce qui nous revient en fonction de ce que nous sommes) et le *fait* (la façon dont nous sommes effectivement traités), tout en soulignant le côté absurde de la situation politique et sociale des nations existantes.

❷ « L'homme est condamné à être libre. »

JEAN-PAUL SARTRE, *L'existentialisme est un humanisme* (1946)

La liberté humaine serait le résultat d'une condamnation, comparable à une sentence judiciaire. Pour Sartre, la liberté est une donnée essentielle de notre existence : nous ne sommes que la série de nos actions, et nos actions résultent de nos choix personnels. Il est donc nécessaire de choisir, à chaque instant, ce que nous voulons être, et nous serons responsables de ces choix.

❸ « La liberté est le droit de faire tout ce que les lois permettent. »

MONTESQUIEU, *De l'esprit des lois* (1748)

Montesquieu propose une limitation de l'étendue de notre liberté en contexte politique. Autrement dit, il n'y a pas de sens à se demander si nous sommes libres d'aller contre ce que dit la loi, car la liberté elle-même et son étendue sont fixées par le droit. Pour Montesquieu, il est absolument crucial de distinguer l'indépendance et la liberté.

❹ « La liberté ne peut être que toute la liberté ; un morceau de liberté n'est pas la liberté. »

MAX STIRNER, *L'Unique et sa propriété* (1844)

Max Stirner est un penseur anarchiste et individualiste, qui estime que la liberté de l'individu ne peut pas cohabiter avec la moindre forme d'autorité politique (et en particulier avec l'autorité de l'État). En matière de liberté individuelle, aucun compromis n'est possible.

À vous

▶ **Commentez cette citation sur le modèle des citations 1 à 4.**

❺ « La liberté de notre volonté se connaît sans preuve, par la seule expérience que nous en avons. » (RENÉ DESCARTES, *Principes de la philosophie*, § 39, 1644)

À lire, à voir

- **Un livre :** Michel Tournier, *Vendredi ou les Limbes du Pacifique* (1967) → un roman qui reprend et détourne le mythe de Robinson Crusoé, afin de réfléchir à la solitude humaine et à son rapport avec la liberté.
- **Une série :** *The Good Place* de Michael Schur (2016-2019) → cette série, qui raconte l'arrivée au paradis d'une jeune femme persuadée de ne pas le mériter, interroge sur nos choix et nos responsabilités. Dans quelle mesure mon destin est-il fixé par mes choix passés, et ai-je la capacité de changer moralement ?
- **Un film :** *The Truman Show* de Peter Weir (1998) → persuadé de vivre une vie ordinaire et paisible, Truman ne se doute pas qu'il est le héros d'une émission de télévision. Ce film est l'occasion de réfléchir au lien entre liberté et connaissance de la réalité.

4 La nature

Activité Pourriez-vous vivre dans la nature ?

• Photogramme extrait du documentaire ***Grizzly Man*** de Werner Herzog (2005)

Vidéo
Un extrait du documentaire
hatier-clic.fr/20philot041

Contexte : Ce documentaire retrace la vie et la mort de Timothy Treadwell. Ce militant écologiste a vécu treize étés parmi les grizzlys sauvages d'Alaska et a péri en 2003 sous les griffes et les crocs de l'un d'entre eux. Dans les dernières images qu'il a filmées, quelques heures avant sa mort, il exprime son amour pour la nature sauvage et ses dangers.

1 Pourquoi les grands espaces vierges peuvent-ils fasciner l'être humain ?

2 À votre avis, que cherche Treadwell auprès des grizzlys ?

3 En quoi notre rapport à la nature montre-t-il que nous ne sommes pas une espèce comme les autres ?

Définir la notion

Autour de l'expression « C'est dans ma nature »

1 D'un point de vue culturel

La plupart des Asiatiques adoptent la position accroupie quand il s'agit d'attendre ou de manger.

a. Pourquoi cette position semble-t-elle naturelle à celui qui la pratique ?

b. Peut-on pour autant dire qu'elle l'est ?

c. Dans quelle mesure peut-on dire que nos habitudes culturelles constituent une seconde nature ? ▶ Vers le problème philosophique **« Peut-on opposer nature et culture ? » p. 92**

• Homme mangeant des nouilles chinoises devant un supermarché au Japon

2 D'un point de vue biologique

Le film imagine une société où les individus sont classés selon leurs gènes. Les parents peuvent sélectionner les caractéristiques génétiques de leur enfant pour lui assurer un meilleur avenir.

a. En quel sens peut-on dire que nos gènes déterminent notre nature physique ?

b. Avant le diagnostic prénatal et les techniques de manipulation génétique, notre existence biologique dépendait-elle de nos choix ?

c. Suis-je uniquement ce que mes gènes font de moi ?
▶ Vers le problème philosophique **« Y a-t-il une nature humaine ? » p. 94**

• Photogramme du film *Bienvenue à Gattaca* d'Andrew Niccol (1997)

• Eleanor Roosevelt tient un exemplaire de la Déclaration universelle des droits de l'homme dont elle a présidé le comité de rédaction (1948)

3 D'un point de vue philosophique

L'article 1 de cette déclaration établit que « Tous les êtres humains naissent libres et égaux en dignité et en droits. Ils sont doués de raison et de conscience et doivent agir les uns envers les autres dans un esprit de fraternité. »

a. En quel sens peut-on dire que la liberté et l'égalité sont inscrites dans la nature humaine ?

b. L'idée d'universalité invite-t-elle à penser qu'il existe une « nature » propre à tous les êtres humains ?

c. En quoi ces droits dits naturels peuvent-ils servir de modèle pour les droits accordés par chaque société ?
▶ Vers le problème philosophique **« La nature peut-elle servir de modèle ? » p. 98**

Définir la notion

Autour du mot « nature »

1 Nature, culture, civilisation

a. Formez un tableau à deux colonnes qui rassemble d'un côté les mots correspondant à la culture et de l'autre ceux correspondant à la nature.

inné — besoins nécessaires — acquis — transformé — productions artificielles — processus physiques — donné

b. Les cultures française, anglaise, allemande, italienne appartiennent à la civilisation européenne : pourquoi ? Qu'est-ce qui caractérise une civilisation ?

c. Y a-t-il chez l'humain quelque chose qui serait strictement naturel ? ▶ Vers le problème philosophique **« Peut-on opposer nature et culture ? » p. 92**

2 Déterminisme naturel et liberté

Manger, boire, dormir sont des besoins naturels.

a. Proposez une définition du terme « naturel ».

b. En quel sens peut-on dire que ces besoins obéissent à un processus déterminé en nous ?

c. Pourquoi dire « c'est dans ma nature » est-il une manière de fuir ses responsabilités ? ▶ Vers le problème philosophique **« Y a-t-il une nature humaine ? » p. 94**

3 Nature et environnement

Le discours écologiste parle de crise environnementale pour désigner les effets alarmants de l'action humaine sur la nature.

a. Que désigne le terme « environnement » ici ?

b. Donnez deux exemples concrets de problèmes environnementaux.

c. L'humain a-t-il le droit de disposer de la nature comme il le veut ? ▶ Vers le problème philosophique **« L'être humain dispose-t-il de la nature ? » p. 102**

4 Le naturel et l'artificiel

a. Expliquez les expressions suivantes en précisant à chaque fois le sens précis du terme « naturel ».

- *un talent naturel*
- *je vous en prie, c'est tout naturel*
- *chassez le naturel, il revient au galop*
- *une gamme de produits 100 % naturels*
- *cette personne est d'une beauté naturelle*

b. Pourquoi le terme « naturel » connote-t-il souvent quelque chose de positif ? ▶ Vers le problème philosophique **« La nature peut-elle servir de modèle ? » p. 98**

5 La connaissance de la nature

a. De quel type de connaissance de la nature relève chacune des sciences et activités suivantes ?

- la météorologie
- la physique
- la biologie
- le camping

• Connaissance acquise par l'expérience des techniques de vie en plein air et d'utilisation des ressources naturelles

• Connaissance scientifique des phénomènes atmosphériques

• Connaissance rationnelle qui ramène les phénomènes naturels à des lois mathématiques

• Connaissance scientifique du vivant à un niveau cellulaire ou moléculaire

b. La science est-elle la seule manière de connaître la nature ?

c. Notre connaissance de la nature nous en éloigne-t-elle ? ▶ Vers le problème philosophique **« L'être humain dispose-t-il de la nature ? » p. 102**

Peut-on opposer nature et culture ?

TEXTE 1 Il y a à la fois rupture et continuité entre la nature et la culture chez l'être humain.

Emmanuel Kant
(1724-1804)

Sauvage / barbare

VOCABULAIRE

Le **sauvage** est celui qui n'a pas été éduqué, qui est donc plus proche d'un état naturel animal que d'un état culturel. Kant associe ici la sauvagerie à un état de **barbarie** : l'absence de civilisation entraînerait forcément un comportement cruel et destructeur.

+ prof

Extrait d'Émile Durkheim, ***Éducation et sociologie*** (1922)

Si l'éducation ne consistait qu'à retirer l'animalité de l'être humain en le forçant à accéder à un état civilisé, il y aurait une rupture franche entre nature et culture. Mais Kant montre que l'éducation apporte aussi à l'être humain des connaissances qu'il ne peut acquérir que parce que sa nature le prépare à une telle amélioration.

La discipline[1] transforme l'animalité en humanité. Par son instinct un animal est déjà tout ce qu'il peut être ; une raison étrangère a déjà pris soin de tout pour lui. Mais l'homme doit user de sa propre raison. Il n'a point d'instinct et doit se fixer lui-même le plan de sa conduite. Or puisqu'il n'est pas immédiatement capable de le faire, mais au contraire vient au monde pour ainsi dire à l'état brut, il faut que d'autres le fassent pour lui. L'espèce humaine doit, peu à peu, par son propre effort, tirer d'elle-même toutes les qualités naturelles de l'humanité. Une génération éduque l'autre. On peut chercher le premier commencement dans un état tout à fait inculte[2], ou dans un état parfait de civilisation. Mais si l'on admet que ce second état fut celui qui exista tout d'abord, il faut aussi admettre que l'homme est par la suite redevenu sauvage et est retombé dans la barbarie. La discipline empêche que l'homme soit détourné de sa destination, celle de l'humanité, par ses penchants animaux. Elle doit par exemple lui imposer des bornes, de telle sorte qu'il ne se précipite pas dans les dangers sauvagement[3] et sans réflexion. La discipline est ainsi simplement négative ; c'est l'acte par lequel on dépouille l'homme de son animalité ; en revanche l'instruction est la partie positive de l'éducation.

EMMANUEL KANT, *Réflexions sur l'éducation* (1776-1787), traduction d'Alexis Philonenko

1. **Discipline** : démarche éducative qui impose un règlement strict des comportements.
2. **Inculte** : qui n'a pas été cultivé ; qui n'a pas reçu une éducation.
3. **Sauvagement** : de manière grossière et brutale.

Questions PERSPECTIVE D'ÉTUDE : *l'existence humaine et la culture*

1. Montrez en quoi la phrase « La discipline transforme l'animalité en humanité » (l. 1) suggère l'idée de rupture entre la nature et la culture.
2. Montrez en quoi la phrase « L'espèce humaine doit, peu à peu, par son propre effort, tirer d'elle-même toutes les qualités naturelles de l'humanité » (l. 6-7) suggère au contraire l'idée d'une continuité entre nature et culture.
3. **SUJET DE RÉFLEXION** La culture dénature-t-elle l'être humain ?

TEXTE 2 Il est nécessaire bien que difficile de distinguer le naturel et le culturel chez l'être humain.

Claude Lévi-Strauss
(1908-2009)

Nature / condition
Dans l'exemple de Lévi-Strauss, monter à cheval n'est pas inscrit dans notre **nature** mais relève de notre **condition**, c'est-à-dire d'un état historique et social précis.

Pour l'anthropologue et ethnologue français Claude Lévi-Strauss, il est difficile de bien démêler ce qui serait naturel et ce qui serait culturel chez l'homme. Il demeure néanmoins nécessaire de maintenir cette distinction pour penser la spécificité des phénomènes sociaux par rapport aux phénomènes naturels.

L'homme est un être biologique en même temps qu'un individu social. Parmi les réponses qu'il fournit aux excitations[1] extérieures ou intérieures, certaines relèvent intégralement de sa nature, d'autres de sa condition : ainsi n'aura-t-on aucune peine à trouver l'origine respective du réflexe pupillaire[2] et de la position prise par la main du cavalier au simple contact des rênes. Mais la distinction n'est pas toujours aussi aisée [...]. Plus encore, dans la majorité des cas, les causes ne sont même pas distinctes réellement, et la réponse du sujet constitue une véritable intégration des sources biologiques et des sources sociales de son comportement. [...] C'est que la culture n'est, ni simplement juxtaposée[3], ni simplement superposée à la vie. En un sens, elle se substitue à la vie, en un autre elle l'utilise et la transforme, pour réaliser une synthèse d'un ordre nouveau.

S'il est relativement aisé d'établir la distinction de principe, la difficulté commence quand on veut opérer l'analyse. Cette difficulté est, elle-même, double : d'une part, on peut essayer de définir, pour chaque attitude, une cause d'ordre biologique ou social ; d'autre part, chercher par quel mécanisme des attitudes d'origine culturelle peuvent se greffer sur des comportements qui sont eux-mêmes de nature biologique, et réussir à se les intégrer. Nier ou sous-évaluer l'opposition, c'est s'interdire toute intelligence des phénomènes sociaux ; et, en lui donnant sa pleine portée méthodologique[4], on risque d'ériger en insoluble mystère le problème du passage entre les deux ordres. Où finit la nature ? Où commence la culture ?

Claude Lévi-Strauss, *Les Structures élémentaires de la parenté* (1949) © 1967 Mouton & Co, p. 3-4

1. **Excitations** : causes qui déclenchent une réaction.
2. **Réflexe pupillaire** : réaction spontanée de la pupille en réponse à une stimulation lumineuse.
3. **Juxtaposée** : mise à côté sans liaison.
4. **Sa pleine portée méthodologique** : son influence la plus déterminante dans la manière de conduire une recherche.

REPÈRES

Analyse / synthèse
L'**analyse** désigne une méthode d'explication qui consiste à décomposer l'objet que l'on souhaite expliquer en ses éléments. La **synthèse** au contraire consiste à rassembler des éléments distincts dans un ensemble cohérent et unifié.

Questions — PERSPECTIVE D'ÉTUDE : *l'existence humaine et la culture*

1. Expliquez :
« C'est que la culture n'est, ni simplement juxtaposée, ni simplement superposée à la vie. En un sens, elle se substitue à la vie, en un autre elle l'utilise et la transforme, pour réaliser une synthèse d'un ordre nouveau. » (l. 8-10)
2. En quoi le terme « synthèse » s'oppose-t-il aux termes « juxtaposée » et « superposée » ?
3. Pourquoi Lévi-Strauss tient-il à maintenir l'opposition entre nature et culture ?
4. **SUJET DE RÉFLEXION** L'humain est-il un être à part dans la nature ?

Y a-t-il une nature humaine ?

TEXTE 3 La nature de l'humain consiste paradoxalement à ne pas avoir de nature.

Jean-Jacques Rousseau (1712-1778)

ANECDOTE

La statue de Glaucus

Rousseau compare l'être humain à la statue d'un dieu, Glaucus, restée si longtemps dans l'eau qu'on ne peut reconnaître ses traits d'origine. Il suggère ainsi que le processus culturel destine l'humain au changement et le transforme tellement qu'il est à présent impossible de savoir à quoi il ressemblait à l'état naturel premier.

En opposant l'humain et l'animal, Rousseau distingue l'être qui se détermine lui-même, qui trace seul son chemin dans l'existence, de celui dont toute la vie semble définie et régie par sa nature instinctive. La seule qualité naturelle que Rousseau reconnaît à l'homme est justement celle qui le pousse à s'arracher à la nature.

Il y a une autre qualité très spécifique qui les distingue, et sur laquelle il ne peut y avoir de contestation, c'est la faculté de se perfectionner ; faculté qui, à l'aide des circonstances, développe successivement toutes les autres, et réside parmi nous tant dans l'espèce que dans l'individu, au lieu qu'un animal est, au bout de quelques mois, ce qu'il sera toute sa vie, et son espèce, au bout de mille ans, ce qu'elle était la première année de ces mille ans. Pourquoi l'homme seul est-il sujet à devenir imbécile[1] ? N'est-ce point qu'il retourne ainsi dans son état primitif, et que, tandis que la Bête, qui n'a rien acquis et qui n'a rien non plus à perdre, reste toujours avec son instinct, l'homme, reperdant par la vieillesse ou d'autres accidents, tout ce que sa perfectibilité lui avait fait acquérir, retombe ainsi plus bas que la Bête même ? Il serait triste pour nous d'être forcés de convenir que cette faculté distinctive, et presque illimitée, est la source de tous les malheurs de l'homme ; que c'est elle qui le tire, à force de temps, de cette condition originaire dans laquelle il coulerait des jours tranquilles et innocents ; que c'est elle, qui faisant éclore avec les siècles ses lumières et ses erreurs, ses vices et ses vertus, le rend à la longue le tyran de lui-même, et de la Nature.

JEAN-JACQUES ROUSSEAU, *Discours sur l'origine et les fondements de l'inégalité parmi les hommes* (1755)

1. **Imbécile** : faible dans ses moyens intellectuels.

+ prof
Extrait de Montaigne, *Essais* (1580), livre II

REPÈRES

Genre / espèce / individu

Le **genre** rassemble plusieurs **espèces** ayant des propriétés communes. Rousseau insiste ici sur les différences entre espèces. Par la perfectibilité, l'humain a la faculté de s'affirmer en tant qu'**individu**, unique au sein de son espèce.

Questions PERSPECTIVE D'ÉTUDE : *l'existence humaine et la culture*

1. Dans quelle mesure peut-on dire avec Rousseau que le propre de l'être humain est de se perfectionner ?
2. Pourquoi la perfectibilité rend-elle l'humain « tyran de lui-même, et de la Nature » (l. 15) ?
3. **SUJET DE RÉFLEXION** L'être humain est-il prisonnier de sa nature ?

TEXTE 4 L'être humain a une nature qui le détermine complètement.

Paul Thiry d'Holbach
(1723-1789)

Pour d'Holbach, l'être humain se trompe sur lui-même quand il s'imagine être à part dans la nature au point de ne plus être soumis à ses lois. Tout ce que l'humain est ou fait est le résultat d'un ensemble de processus physiques déterminés.

L'homme est un être purement physique ; l'homme moral n'est que cet être physique considéré sous un certain point de vue, c'est-à-dire, relativement à quelques-unes de ses façons d'agir, dues à son organisation particulière. Mais cette organisation n'est-elle pas l'ouvrage de la nature ? Les mouvements ou façons d'agir dont elle est susceptible ne sont-ils pas physiques ? Ses actions visibles ainsi que les mouvements invisibles excités[1] dans son intérieur, qui viennent de sa volonté ou de sa pensée, sont également des effets naturels, des suites nécessaires de son mécanisme[2] propre, et des impulsions qu'il reçoit des êtres dont il est entouré. Tout ce que l'esprit humain a successivement inventé pour changer ou perfectionner sa façon d'être et pour la rendre plus heureuse, ne fut jamais qu'une conséquence nécessaire de l'essence[3] propre de l'homme et de celles des êtres qui agissent sur lui. […] Tout ce que nous faisons ou pensons, tout ce que nous sommes et que nous serons n'est jamais qu'une suite de ce que la nature universelle nous a fait. Toutes nos idées, nos volontés, nos actions sont des effets nécessaires de l'essence et des qualités que cette nature a mises en nous, et des circonstances dans lesquelles elle nous oblige de passer et d'être modifiés.

Paul Thiry d'Holbach, *Système de la nature*, I (1770)

Déterminisme naturel
Doctrine qui considère que tous les phénomènes observables dans la nature ou tous les comportements des êtres naturels sont fixés à l'avance par des facteurs extérieurs ou intérieurs. Si l'être humain est déterminé par sa nature, il ne peut être ou faire autrement que ce qu'elle aurait établi pour lui.

1. **Excités** : provoqués.
2. **Mécanisme** : combinaison d'organes ou d'éléments physiques agencés entre eux pour contribuer au fonctionnement du corps.
3. **Essence** : ensemble des caractéristiques qui constituent nécessairement l'être d'une chose ou d'une personne.

Questions — PERSPECTIVE D'ÉTUDE : *la connaissance*

1 Quel rôle d'Holbach donne-t-il à la nature dans la constitution de l'être humain ?

2 En quoi l'idée d'une « nature universelle » présente en chacun rend-elle possible une connaissance de l'être humain ?

3 **SUJET DE RÉFLEXION** Suis-je uniquement ce que mon corps fait de moi ?

Recherche Renseignez-vous sur les expériences de Benjamin Libet au sujet du déterminisme cérébral et montrez en quoi elles remettent en question l'idée de responsabilité humaine. hatier-clic.fr/20philot042

▶ Y a-t-il une nature humaine ?

TEXTE 5 La nature humaine est profondément égoïste.

Sigmund Freud
(1856-1939)

VOCABULAIRE

Égoïsme / altruisme

Freud considère que l'**égoïsme** est notre tendance première, que les valeurs transmises par la culture viennent corriger. L'égoïsme désigne un attachement excessif à sa personne, qui conduit un individu à n'agir que dans son seul intérêt, sans prendre en compte l'intérêt des autres. L'**altruisme**, au contraire, se caractérise par des comportements de bienveillance et de bienfaisance, amenant l'individu à se soucier des autres.

En s'interrogeant sur les mécanismes de la civilisation, Freud montre qu'il s'agit d'un ensemble de structures sociales et de valeurs morales destinées à discipliner la nature première de l'être humain.

La portion de réalité, volontiers niée, qui se trouve derrière tout cela, c'est que l'être humain n'est pas un être doux, ayant besoin d'amour et capable tout au plus de se défendre quand on l'attaque, mais qu'il ne peut se targuer[1] de compter au nombre de ses dons instinctifs une grosse part d'agressivité. Par conséquent, son prochain n'est pas seulement pour lui un aide éventuel et un objet sexuel, mais aussi une tentation de satisfaire sur lui son agressivité, d'exploiter sa force de travail sans dédommagement, d'user de lui sexuellement sans son consentement, de prendre possession de ses biens, de l'humilier, de lui causer des souffrances, de le martyriser et de le tuer. *Homo homini lupus*[2] ; qui, après tout ce que nous apprennent la vie et l'histoire, a le courage de contester cette phrase ?

Sigmund Freud, *Le Malaise dans la civilisation* (1930), traduction de Bernard Lortholary, « Points Essais » © Éditions du Seuil, 2010, pour la traduction française, p. 119

1. **Se targuer** : se vanter.
2. Formule latine signifiant « l'homme est un loup pour l'homme ».

Questions PERSPECTIVE D'ÉTUDE : *l'existence humaine et la culture*

1. Expliquez la formule « l'homme est un loup pour l'homme ».
2. Qu'est-ce qui pour Freud justifie l'affirmation d'une nature humaine mauvaise ? Que pensez-vous d'une telle justification ?
3. **SUJET DE RÉFLEXION** L'être humain est-il violent par nature ?

Approfondir Visionnez l'extrait du film de Martin Scorsese, *Le Loup de Wall Street* (2013) : hatier-clic.fr/20philot043

a. Faites le lien entre le titre du film et la formule « l'homme est un loup pour l'homme ».
b. Quelle forme particulière prend dans cette scène notre « nature » égoïste ?
c. Pour formuler une objection à cet égoïsme naturel, trouvez un exemple de culture qui ne fait pas de l'accumulation des richesses un but à atteindre.

TEXTE 6 L'idée de nature humaine égoïste est une illusion.

Marshall Sahlins
(né en 1930)

Pour l'anthropologue américain Marshall Sahlins, c'est une croyance illusoire propre à l'Occident de penser qu'il existerait chez l'être humain une nature animale première.

L'égoïsme serait-il naturel ? Pour la majeure partie de l'humanité, l'égoïsme que nous connaissons bien n'est pas naturel au sens normatif[1] du terme : il est considéré comme une forme de folie ou d'ensorcellement, comme un motif d'ostracisme[2], de mise à mort, du moins est-il le signe d'un mal qu'il faut guérir. La cupidité exprime moins une nature humaine présociale qu'un défaut d'humanité. Elle creuse un abîme dans les relations mutuelles qui définissent l'existence humaine. Si le moi, le corps, l'expérience, le plaisir, la peine, l'agentivité[3] et l'intentionnalité[4], et peut-être même la mort, sont des relations interpersonnelles pour tant de sociétés, et selon toute vraisemblance dans la totalité de l'histoire humaine, alors, la notion occidentale de nature animale et égoïste de l'homme est sans doute la plus grande illusion qu'on ait jamais connue en anthropologie.

Marshall Sahlins, *La Nature humaine, une illusion occidentale* (2008), traduction d'Olivier Renaut © Éditions de l'éclat, 2009, p. 55

1. **Normatif** : qui institue des règles.
2. **Ostracisme** : rejet hostile d'un individu par une collectivité.
3. **Agentivité** : capacité d'agir.
4. **Intentionnalité** : capacité à se donner un projet.

VOCABULAIRE

Anthropologie
Étude de l'être humain sous tous ses aspects. On distingue une anthropologie physique et une anthropologie sociale et culturelle qui étudie les formations culturelles des sociétés primitives. Ce type d'étude conduit Sahlins à contredire l'idée d'une nature humaine égoïste qui serait présente dans toutes les cultures.

VOCABULAIRE

Darwinisme social
Sahlins répond aux partisans du darwinisme social. Il s'agit d'une théorie politique et économique qui, s'appuyant sur les travaux de Darwin, considère que les relations sociales s'inscrivent dans la continuité de la lutte pour la survie observable dans la nature. Si la nature est une norme, la société devrait laisser les plus forts l'emporter.

Questions PERSPECTIVE D'ÉTUDE : *la morale et la politique*

1 Qu'est-ce qui prouve pour Sahlins que l'égoïsme n'est pas naturel ?

2 Expliquez :
« La cupidité exprime moins une nature humaine présociale qu'un défaut d'humanité. » (l. 4-5)

3 SUJET DE RÉFLEXION Faut-il se méfier de la notion de nature humaine ?

La nature peut-elle servir de modèle ?

TEXTE 7 Il faut vivre selon la nature pour être heureux.

Épicure
(342-270 av. J.-C.)

VOCABULAIRE

Épicurisme
Courant philosophique fondé par Épicure. Il considère que le bonheur est la finalité naturelle de l'être humain et qu'il s'obtient quand on privilégie les plaisirs naturels aux plaisirs qui dépassent les simples besoins du corps et de l'esprit.

Pour le philosophe antique Épicure, si le malheur vient souvent du fait que l'on se détourne de la voie de la nature, le bonheur nous est garanti si on la suit.

Il faut en outre prendre en compte que, parmi les désirs, les uns sont naturels et les autres sans fondement ; que, parmi les désirs naturels, les uns sont nécessaires et les autres seulement naturels ; et que, parmi les désirs nécessaires, les uns sont nécessaires au bonheur, d'autres à l'absence de tourments corporels[1], et d'autres à la vie elle-même. En effet, une observation rigoureuse des désirs sait rapporter tout choix et tout rejet à la santé du corps et à l'absence de trouble de l'âme, puisque c'est là la fin de la vie bienheureuse. De fait, ce pour quoi nous faisons tout, c'est pour éviter la douleur et l'effroi[2]. D'ailleurs, une fois que cet état nous advient, toute la tempête de l'âme se dissipe, le vivant n'ayant pas à se mettre en marche vers quelque chose qui lui manquerait ni à rechercher quelque autre chose, grâce à laquelle le bien de l'âme et du corps atteindrait sa plénitude[3] (de fait, c'est quand l'absence du plaisir nous cause de la douleur que nous avons besoin du plaisir) : nous n'avons plus besoin du plaisir. Voilà justement pourquoi nous disons que le plaisir est le principe et la fin de la vie bienheureuse. Car nous savons qu'il est un bien premier, et de naissance : c'est en partant de lui que nous décidons tout choix et tout rejet, et c'est à lui que nous aboutissons, du fait que nous usons comme règle de l'affection[4] pour juger de tout bien.

ÉPICURE, *Lettre à Ménécée*, in *Vies et doctrines des philosophes illustres* de Diogène Laërce, traduction de Daniel Delattre, recueilli dans *Les Épicuriens*, Bibliothèque de la Pléiade © Éditions Gallimard, p. 47

1. **Tourments corporels** : souffrances physiques.
2. **Effroi** : frayeur mêlée d'horreur.
3. **Plénitude** : forme de bonheur caractérisé par un bien-être total.
4. **Affection** : sensation qui produit un effet.

REPÈRES

Idéal / réel
L'**idéal** est un modèle de perfection bien souvent imaginée et peu observable dans la réalité. Ainsi l'idéal n'a pas l'existence objective qui caractérise le **réel**.

Questions PERSPECTIVE D'ÉTUDE : *la morale et la politique*

1 Donnez un exemple de désir naturel, de désir sans fondement et de désir naturel et nécessaire.

2 En disant que « le plaisir est le principe et la fin de la vie bienheureuse » (l. 13-14), pourquoi Épicure fait-il de la nature une norme de notre bonheur ?

3 **SUJET DE RÉFLEXION** Y a-t-il des plaisirs contre nature ?

Recherche Établissez une liste de comportements humains parfois considérés contre nature. Ces comportements s'observent-ils dans la nature ? Quel est le sens du mot « nature » ici ?

TEXTE 8 Il y a dans la nature un modèle de beauté.

Aristote
(384-322 av. J.-C.)

Finalité

La nature donne l'impression d'une harmonie générale où chaque élément est à sa place. Chaque organe semble ainsi correspondre à une fonction, par exemple l'œil semble parfaitement fait pour la vue. La finalité désigne ici l'adaptation des parties (organes) au tout (fonctionnement global du corps).

Aristote rappelle qu'il y a du beau dans chaque être vivant, même dans ceux qui nous semblent au premier abord hideux.

Il reste à traiter de la nature animale, en ne négligeant rien autant que possible, que la chose soit plus ou moins noble[1] ou ignoble[2]. Car même quand il s'agit d'animaux qui ne sont pas agréables à percevoir, en ce qui concerne la connaissance théorique, la nature artiste procure de la même manière d'extraordinaires plaisirs à ceux qui sont capables d'en connaître les causes, c'est-à-dire qui sont philosophes par nature. Il serait, en effet, déraisonnable et étrange que, prenant plaisir à étudier les images de ces êtres (parce que nous étudions en même temps l'art qui les fait, par exemple le dessin ou la sculpture), nous n'aimions pas mieux l'étude de ceux qui sont constitués par nature, du moins quand nous pouvons en apercevoir les causes.
C'est pourquoi il faut éviter un dégoût puéril en considérant les animaux les plus ignobles. Car dans tous les êtres naturels il y a quelque chose de merveilleux, et [...] il faut aborder la recherche sur chacun des animaux sans répugnance, parce que chez absolument tous il y a quelque chose de naturel, c'est-à-dire de beau.
Car dans les œuvres de la nature, ce n'est pas le hasard qui est présent, mais le « en vue de quelque chose », et on le trouve avant tout là. Et la fin en vue de laquelle un être a été constitué ou est venu à l'être tient la place du beau.

Aristote, *Les Parties des animaux*, I, 5, traduction de Pierre Pellegrin

1. **Noble** : d'une valeur morale élevée.
2. **Ignoble** : d'une valeur morale basse.

REPÈRES

Théorie / pratique

Tandis que la **pratique** relève du champ de l'action, la **théorie** relève du champ de la connaissance. Aristote souligne ici l'incohérence d'un plaisir pris à représenter en pratique des animaux jugés laids et à en négliger pourtant le plaisir d'une étude théorique. En effet, derrière l'apparence de laideur, on se rend compte que chaque partie de l'animal participe de l'harmonie du tout.

Questions PERSPECTIVE D'ÉTUDE : *la connaissance*

1 Pour Aristote, en quoi consiste le fait de connaître la nature ?

2 Expliquez :
« il faut aborder la recherche sur chacun des animaux sans répugnance, parce que chez absolument tous il y a quelque chose de naturel, c'est-à-dire de beau. » (l. 11-13)

3 Pourquoi Aristote associe-t-il ici le naturel et le beau ?

4 **SUJET DE RÉFLEXION** La nature fait-elle bien les choses ?

Exposé Choisissez une œuvre d'art (tableau, sculpture) qui imite parfaitement son modèle naturel et présentez-la à la classe en insistant sur ce qui la rend belle.

La nature peut-elle servir de modèle ?

TEXTE 9 La nature incarne tout ce que l'être humain doit rejeter.

Charles Baudelaire
(1821-1867)

Pour le poète Baudelaire, la nature n'est ni le fondement de la morale, ni le fondement de l'art. Le beau et le bien sont des artifices élaborés par l'humain quand il s'éloigne de ce vers quoi le pousse la nature.

La plupart des erreurs relatives au beau naissent de la fausse conception du dix-huitième siècle relative à la morale. La nature fut prise dans ce temps-là comme base, source et type de tout bien et de tout beau possibles. […] Si toutefois nous consentons à en référer simplement au fait visible, […] nous verrons que la nature n'enseigne rien, ou presque rien, c'est-à-dire qu'elle *contraint* l'homme à dormir, à boire, à manger, et à se garantir, tant bien que mal, contre les hostilités de l'atmosphère. C'est elle aussi qui pousse l'homme à tuer son semblable, à le manger, à le séquestrer, à le torturer ; car, sitôt que nous sortons de l'ordre des nécessités[1] et des besoins pour entrer dans celui du luxe et des plaisirs, nous voyons que la nature ne peut conseiller que le crime. […] Passez en revue, analysez tout ce qui est naturel, toutes les actions et les désirs du pur homme naturel, vous ne trouverez rien que d'affreux[2]. Tout ce qui est beau et noble est le résultat de la raison et du calcul[3]. Le crime, dont l'animal humain a puisé le goût dans le ventre de sa mère, est originellement naturel. La vertu, au contraire, est *artificielle*, surnaturelle, puisqu'il a fallu, dans tous les temps et chez toutes les nations, des dieux et des prophètes pour l'enseigner à l'humanité animalisée, et que l'homme, *seul*, eût été impuissant à la découvrir. Le mal se fait sans effort, *naturellement*, par fatalité ; le bien est toujours le produit d'un art.

Charles Baudelaire, *Le Peintre de la vie moderne*, « Éloge du maquillage » (1863)

1. **Nécessités** : ce qui est absolument indispensable à l'existence.
2. **Rien que d'affreux** : rien que des choses affreuses.
3. **Calcul** : prévision et combinaison de moyens d'action adaptés à une situation.

VOCABULAIRE

Naturel / artificiel

L'**artificiel** est produit par le travail de l'être humain et non par la nature. Par contraste, le **naturel** désigne ce qui n'a pas été transformé par l'humain. Baudelaire considère que la morale est artificielle parce qu'elle invente et impose des comportements qui ne s'observent pas dans la nature.

Questions PERSPECTIVE D'ÉTUDE : *la morale et la politique*

1 Pourquoi Baudelaire rejette-t-il tout ce qui vient de la nature ?

2 Expliquez :
« Tout ce qui est beau et noble est le résultat de la raison et du calcul. » (l. 11-12)

3 **SUJET DE RÉFLEXION** Tout ce qui est naturel est-il bon ?

Recherche Trouvez un exemple précis d'entraide dans le monde végétal ou animal pour remettre en question l'idée que la nature ne peut constituer un modèle de comportement moral. Vous pouvez par exemple vous appuyer sur les travaux du botaniste Jean-Marie Pelt.

TEXTE 10 Il ne faut pas confondre différence naturelle et différence sociale.

Simone de Beauvoir
(1908-1986)

VOCABULAIRE

Naturalisme
Doctrine qui explique le développement social par des lois de la nature et qui considère donc que les différences sociales entre les hommes et les femmes ne sont que l'expression d'une hiérarchie naturelle. Ainsi, si l'on admet que l'homme est naturellement plus fort que la femme, il serait normal qu'il la domine socialement.

Simone de Beauvoir montre que les différences observables entre l'homme et la femme ne témoignent pas tant d'une hiérarchie naturelle que d'une inégalité de condition. Il n'y a pas de nature féminine qui justifierait la soumission dont les femmes sont l'objet.

Nous refusons aussi tout système de références qui sous-entend l'existence d'une hiérarchie *naturelle* de valeurs, par exemple d'une hiérarchie évolutive ; il est oiseux[1] de se demander si le corps féminin est ou non plus infantile que celui de l'homme, s'il se rapproche plus ou moins de celui des primates supérieurs, etc. Toutes ces dissertations qui mélangent un vague naturalisme avec une éthique[2] ou une esthétique[3] encore plus vagues ne sont que pur verbiage[4]. C'est seulement dans une perspective humaine qu'on peut comparer dans l'espèce humaine la femelle et le mâle. Mais la définition de l'homme, c'est qu'il est un être qui n'est pas donné, qui se fait être ce qu'il est. Comme l'a dit très justement Merleau-Ponty[5], l'homme n'est pas une espèce naturelle : c'est une idée historique. La femme n'est pas une réalité figée, mais un devenir ; c'est dans son devenir qu'il faudrait la confronter à l'homme, c'est-à-dire qu'il faudrait définir ses *possibilités* : ce qui fausse tant de débats c'est qu'on veut la réduire à ce qu'elle a été, à ce qu'elle est aujourd'hui, cependant qu'on pose la question de ses capacités ; le fait est que des capacités ne se manifestent avec évidence que lorsqu'elles ont été réalisées : mais le fait est aussi que lorsqu'on considère un être qui est transcendance[6] et dépassement, on ne peut jamais arrêter les comptes.

SIMONE DE BEAUVOIR, *Le Deuxième Sexe*, I (1949) © Éditions Gallimard, p. 73

1. **Oiseux** : inutile, qui ne mène à rien.
2. **Éthique** : ici, morale.
3. **Esthétique** : théorie énonçant les critères du beau.
4. **Pur verbiage** : bavardage vide de sens.
5. **Maurice Merleau-Ponty** : philosophe français du XXe siècle (voir texte p. 112).
6. **Transcendance** : caractère de ce qui est capable de surpasser un état actuel.

REPÈRES

Transcendant / immanent
Beauvoir considère que la **transcendance** caractérise l'humanité dans sa capacité à aller au-delà de ses formes actuelles. La définition de ce que sont l'homme et la femme ne serait donc pas **immanente**, c'est-à-dire contenue en tant que telle dans une nature fixe et immuable.

Questions PERSPECTIVE D'ÉTUDE : *la morale et la politique*

1. Expliquez la phrase « La femme n'est pas une réalité figée, mais un devenir » (l. 10-11) en l'opposant à ce que l'on appelle « l'éternel féminin ».
2. Pourquoi Beauvoir refuse-t-elle l'idée d'une hiérarchie naturelle entre les hommes et les femmes ?
3. SUJET DE RÉFLEXION Naît-on femme ou le devient-on ?

L'être humain dispose-t-il de la nature ?

TEXTE 11 L'être humain utilise la nature à son profit.

Georg Wilhelm Friedrich Hegel
(1770-1831)

Pour Hegel, l'humain considère la nature extérieure comme sa propriété. Il n'habite plus la nature comme le font les autres animaux, il est face à elle et la regarde du point de vue de l'utilité qu'elle peut avoir pour lui.

Le comportement pratique à l'égard de la nature est déterminé en général par le désir, lequel est égoïste ; la visée du besoin, c'est que la nature soit utilisée à notre profit, qu'elle soit arrachée à elle-même, broyée en elle-même, à force d'être frottée, bref : qu'elle soit anéantie. Ici se font jour aussitôt, de façon plus précise, deux déterminations. α)[1] Le comportement pratique n'a affaire qu'avec des produits singuliers de la nature, ou avec des côtés singuliers de ces produits. La nécessité[2] pesant sur l'homme et son esprit ingénieux lui ont fait inventer des manières infiniment variées d'utiliser la nature et de s'en rendre maître. [...]

Quelques forces que la nature déploie et lâche contre l'homme : le froid, les bêtes sauvages, l'eau, le feu, il sait les moyens d'y faire face ; et, en vérité, il emprunte ces moyens à la nature, il se sert d'elle contre elle-même ; [...]. β)[1] L'autre aspect dans le comportement pratique, c'est que – puisque notre but est ce qu'il y a d'ultime, mais non pas les choses naturelles elles-mêmes – nous faisons de celles-ci des moyens, dont la destination ne réside pas dans elles-mêmes, mais en nous, comme lorsque, par exemple, nous transformons en sang les aliments.

Georg Wilhelm Friedrich Hegel, *Encyclopédie des sciences philosophiques II, Philosophie de la nature*, addition au § 245, traduction de Bernard Bourgeois

1. α (alpha) et β (bêta) sont les deux premières lettres de l'alphabet grec.
2. **Nécessité** : ce dont on ne peut pas se passer pour vivre.

VOCABULAIRE

Moyen / fin en soi
Le **moyen** désigne ce qui permet d'atteindre quelque chose, tandis qu'une **fin en soi** possède une existence propre. Ainsi, quand on réduit la nature à un ensemble de moyens pour satisfaire nos besoins, il est difficile de la percevoir comme ayant une existence en elle-même.

+ prof
Un extrait du film ***Into the wild*** de Sean Penn (2007) dans lequel Chris réalise qu'il a surestimé sa capacité à se débrouiller seul dans la nature.

Questions

PERSPECTIVE D'ÉTUDE : *l'existence humaine et la culture*

1 Expliquez :
« la visée du besoin, c'est que la nature soit utilisée à notre profit, qu'elle soit arrachée à elle-même » (l. 2-3)

2 En quoi peut-on dire que c'est le propre de l'être humain que de se considérer comme le propriétaire de la nature ?

3 SUJET DE RÉFLEXION L'être humain peut-il cesser d'exploiter la nature ?

En groupes Répartissez-vous en trois groupes. Le premier défendra l'idée que l'être humain est le propriétaire de la nature (il peut en disposer comme il l'entend) ; le second qu'il est le gardien de la nature (il doit la préserver) ; le troisième qu'il est le gestionnaire de la nature (il doit veiller à bien exploiter ses ressources).

TEXTE 12 Nous devons respecter la nature pour notre bien.

Hans Jonas
(1903-1993)

Le philosophe Hans Jonas met en garde contre l'exploitation de la nature. Cette exploitation menace la vie des générations futures, et jusqu'à la possibilité de leur existence.

Et si le nouveau type de l'agir humain voulait dire qu'il faut prendre en considération davantage que le seul intérêt « de l'homme » – que notre devoir s'étend plus loin et que la limitation anthropocentrique[1] de toute éthique du passé ne vaut plus ? Du moins n'est-il pas dépourvu de sens de demander si l'état de la nature extra-humaine, de la biosphère[2] dans sa totalité et dans ses parties qui sont maintenant soumises à notre pouvoir, n'est pas devenu par le fait même un bien confié à l'homme et qu'elle a quelque chose comme une prétention morale à notre égard – non seulement pour notre propre bien, mais également pour son propre bien et de son propre droit. Si c'était le cas, cela réclamerait une révision non négligeable des fondements de l'éthique. Cela voudrait dire chercher non seulement le bien humain mais également le bien des choses extra-humaines, c'est-à-dire étendre la reconnaissance de « fins en soi[3] » au-delà de la sphère de l'homme et intégrer cette sollicitude[4] dans le concept du bien humain. Aucune éthique du passé (mise à part la religion) ne nous a préparés à ce rôle de chargés d'affaires – et moins encore la conception scientifique dominante de la *nature*. Cette dernière nous refuse même décidément tout droit théorique de penser encore à la nature comme à quelque chose qui mérite le respect puisqu'elle réduit celle-ci à l'indifférence de la nécessité[5] et du hasard et qu'elle l'a dépouillée de toute la dignité des fins. Et pourtant : un appel muet qu'on préserve son intégrité semble émaner de la plénitude[6] du monde de la vie, là où elle est menacée.

Hans Jonas, *Le Principe responsabilité* (1979), traduction de Jean Greish

1. **Anthropocentrique** : qui fait de l'homme le centre du monde.
2. **Biosphère** : ensemble des organismes vivants et de leurs milieux de vie.
3. **Fin en soi** : ce qui est respecté en vertu de sa valeur propre, et non pas considéré comme un moyen en vue d'autre chose.
4. **Sollicitude** : préoccupation constante.
5. **Nécessité** : caractère de ce qui est inéluctable selon les lois de la nature.
6. **Plénitude** : totalité.

Morale / éthique

La **morale** désigne un domaine philosophique qui définit le bien et le mal, mais aussi un domaine pratique qui fournit un ensemble de règles pour bien conduire notre action. **Éthique** peut être synonyme de morale, mais ce mot désigne aussi un ensemble de règles propres à un domaine spécifique. Jonas en appelle ainsi à une éthique de l'environnement pour réglementer notre rapport à la nature.

+ prof

Extrait de Baruch Spinoza, ***Éthique*** (1677), livre I

Questions

PERSPECTIVE D'ÉTUDE : *la morale et la politique*

1 En quoi consisterait le devoir moral envers la nature dont parle Jonas ?

2 À quelle image de lui-même l'être humain doit-il renoncer pour concevoir la nature comme digne de respect ?

3 **SUJET DE RÉFLEXION** En défendant la nature, l'être humain ne défend-il que lui-même ?

DÉBAT

L'être humain va-t-il trop loin dans la transformation de sa nature ?

DOC. 1 Le transhumanisme

Le transhumanisme est un courant de pensée qui se situe au croisement de la philosophie, des technosciences et de l'économie. Les transhumanistes souhaitent la venue d'un posthumain, estimant qu'il s'agit de l'étape indispensable de l'évolution de l'humanité si elle veut rester adaptée dans un monde où les machines deviennent de plus en plus performantes. Le posthumain serait une version augmentée de l'humain d'aujourd'hui grâce à l'implantation des nouvelles technologies dans son corps même.

1 Dans quelle mesure peut-on dire que le transhumanisme exprime une défiance à l'égard de la nature ?

2 **RECHERCHE** Cherchez des films ou des séries récents qui traitent du transhumanisme. Insistent-ils sur les bénéfices pour la vie humaine ou soulignent-ils des craintes ?

DOC. 2 L'homme augmenté

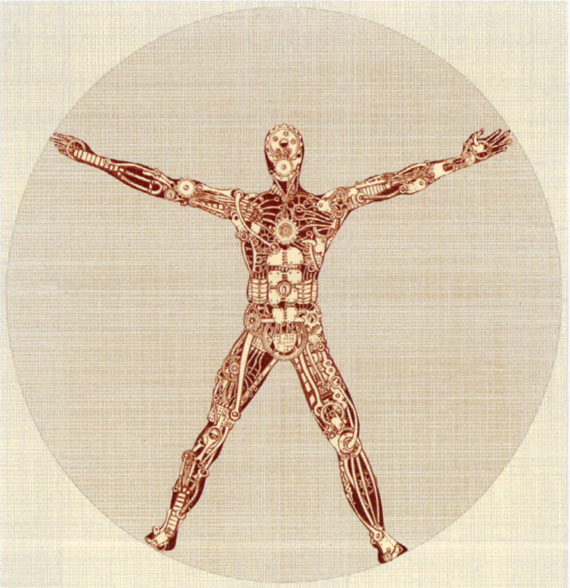

Cette représentation de l'homme augmenté par la technologie reprend et modifie le célèbre dessin de Léonard de Vinci appelé « L'homme de Vitruve ». L'inscription dans un cercle et dans un carré symbolise les parfaites proportions du corps humain.

+ prof
Un extrait du documentaire ***Un monde sans humains ?*** de Philippe Borrel (2012)

1 Pourquoi le corps humain naturel ne représente-t-il plus pour les transhumanistes une perfection ?

2 Donnez des exemples qui montrent que l'être humain a toujours tenté de remédier aux faiblesses de son corps par des dispositifs techniques.

3 Donnez des exemples d'augmentations du corps humain par les nouvelles technologies destinées à le rendre plus performant.

DOC. 3 Avons-nous tort de transgresser notre nature ?

Dans un ouvrage critique à l'égard du transhumanisme, le philosophe Jean-Michel Besnier s'interroge sur les raisons de notre réticence face au programme transhumaniste.

D'où vient que l'on interprète encore aujourd'hui comme un péché contre la nature humaine, comme un geste de transgression cette volonté de dépasser la condition naturelle que permettent les sciences et les techniques ? Sans doute de ce que l'on prête à la Nature un caractère sacré qui ne laisse pas d'étonner[1] quand on songe à la force des arguments rationalistes issus du siècle des Lumières et qui ont constitué la toile de fond de notre éducation républicaine.

Il devrait pourtant s'imposer que l'on transgresse moins la nature elle-même que l'ordre auquel on est tenté de la soumettre. Si elle ne nous apparaissait pas comme un tout ordonné et donc limité – un cosmos[2], en quelque sorte –, on ne voit pas comment on pourrait être accusé de vouloir en contester les lois ou limites. Si la Nature était à nos yeux un simple donné[3], en lui-même moralement neutre, si elle se bornait à définir pour nous le réceptacle de ce qui existe, on ne voit pas comment on pourrait l'invoquer au titre d'une norme par rapport à laquelle tel geste se trouverait désigné comme transgressif. Mais là est peut-être la difficulté, qui explique notre réticence devant les manipulations issues des biotechnologies : nous avons beaucoup de mal à ne pas considérer la Nature comme une puissance qui impose ses normes et à laquelle il ne faudrait pas désobéir, sous peine de damnation.

JEAN-MICHEL BESNIER, *Demain les posthumains. Le futur a-t-il encore besoin de nous ?*
© Librairie Arthème Fayard, 2010, p. 95-96

1. **Qui ne laisse pas d'étonner** : qui ne cesse pas d'étonner.
2. **Cosmos** : terme utilisé dans l'Antiquité pour désigner l'univers comme système harmonieux et ordonné.
3. **Un simple donné** : ce qui se manifeste directement à nous en tant que tel.

1 Pourquoi pouvons-nous avoir le sentiment de transgresser un interdit en transformant nos corps ?

2 Peut-on dire que le projet transhumaniste est immoral si l'on considère que la nature ne représente pas une norme ?

À vous

Le transhumanisme est-il une dénaturation de l'être humain ?

- Une partie de la classe soutiendra que la nature de l'être humain est en danger car elle est en train de disparaître avec le projet transhumaniste qui nous incite à aller au-delà des limites de ce qui fait l'humain (limites physiques et intellectuelles).
- Une autre partie de la classe soutiendra au contraire que le transhumanisme n'est que la prochaine étape de l'évolution de l'être humain, dont la nature réside dans le fait de ne pas avoir de limites bien définies et de les dépasser sans cesse.

SYNTHÈSE

▶ Peut-on opposer nature et culture ?

La nature désignerait ce qui est donné avant toute modification culturelle, elle serait une première strate à laquelle la culture viendrait s'ajouter.

- **Kant** sépare un état animal d'un état civilisé acquis par la **culture**. Il montre cependant que la culture s'inscrit autant en **rupture** vis-à-vis de la nature (discipline) qu'en **continuité** avec elle (instruction). → **Texte 1 p. 92**

- **Lévi-Strauss** insiste au contraire sur le fait qu'il est très difficile de démêler ce qui relève de la nature et ce qui aurait été transmis par la culture. L'être humain est le **produit de la nature et de la culture**. → **Texte 2 p. 93**

▶ Y a-t-il une nature humaine ?

Cette nature humaine contiendrait ce qui caractérise l'être humain en propre et le distingue des autres animaux.

- **Rousseau** considère qu'il y a une disposition qui caractérise l'humain en propre : la **perfectibilité**. Mais cette disposition va de pair avec une absence de nature bien déterminée, sans quoi l'humain ne pourrait pas progresser et se fixer lui-même son caractère et son identité. → **Texte 3 p. 94**

- **D'Holbach** affirme au contraire que l'humain est comme tous les autres êtres naturels soumis aux lois de la nature, il est alors **déterminé** naturellement. → **Texte 4 p. 95**

- **Freud** affirme l'existence d'une **nature humaine égoïste** que toutes les observations passées et présentes viennent confirmer. → **Texte 5 p. 96**

- **Sahlins** conteste l'idée d'une nature humaine égoïste car l'égoïsme n'est pas un comportement qui s'observe dans toutes les cultures. → **Texte 6 p. 97**

▶ La nature peut-elle servir de modèle ?

Lorsque la nature est prise comme une norme, on peut se demander si l'être humain doit régler son comportement sur celui de la nature.

- **Épicure** considère que la nature a placé en nous la voie du plaisir et du déplaisir et qu'il s'agit donc de la suivre si on veut trouver le **bonheur**. → **Texte 7 p. 98**

- **Aristote** suggère qu'il y a de la **beauté** dans chaque être issu de la nature, même chez les animaux les plus hideux. → **Texte 8 p. 99**

- **Baudelaire** rejette la nature, qu'il associe à tout ce qui est immoral et disgracieux. Le bon et le beau sont des inventions culturelles. → **Texte 9 p. 100**

- **Beauvoir** rappelle qu'il est impossible de parler de hiérarchie naturelle entre les hommes et les femmes car ceux-ci sont le produit d'une histoire et ne sont pas déterminés par une nature fixe. On ne peut donc justifier la domination sociale des hommes sur les femmes par la nature. → **Texte 10 p. 101**

▶ L'être humain dispose-t-il de la nature ?

La nature qui nous environne apparaît soit comme une ressource à exploiter soit comme un ordre à préserver.

- **Hegel** avance l'idée que c'est la logique de la satisfaction des besoins qui pousse l'être humain à **tirer profit de la nature**. Il la réduit ainsi à un ensemble de moyens au service de ses intérêts. → Texte 11 p. 102

- **Jonas** considère qu'il est urgent de changer d'attitude face à la nature pour notre bien car **respecter la nature**, c'est s'assurer que la vie sur Terre continue. → Texte 12 p. 103

VOCABULAIRE À RETENIR

▶ Artificiel
Ce qui est produit par le travail humain et non par la nature.

Baudelaire valorise l'artificiel aux dépens du naturel.

▶ Biosphère
Ensemble des écosystèmes de la Terre (atmosphère, eau, terre).

Jonas appelle à une prise de conscience de l'importance de la biosphère pour la vie humaine.

▶ Culture
Ensemble des manières d'être, de penser et d'agir propres à un groupe humain.

Pour Kant, l'être humain est naturellement disposé à la culture.

▶ Déterminisme naturel
Principe scientifique selon lequel tout phénomène est régi par un ensemble de causes qui produisent toujours les mêmes effets.

Affirmer que l'être humain est naturellement déterminé, c'est nier sa liberté, selon Beauvoir.

▶ Droit naturel
Ensemble des droits considérés comme constitutifs de l'humanité : en priver un individu serait le priver de son humanité.

La Déclaration universelle des droits de l'homme énonce les principes du droit naturel.

▶ Écologie
Ce qui concerne les relations entre les êtres vivants et le milieu dans lequel ils vivent.

L'écophilosophie désigne l'ensemble des études et réflexions philosophiques autour de l'écologie.

▶ Finalisme
Conception qui prête à la nature des intentions et rend compte de la présence et des formes des êtres naturels par le but qu'ils sont censés atteindre.

Pour Aristote, la beauté de la nature s'explique par l'impression de finalité qui s'en dégage quand on la regarde.

▶ Naturalisme
Doctrine selon laquelle tout comportement humain ou toute structure sociale peut s'expliquer par des mécanismes naturels.

Sahlins critique le naturalisme contenu dans les théories économiques et politiques qui défendent la loi du plus fort.

▶ Perfectibilité
État de ce qui est susceptible de s'améliorer.

Rousseau utilise le concept de perfectibilité pour caractériser le propre de l'être humain.

▶ Transhumanisme
Doctrine qui appelle à une évolution de l'humain en fusionnant son corps avec des appareils technologiques pour augmenter ses capacités.

Jean-Michel Besnier associe transhumanisme et déshumanisation.

Faire le point s'Exercer

Retenir le vocabulaire

1 Attribuez à chacun des énoncés suivants un sens possible du mot « nature » : ce qui est spontané • ce qui est déterminé physiquement • ce qui n'est pas transformé • ce qui nous environne • ce qui caractérise de manière essentielle • ce qui est inné.

a. C'est naturel de dormir.

b. J'ai répondu cela naturellement.

c. Je suis parti me ressourcer dans la nature.

d. On a trouvé une grotte à l'état naturel.

e. Le corps féminin obéit naturellement au cycle menstruel.

f. C'est dans la nature de l'être humain d'être libre.

g. La nature est en danger à cause de la pollution.

h. Je préfère les sites naturels aux villes.

i. Ce n'est pas naturel de parler.

j. Je me méfie des gens trop naturels.

k. Tous les êtres humains sont égaux par nature.

Maîtriser les doctrines philosophiques

2 Associez à chaque affirmation une doctrine choisie dans la liste suivante : le déterminisme • le naturalisme • le droit naturel • le finalisme • le darwinisme social.

a. Chaque individu est porteur en lui-même de droits que nul ne peut lui retirer et que la société dans laquelle il vit doit lui garantir.

b. Seuls les plus forts survivront.

c. La main est un organe du corps spécialement conçu pour prendre des objets.

d. On peut expliquer le comportement des individus en observant ce qui se passe dans la nature.

e. Les mêmes causes physiques produisent toujours les mêmes effets.

Réfléchir à partir d'une image

3 Observez l'image.

• Panneau de la Réserve naturelle de la baie de Saint-Brieuc

a. En quoi cette réserve naturelle constitue-t-elle une mesure de protection de la nature ?

b. Est-il paradoxal de protéger un milieu naturel par des moyens humains ? Pourquoi ?

Réfléchir à partir d'un texte littéraire

4 Lisez le texte suivant.

– Or, pour interroger, il faut être deux : celui qui interroge, celui qu'on interroge. Confondu avec la nature, l'animal ne peut l'interroger. Voilà, il me semble, le point que nous cherchons. L'animal fait *un* avec la nature. L'homme fait *deux*. Pour passer de l'inconscience passive à la conscience interrogative, il a fallu ce schisme[1], ce divorce, il a fallu cet arrachement. N'est-ce point la frontière justement ? Animal avant l'arrachement, homme après lui ? Des animaux dénaturés, voilà ce que nous sommes.

Vercors, *Les Animaux dénaturés* (1952) © Albin Michel

1. Schisme : séparation.

a. Pourquoi peut-on dire que l'animal « fait *un* avec la nature » ?

b. Pourquoi n'est-ce pas le cas de l'être humain ?

Confronter des documents

5 **Observez les documents.**

• Maisons détruites à Sankhu (Népal), après le tremblement de terre du 25 avril 2015

• Un officier du Centre d'observation du volcan Bromo à Java (Indonésie) mesure l'amplitude maximale sur un sismographe le 29 décembre 2015

a. De quoi nos connaissances scientifiques nous rendent-elles capables face aux séismes ?

b. Dans quelle mesure le séisme est-il la preuve qu'un contrôle total de la nature est impossible ?

c. Pourquoi vivons-nous cependant les catastrophes naturelles comme un scandale qui n'aurait pas dû avoir lieu ?

Exercer son esprit critique

6 **Analysez l'image suivante.** Corrigé p. 238

• Publicité pour une machine à laver sur laquelle on peut lire : « Homme comprendre - linge sale - machine. » et « Un petit pas pour l'homme, un bond pour sa femme. »

a. À première vue, pourquoi cette publicité semble-t-elle déconstruire les stéréotypes associés à l'homme et la femme ?

b. À bien y réfléchir, quelles représentations relatives à la nature de l'homme et de la femme cette publicité renforce-t-elle ?

c. Montrez en quoi ces conceptions de l'homme et de la femme sont en réalité des constructions sociales.

MÉTHODE POUR LA **Dissertation**

▸ Réfléchir à partir d'un exemple

Les exemples peuvent à la fois stimuler votre réflexion lors de votre analyse du sujet et renforcer votre argumentation. Il peut s'agir d'exemples vus en cours, issus d'une œuvre littéraire ou philosophique, d'un cas abordé dans l'actualité...

Sujet Pouvons-nous retourner à la nature ?

Brouillon

Exemple : Chris McCandless dans le film Into the Wild (réalisé par Sean Penn en 2007)
- Jeune homme qui quitte la civilisation pour retourner vivre dans la nature sauvage (Alaska)
- Communion avec la nature puis difficultés : bloqué et sans nourriture
- Affamé, confond deux plantes et s'empoisonne
- Meurt seul au milieu de nulle part

■ ÉTAPE 1 : détailler l'exemple
Explicitez bien les détails de l'exemple et mettez-les en rapport avec le sujet posé.

→ Retour à la nature = échec
Chris avait entrepris cette aventure dans l'intention de se trouver et il perd en réalité tout.

■ ÉTAPE 2 : formuler une idée
Vous devez faire le lien entre votre exemple et le sujet, c'est-à-dire donner un élément de réponse claire à la question posée.

→ Penser l'humain capable de retourner à la nature et de survivre seul = illusion
La plupart de nos capacités sont acquises par la culture car nous sommes des êtres culturels par nature.

■ ÉTAPE 3 : transformer l'exemple en argument
Rattachez bien votre argument aux termes du sujet.

Sous-partie

C'est une illusion de penser que l'être humain est capable de retourner à la nature et de survivre seul. La plupart de nos capacités sont acquises par la culture car nous sommes des êtres culturels par nature.

■ ÉTAPE 1 : énoncer l'argument

On peut alors penser à l'échec du retour à la nature de Chris McCandless dans le film Into the Wild. Sa vision fantasmée de la nature l'a conduit à s'éloigner des autres hommes et à mourir seul, sans aucune aide.

■ ÉTAPE 2 : convoquer un exemple
Votre exemple vient appuyer l'idée développée dans votre argument en fournissant des preuves qui établissent sa vérité ou sa pertinence.

Le retour solitaire à la nature ne fait pas tant partie de nos possibilités que de nos fantasmes. Même les peuples au contact de la nature vivent en groupe et inventent des dispositifs culturels pour survivre.

■ ÉTAPE 3 : conclure
Montrez bien le lien logique entre l'exemple et l'argument.

À vous

■ ÉTAPE 1 (au brouillon) : détailler l'exemple

1. Indiquez les exemples qui vous viennent immédiatement en tête pour les sujets suivants.

Sujet 1 **L'être humain est-il violent par nature ?**

Sujet 2 **La culture est-elle la négation de la nature ?**

Sujet 3 **La nature est-elle sacrée ?**

■ ÉTAPE 2 (au brouillon) : formuler une idée

2. Tirez de chacun des exemples suivants une idée pour traiter le sujet qui lui est associé.

Sujet 4 **L'être humain est-il maître de la nature ?**
Exemple : le 26 décembre 2004, un tremblement de terre a provoqué un tsunami sur les côtes de l'océan Indien causant la mort de 250 000 personnes.

Sujet 5 **Les êtres humains sont-ils des êtres à part dans la nature ?**
Exemple : l'espèce humaine est la seule espèce animale à produire des œuvres d'art.

Sujet 6 **Respecter la nature, est-ce renoncer à la transformer ?** (STT, 2003)
Exemple : dans les réserves naturelles, les humains interviennent pour préserver des ressources menacées.

■ ÉTAPE 2 (phase de rédaction) : convoquer un exemple

3. Trouvez un exemple qui illustre chacune des idées suivantes.

Idée 1 **L'être humain demeure soumis aux lois naturelles qui régissent son corps.**

Idée 2 **Notre connaissance scientifique nous permet d'anticiper les catastrophes naturelles.**

Idée 3 **La technique nous rend maîtres de la nature.**

D'AUTRES SUJETS POUR S'ENTRAÎNER

Sujet 7 **La nature fait-elle bien les choses ?**

Sujet 8 **Pourquoi l'art devrait-il imiter la nature ?**

Sujet 9 **L'éducation a-t-elle pour but de nier la nature ?**

Sujet 10 **Que devons-nous à la nature ?**

Sujet 11 **Faut-il chasser le naturel ?**

MÉTHODE POUR L' **Explication de texte**

▸ Confronter la thèse du texte à une autre thèse

Lors du troisième moment de l'explication, vous êtes invités à commenter le texte, c'est-à-dire à discuter la thèse de l'auteur. Reprenez alors cette thèse dans l'une des parties de votre développement et progressez ensuite dans votre réflexion en la confrontant à une autre thèse.

SUJET Maurice Merleau-Ponty, *Phénoménologie de la perception* (1945)

Il est impossible de superposer chez l'homme une première couche de comportements que l'on appellerait « naturels » et un monde culturel ou spirituel fabriqué. Tout est fabriqué et tout est naturel chez l'homme, comme on voudra dire, en ce sens qu'il n'est pas un mot, pas une conduite qui ne doive quelque chose à l'être simplement biologique – et qui en même temps ne se dérobe à la simplicité de la vie animale, ne détourne de leur sens les conduites vitales, par une sorte d'*échappement* et par un génie de l'équivoque[1] qui pourraient servir à définir l'homme.

1. **Équivoque** : qui n'a pas qu'une seule signification, qui peut recevoir plusieurs interprétations.

■ **ÉTAPE 1 : énoncer la thèse du texte**
Phrase qui contient la thèse du texte : l'humain n'est pas la somme de la nature et de la culture, il en est le produit (enlever l'une, c'est aussi faire disparaître l'autre). C'est le sens de l'emploi de la conjonction de coordination « et » dans la phrase.

Sous-partie

Il n'y a pas lieu d'opposer nature et culture car, comme l'affirme Merleau-Ponty dans Phénoménologie de la perception, l'humain n'est pas la somme mais le produit de la nature et de la culture. Quand il énonce que « tout est fabriqué et tout est naturel chez l'homme », l'emploi de la conjonction de coordination « et » ne suggère en rien une opposition mais plutôt un lien.

Cependant, on pourrait considérer que la culture est justement ce qui force l'humain à renoncer à sa nature première, assimilée à l'animalité. C'est ce que suggère Kant quand il fait de la discipline l'étape première de l'éducation, qui enlève à l'humain sa bestialité et le rend capable de vivre en société. Dans cette perspective, nature et culture s'opposent. L'une représente un comportement animal spontané et l'autre un comportement civilisé acquis.

■ **ÉTAPE 2 : utiliser cette thèse**
Faites de la thèse une position défendue dans l'une de vos parties de commentaire.

■ **ÉTAPE 3 : confronter la thèse à une autre**
Vous devez ensuite changer de position : c'est ce que permet la confrontation avec une autre thèse. Ici, vous pouvez reprendre la **thèse de Kant** (texte 1 p. 92).
Pour bien montrer la confrontation des thèses, utilisez des **connecteurs logiques** (au contraire, toutefois).

À vous **Sujet 1** **Aristote, *Les Politiques* (IVᵉ s. av. J.-C.)**

Il est manifeste, à partir de cela, que la cité fait partie des choses naturelles, et que l'homme est par nature un animal politique, et que celui qui est hors cité, naturellement bien sûr et non par le hasard des circonstances, est soit un être dégradé soit un être surhumain, et il est comme celui qui est injurié en ces termes par Homère : « sans lignage[1], sans loi, sans foyer ». [...]

C'est pourquoi il est évident que l'homme est un animal politique plus que n'importe quelle abeille et que n'importe quel animal grégaire[2]. Car, comme nous le disons, la nature ne fait rien en vain ; or seul parmi les animaux l'homme a un langage.

1. **Lignage** : ascendance, lien qui rattache à une famille.
2. **Grégaire** : qui vit en troupeau.

Sujet 2 **Arthur Schopenhauer, *Parerga & Paralipomena* (1851)**

Par une froide journée d'hiver, une bande de porcs-épics se serrait étroitement les uns contre les autres, de façon que leur chaleur mutuelle les protège du gel. Mais ils ressentirent bientôt l'effet de leurs piquants les uns sur les autres, ce qui les fit s'écarter. Quand le besoin de se réchauffer les eut à nouveau rapprochés, le même désagrément se répéta, si bien qu'ils se trouvèrent ballottés entre deux maux, jusqu'à ce qu'ils aient trouvé la distance convenable à laquelle ils pouvaient le mieux se tolérer. – C'est ainsi que le besoin de société, né du vide et de la monotonie de leur moi intérieur individuel, rassemble les hommes ; mais leurs nombreuses qualités déplaisantes et leurs vices intolérables, les éloignent à nouveau. La distance moyenne qu'ils finissent par découvrir, et qui leur permet d'être ensemble au mieux, c'est la politesse et les bonnes manières.

■ ÉTAPE 1 : énoncer la thèse du texte

1. Formulez la thèse des deux textes ci-dessus.

■ ÉTAPES 2 et 3 : utiliser la thèse et la confronter à une autre

2. Rédigez deux paragraphes qui confrontent la thèse d'Aristote à celle de Schopenhauer.

Citations commentées

Dans votre copie, il est nécessaire de commenter systématiquement chaque citation pour montrer son intérêt philosophique. Cela signifie qu'il faut aussi réfléchir à ce qu'elle peut apporter au progrès de la réflexion dans la perspective d'une réponse précise au sujet traité.

1 « J'ai grand peur que cette nature ne soit elle-même qu'une première coutume, comme la coutume est une seconde nature. »

Blaise Pascal, *Pensées* (1670)

Pascal semble ici inverser le sens des termes nature et coutume. En faisant de la nature une première coutume, il suggère que ce qui est déterminé à la naissance est le produit d'habitudes ancestrales. Et en caractérisant la coutume comme une « seconde nature », il précise que les habitudes transmises par notre culture sont tellement ancrées en nous qu'elles passent pour naturelles, c'est-à-dire immédiatement présentes en nous.

2 « Vouloir vivre conformément à la nature, c'est en fait vouloir prescrire et incorporer à la nature sa morale et son idéal. »

Friedrich Nietzsche, *Par-delà bien et mal* (1886)

Alors qu'à première vue l'expression « vivre conformément à la nature » suggère que cette dernière est une norme susceptible de guider notre comportement, en réalité, pour Nietzsche, c'est la morale qui impose ses normes à la nature. La morale finit par appeler « naturel » ce qu'elle estime bon, trouvant ainsi dans cette nature une justification pour les valeurs qu'elle veut imposer.

3 « On ne triomphe de la nature qu'en lui obéissant. »

Francis Bacon, *Novum Organum* (1620)

C'est avant tout par la connaissance, avant même l'action, que l'humain se rend maître de la nature. La méthode scientifique, appliquée à l'observation des phénomènes naturels, permet en effet de mettre en évidence les lois qui régissent le fonctionnement de la nature. C'est en connaissant ces lois, en y obéissant d'une certaine manière, que l'on peut ensuite les utiliser dans notre intérêt.

4 « Je prétends que prendre un intérêt immédiat à la beauté de la nature [...] est toujours la marque caractéristique d'une âme bonne. »

Emmanuel Kant, *Critique de la faculté de juger*, § 42 (1790)

Avant même de se demander à quoi la nature peut nous servir, si on est frappé par sa beauté, par l'harmonie de ses formes, on prouve que l'on est capable de sentiments désintéressés, ce qui, pour Kant, est le signe d'une attitude morale. L'intérêt pour le beau et le souci du bien s'accordent donc dans une attitude non égoïste à l'égard de ce qui nous entoure.

À vous

▶ **Commentez cette citation sur le modèle des citations 1 à 4.**

5 « La toute première rupture avec la nature est résumée dans la triple conquête de l'institution, de l'outil et du langage. » (Paul Ricœur, *Existence et nature*, 1962)

À lire, à voir

- **Un livre :** Christian Godin, *La Haine de la nature* (2012) → un ouvrage nourri d'exemples, qui aborde la question du rapport de l'être humain à la nature.
- **Une série :** *Man versus wild* (2006-2012) → une série documentaire présentée par l'aventurier Bear Grylls qui tente à chaque épisode de survivre dans des environnements hostiles et de rejoindre la civilisation.
- **Un film :** *Human nature* de Michel Gondry (2001) → un film qui aborde de manière humoristique la question du rapport nature / culture chez l'être humain.

5 La religion

Activité Certains rites religieux vous impressionnent-ils ? Lesquels ?

• Photogramme extrait de la série ***The Young Pope*** de Paolo Sorrentino (2016)

Vidéo
Un extrait du film
hatier-clic.fr/20philot051

Contexte : Dans *The Young Pope*, Jude Law incarne un jeune pape de 47 ans, Pie XIII, intronisé de manière inattendue. Il se retrouve à la tête de l'Église et au cœur des enjeux politiques liés à la centralisation du pouvoir religieux. La série interroge sur les particularités d'un tel pouvoir.

1 Pourquoi la foi et la politique ne sont-elles pas toujours compatibles ?

2 Pour quelles raisons respecte-t-on des institutions religieuses ?

Définir la notion

Autour de l'expression « Avoir une révélation »

1 Les religions monothéistes

Le prophète et futur guide du peuple hébreu, Moïse, s'élève pour recevoir les instructions de Dieu.

a. Observez l'image. Que voit-on, et que ne voit-on pas ? Pour quelle raison ?

b. Pourquoi est-il important que les tables de la Loi soient révélées par Dieu et non rédigées par les humains ?

c. Que la religion soit révélée signifie-t-il que la raison n'a aucune place dans la vie religieuse ?

▶ Vers le problème philosophique **« La croyance religieuse s'oppose-t-elle à la raison ? » p. 124**

• Marc Chagall, *Moïse recevant les tables de la Loi* (1960-1966), musée national Marc Chagall (Nice)

2 Le sentiment du divin dans la beauté du monde

Les nébuleuses sont d'immenses amas de gaz et de poussières.

a. À quoi ressemble la nébuleuse de l'Hélice ?

b. Qu'est-ce qui dans l'Univers et sur la Terre, peut faire penser que Dieu existe ?

c. Pensez-vous que la contemplation de la beauté du monde peut donner naissance, naturellement, à un sentiment religieux ?

d. Peut-on se résoudre à l'idée que l'Univers est le fruit du hasard ? ▶ Vers le problème philosophique **« Peut-on ne croire en rien ? » p. 118**

• La nébuleuse de l'Hélice

• Des derviches tourneurs à Bursa (Turquie)

3 La transe religieuse

Les derviches tourneurs sont des religieux musulmans qui, en tournoyant sur eux-mêmes, accèdent à un état de transe qui les élève spirituellement.

a. Pourquoi la transe pourrait-elle permettre d'entrer en communication avec Dieu ?

b. Selon vous, qu'est-ce qui différencie l'expérience du divin dans la prière et celle éprouvée dans la transe ?

▶ Vers le problème philosophique **« La religion rend-elle l'être humain meilleur ? » p. 128**

Définir la notion

Autour du mot « religion »

1 Croyance et tolérance

*On dit parfois à propos de la religion que **« chacun croit en ce qu'il veut »**, au nom de la tolérance.*

a. Que signifie tolérer la croyance d'un autre ?

b. Tolérer toutes les croyances peut-il poser un problème ? Lequel ?

c. Peut-on tolérer la croyance exprimée en publique de la même manière que la croyance privée ? Pourquoi ?

d. Celui qui tolère toute croyance peut-il aussi tolérer que l'on ne croie en rien ? ▶ Vers le problème philosophique **« Peut-on ne croire en rien ? » p. 118**

2 Croire en, croire à, croire que

La croyance s'applique à plusieurs domaines.
***Exemple :** dans l'expression « Je suis comme saint Thomas, je ne crois que ce que je vois » le mot « croire » désigne à la fois la croyance spirituelle et la connaissance.*

a. Dans les phrases suivantes, dites si la croyance concerne le domaine de la connaissance, de la morale et de la politique ou de la spiritualité.

– *Je crois aux valeurs de la République.*
– *Je croyais en lui, mais j'ai eu tort.*
– *Je me suis mis à croire pour donner un sens à ma vie.*
– *Je crois à la valeur de son témoignage.*
– *Je crois que Beethoven est un meilleur compositeur que Brahms.*

b. Quelles raisons avons-nous de croire dans le domaine de la morale ? Et dans le domaine de la politique ? ▶ Vers le problème philosophique **« Quelles raisons avons-nous de croire ? » p. 120**

3 Foi, croyance, certitude, conviction et savoir

Sur le modèle suivant, associez chaque terme à sa définition.

• ***Certitude :** état de l'esprit engagé dans la défense d'une croyance appuyée sur des expériences enracinées, donc peu disposé à se remettre en question.*

Foi   Conviction   Croyance   Savoir

• Ce qui est tenu pour vrai sans nécessairement être justifié rationnellement.
• Ce que l'on affirme sur la base d'une réflexion rationnelle ou d'une série d'expériences.
• Sentiment d'engagement et de fidélité envers des choses et des idéaux dont la valeur est considérée comme absolue.
• État de l'esprit engagé dans la défense d'une croyance appuyée sur des raisons valides, mais disposé à douter face à d'éventuelles preuves qui invalideraient ce qu'il soutient.

4 Superstition et croyance

a. Quand dit-on de quelqu'un qu'il est superstitieux ? Donnez des exemples.

b. Qu'est-ce qui distingue un croyant qui a la foi d'une personne superstitieuse ?

c. Expliquez la citation suivante. Qu'est-ce qu'une « crainte mal réglée » ? Que serait un rapport à la divinité qui ne serait pas superstitieux ?

« La superstition semble n'être autre chose qu'une crainte mal réglée de la divinité. » *(Jean de La Bruyère)*

d. La superstition est-elle irrationnelle ? ▶ Vers le problème philosophique **« La croyance religieuse s'oppose-t-elle à la raison ? » p. 124**

Peut-on ne croire en rien ?

TEXTE 1 Nous avons tous des sentiments religieux en nous.

David Hume
(1711-1776)

Hume met en scène un débat sur l'existence de Dieu. Le personnage de Déméa soutient que nous avons tous le sentiment qu'il existe quelque chose qui nous dépasse.

C'est mon opinion [...], répondit Déméa[1] que chaque homme éprouve, en quelque manière, la vérité de la religion au fond de son propre cœur, et que c'est la conscience de sa faiblesse et de sa misère, plutôt qu'aucun raisonnement, qui le pousse à rechercher une protection auprès de cet Être dont il dépend, ainsi que toute la nature. Les meilleures scènes de la vie sont elles-mêmes si chargées d'inquiétude et d'ennui, que le futur reste l'objet de tous nos espoirs et de toutes nos craintes. Nous ne cessons de regarder en avant et nous essayons par des prières, par l'adoration et par le sacrifice, d'apaiser ces puissances inconnues que nous trouvons, par expérience, si capables de nous affliger et de nous opprimer. Misérables créatures que nous sommes ! quelle ressource serait la nôtre, au sein des maux innombrables de la vie, si la religion ne nous suggérait des formes d'expiation et n'apaisait ces terreurs dont nous sommes incessamment agités et tourmentés ?

DAVID HUME, *Dialogues sur la religion naturelle*, X^e partie (posth. 1779), traduction de Michel Malherbe © Librairie J. Vrin, Paris, 2005, p. 255

1. Ce n'est pas l'auteur, David Hume, qui parle en son nom propre : il fait parler un personnage, Déméa, qui défend une conception de la croyance religieuse fondée sur le sentiment immédiat et non sur la raison.

VOCABULAIRE

Expiatoire / propitiatoire

Est **expiatoire** une épreuve physique ou intellectuelle qui permet de racheter un péché commis envers les dieux ou de se rendre digne d'eux. On appelle **propitiatoires** les rites qui ont pour but de s'attirer la faveur des dieux pour se les rendre propices.

VOCABULAIRE

Fidéisme / religion naturelle

Déméa défend le **fidéisme**. Cette doctrine énonce que la foi en Dieu est issue d'une conviction intime qui n'est pas de l'ordre de la raison. On appelle **religion naturelle** l'ensemble des démonstrations philosophiques qui s'appuient sur la « lumière naturelle », c'est-à-dire la raison, pour établir l'existence de Dieu.

QUESTIONS

PERSPECTIVE D'ÉTUDE : *l'existence humaine et la culture*

1. Pourquoi Déméa juge-t-il que nous pouvons tous avoir des sentiments d'ordre religieux ? Dans quel genre de situation est-on disposé à croire ?
2. Expliquez :
« quelle ressource serait la nôtre, au sein des maux innombrables de la vie, si la religion ne nous suggérait des formes d'expiation et n'apaisait ces terreurs dont nous sommes incessamment agités et tourmentés ? » (l. 10-12)
3. **SUJET DE RÉFLEXION** La religion est-elle la seule ressource pour donner un sens à nos vies ?

TEXTE 2 Être sans croyance religieuse ne signifie pas être sans morale.

Denis Diderot
(1713-1784)

REPÈRES

Universel / général / particulier

Une croyance religieuse, selon Diderot, n'est pas **universelle**, mais **générale**, parce qu'elle n'existe que dans certaines sociétés. Elle peut aussi être **particulière** si l'on considère que chaque individu à un rapport unique à sa croyance. Seules les valeurs morales fondamentales, qui sont partagées par l'humanité tout entière, sont universelles.

Diderot rappelle que la morale ne se réduit pas à la religion. Il s'oppose ainsi à l'idée selon laquelle il serait moralement dangereux de ne croire en rien.

On n'est irréligieux que dans la société dont on est membre […]. Il n'en est pas ainsi des principes moraux ; ils sont les mêmes partout. L'inobservance[1] en est et en sera répréhensible[2] dans tous lieux et dans tous les temps. Les peuples sont partagés en différents cultes, religieux ou irréligieux, selon l'endroit de la surface de la terre où ils se transportent ou qu'ils habitent ; la morale est la même partout. C'est la loi universelle que le doigt de Dieu a gravée dans tous les cœurs. C'est le précepte éternel de la sensibilité et des besoins communs. Il ne faut donc pas confondre l'immoralité et l'irréligion. La moralité peut être sans la religion ; et la religion peut être, est même souvent avec l'immoralité.

Denis Diderot, article « Irréligieux » in *Encyclopédie ou Dictionnaire raisonné des sciences, des arts et des métiers* (1751-1772)

1. **Inobservance** : fait de ne pas respecter une règle.
2. **Répréhensible** : qui mérite d'être condamné.

Questions — PERSPECTIVE D'ÉTUDE : *la morale et la politique*

1 Quelle différence y a-t-il entre la religion et la morale, selon l'auteur ?

2 Expliquez :
« La moralité peut être sans la religion ; et la religion peut être, est même souvent avec l'immoralité. » (l. 8-9)

3 SUJET DE RÉFLEXION Sans religion, sommes-nous immoraux ?

En groupes Ce texte semble opposer la religion et la morale. Pourtant, Diderot indique que cette dernière est une loi universelle provenant de Dieu.
Vous vous répartirez en deux groupes pour lever cette difficulté : le premier groupe défendra l'idée que la morale est au-delà de la religion. Le deuxième groupe montrera que la morale s'identifie ici à une croyance religieuse universelle, si bien que Diderot oppose en réalité deux types de religion, la religion instituée et la religion naturelle.

+ prof
Extrait de Paul Thiry d'Holbach, ***Système de la nature*** (1770) sur l'athéisme

Quelles raisons avons-nous de croire ?

TEXTE 3 La croyance au sacré nous persuade que nous maîtrisons les forces qui nous dépassent.

Roger Caillois
(1913-1978)

REPÈRES

Persuader / convaincre

Ce qui nous **persuade**, ce sont des événements ou des paroles qui ont un impact sur nos sentiments, si bien que nous sommes durablement marqués par eux. **Convaincre**, c'est recourir à des arguments rationnels ou invoquer des valeurs reconnues par la raison pour produire une conviction. La croyance religieuse ne saurait être durable, puissante et source de transports religieux si elle n'était qu'une conviction rationnelle.

Le sociologue Roger Caillois rappelle que, dans toute croyance religieuse, l'être humain se persuade de sa maîtrise sur le monde en imaginant que certaines forces invisibles existent et peuvent être domptées.

C'est du sacré, en effet, que le croyant attend tout secours et toute réussite. Le respect qu'il lui témoigne est fait à la fois de terreur et de confiance. Les calamités qui le menacent, dont il est victime, les prospérités qu'il souhaite ou qui lui échoient[1] sont rapportées par lui à quelque principe qu'il s'efforce de fléchir ou de contraindre. Peu importe la façon dont il imagine cette origine suprême de la grâce[2] ou des épreuves : dieu universel et omnipotent[3] des religions monothéistes, divinités protectrices des cités, âmes des morts, force diffuse et indéterminée qui donne à chaque objet son excellence dans sa fonction, qui rend le canot rapide, l'arme meurtrière, l'aliment nourrissant. Aussi évoluée, aussi fruste[4] qu'on l'imagine, la religion implique la reconnaissance de cette force avec laquelle l'homme doit compter. […]

Sous sa forme élémentaire, le sacré représente donc avant tout une énergie dangereuse, incompréhensible, malaisément maniable, éminemment efficace. Pour qui décide d'y avoir recours, le problème consiste à la capter et à l'utiliser au mieux de ses intérêts, tout en se protégeant des risques inhérents à l'emploi d'une force si difficile à maîtriser.

Roger Caillois, *L'Homme et le Sacré* (1939) © Éditions Gallimard, p. 26-27

1. **Qui lui échoient** : dont il bénéficie.
2. **Grâce** : distinction spirituelle suprême qui vient de Dieu et qui dépasse la compréhension humaine.
3. **Omnipotent** : dont la puissance n'a pas de limites.
4. **Fruste** : très simple.

Questions PERSPECTIVE D'ÉTUDE : *l'existence humaine et la culture*

1 Pourquoi le croyant ressent-il à la fois de la terreur et de la confiance envers le sacré ?

2 Expliquez quelle est la nature de « cette force avec laquelle l'homme doit compter ». (l. 10)

3 **SUJET DE RÉFLEXION** La religion nous permet-elle de nous sentir plus forts ?

Argumenter Vous réfléchirez à la différence entre la magie rituelle (par exemple avec une poupée vaudou) et la magie de divertissement en déterminant, en un paragraphe, pourquoi la première apparaît comme sacrée et l'autre non.

TEXTE 4 La peur et l'ignorance sont à l'origine du culte religieux.

Lucrèce
(v. 98-55 av. J.-C.)

Superstition

Croyance irrationnelle destinée à expliquer un phénomène qui échappe à notre compréhension. La superstition implique aussi d'adopter des attitudes et des comportements irrationnels.

Le philosophe épicurien Lucrèce explique l'origine de la religion du point de vue psychologique. Ignorant les causes de certains phénomènes redoutables, l'être humain imagine des puissances supérieures qui les gouvernent.

L'ignorance de la cause assaille notre esprit de doutes :
le monde eut-il une origine, aura-t-il une fin […] ?
Et quel homme par la crainte des dieux n'a le cœur
serré, tous les membres contractés de frayeur
quand la terre tremble et brûle d'un coup de foudre terrifiant
et que des grondements parcourent le vaste ciel ?
Ne voit-on peuples et nations trembler, rois despotiques[1]
frappés de crainte religieuse et tout paralysés
à l'idée que pour un acte vil, une fière parole,
voici désormais l'heure accablante du châtiment ? […]
Enfin, quand sous nos pieds la terre entière vacille,
quand les villes ébranlées tombent, menacent ruine,
comment s'étonner si les mortels s'humilient,
abandonnant le monde au grand pouvoir des dieux,
à leur force étonnante pour qu'ils gouvernent tout ?

LUCRÈCE, *De la nature*, livre V, 1210-1240, traduction de José Kany-Turpin

1. **Despotiques** : autoritaires.

REPÈRES

Croire / savoir

Selon Lucrèce, la religion occupe le terrain que le **savoir** ne parvient pas à investir. Là où l'explication rationnelle fait défaut, l'imagination comble le vide. **Croire** consiste donc à refuser d'ignorer. Mais à force de croire, on finit par ne plus chercher à savoir, et même par refuser un savoir qui irait contre notre croyance.

Questions

PERSPECTIVE D'ÉTUDE : *l'existence humaine et la culture*

1 D'où vient la religion, selon l'auteur ? Pourquoi est-elle de l'ordre de la superstition, selon lui ?

2 Expliquez :
a. « voici désormais l'heure accablante du châtiment » (l. 10)
b. « les mortels s'humilient » (l. 13)

3 SUJET DE RÉFLEXION Est-ce la peur qui nous fait croire en Dieu ?

Définir Donnez trois exemples de phénomènes qui, comme l'orage, paraissent surnaturels, ainsi que leur explication superstitieuse. Vous préciserez, à la lumière de vos exemples, ce qui distingue une croyance superstitieuse d'une croyance religieuse.

Quelles raisons avons-nous de croire ?

TEXTE 5 La croyance au sacré permet de contrôler les êtres humains.

Sextus Empiricus
(IIe-IIIe s.)

Le philosophe sceptique Sextus Empiricus rapporte les propos d'un sophiste, Critias, qui soutenait que la croyance en Dieu a d'abord et avant tout une fonction politique.

Et Critias, un de ceux qui furent tyrans à Athènes, semble appartenir au groupe des athées[1] : il déclare que les anciens législateurs ont fabriqué la fiction de Dieu, défini comme une puissance qui porterait son regard sur les actions justes et les fautes des hommes, afin que personne ne portât tort en cachette à son prochain, ayant toujours à se garder du châtiment des dieux. Voici comment il formule cette idée : […]

[P]uisque par les lois [les hommes] étaient empêchés par la force,
Au grand jour, d'accomplir leurs forfaits,
Mais qu'ils les commettaient à l'abri de la nuit,
Alors […] Un homme à la pensée astucieuse et sage
Inventa la crainte des dieux pour les mortels,
Afin que les méchants ne cessassent de craindre
D'avoir compte à rendre de ce qu'ils auraient fait,
Dit, ou encor[2] pensé même dans le secret :
Ainsi introduit-il la pensée du divin.

Sextus Empiricus, *Contre les mathématiciens*, IX, 54, citant Critias, « Sisyphe, drame satirique » in *Les Sophistes*, traduction de Jean-Louis Poirier, recueilli dans *Les Présocratiques*, Bibliothèque de la Pléiade © Éditions Gallimard, p. 1145

1. **Athées** : ceux qui ne croient pas en Dieu et, ici, combattent les croyants.
2. Le texte rapportant le discours de Critias étant versifié, le traducteur utilise une licence poétique qui consiste à supprimer le « e » de encore.

VOCABULAIRE

Noble mensonge

Fable que l'on fait croire à un peuple à des fins politiques destinées à servir la raison d'État ou la morale publique. C'est Platon qui a la paternité de cette expression. Dans *La République*, il explique que les mythes et les fables sont utiles, malgré leur fausseté, s'ils permettent de garantir le bon gouvernement de la cité parfaite.

REPÈRES

Origine / fondement

L'**origine**, c'est le moment chronologique où l'on peut dater le début de quelque chose, tandis que le **fondement**, c'est ce qui explique pourquoi cette chose est advenue. Critias rend compte de l'origine historique de la religion, mais il explique aussi sa raison d'être, à savoir le contrôle des individus.

Questions PERSPECTIVE D'ÉTUDE : *la morale et la politique*

1. Pourquoi la religion est-elle plus efficace que la loi pour contrôler les êtres humains ?
2. Comment se fait-il que la croyance en Dieu soit de nature à dissuader de commettre des crimes ?
3. **SUJET DE RÉFLEXION** La religion n'est-elle qu'un instrument politique ?

TEXTE 6 Il n'y a aucune bonne raison de croire.

Simone de Beauvoir
(1908-1986)

REPÈRES

Transcendant / immanent

En principe, Dieu est **transcendant**, c'est-à-dire qu'il ne fait pas partie du monde de l'expérience sensible. D'après Simone de Beauvoir, c'est la raison pour laquelle aucune preuve de son existence ne peut être donnée : les manifestations de Dieu ne peuvent qu'être **immanentes** au monde humain, c'est-à-dire à l'intérieur de lui. En se manifestant sous la forme d'une voix ou d'autre chose, Dieu cesse d'être transcendant, donc il n'est plus véritablement Dieu.

Simone de Beauvoir explique que, quel que soit le témoin ou le témoignage en faveur de l'existence de Dieu, c'est toujours à des êtres humains que nous accordons du crédit.

« Écoutons la voix de Dieu », dit le croyant. « Il nous dira lui-même ce qu'il attend de nous. » Mais un tel espoir est naïf. C'est seulement à travers une voix terrestre que Dieu pourra se manifester car nos oreilles n'en entendent aucune autre ; mais comment alors reconnaître son caractère divin ? On demandait à une hallucinée qui était cet interlocuteur qui lui parlait par des ondes mystérieuses. « Il dit qu'il est Dieu », répondit-elle avec prudence, « mais moi je ne le connais pas. » […] [C]'est toujours à travers une présence immanente au monde que le transcendant devra se manifester : sa transcendance nous échappera toujours. […] Ainsi procède toute morale qui prétend se justifier par la transcendance divine : elle pose un bien humain, et affirme qu'il est voulu par Dieu puisqu'il est le bien. […] Toute société prétend toujours avoir Dieu avec elle : elle le recrée à son image ; c'est elle qui parle, et non pas Dieu.

Simone de Beauvoir, *Pyrrhus et Cinéas* (1944) in *Pour une morale de l'ambiguïté*
, p. 234-236

Questions PERSPECTIVE D'ÉTUDE : *l'existence humaine et la culture*

1 Quel est l'espoir du croyant ? Pourquoi cet espoir est-il qualifié de « naïf » ?

2 Expliquez :

a. « C'est seulement à travers une voix terrestre que Dieu pourra se manifester » (l. 2-3)

b. « Toute société prétend toujours avoir Dieu avec elle : elle le recrée à son image » (l. 10-11)

3 Est-ce que l'existence de Dieu, selon Beauvoir, est une croyance semblable à la théière de Russell (voir l'anecdote ci-contre) ?

4 **SUJET DE RÉFLEXION** Qui a autorité pour parler au nom de Dieu ?

APPROFONDIR On appelle pétition de principe un raisonnement erroné qui consiste à tenir pour déjà démontré ce que l'on cherche à prouver. Dans la phrase « elle [la croyance religieuse] pose un bien humain, et affirme qu'il est voulu par Dieu puisqu'il est le bien » (l. 9-10), où se trouve la pétition de principe ?

ANECDOTE

La théière de Russell

Imaginez que quelqu'un croie qu'une théière soit en orbite autour du Soleil entre la Terre et Mars. Y croirez-vous au motif qu'on ne peut pas prouver le contraire ? C'est celui qui dit qu'une chose existe qui doit le prouver, et non celui qui n'y croit pas.

(Source : Russell, « Y a-t-il un dieu ? »)

Vidéo

Une vidéo pour illustrer la théière de Russell

hatier-clic.fr/20philot052

La croyance religieuse s'oppose-t-elle à la raison ?

TEXTE 7 Il est nécessaire et rationnel que Dieu existe.

Gottfried Wilhelm Leibniz
(1646-1716)

VOCABULAIRE

Raison suffisante
Idée selon laquelle chaque phénomène du monde doit avoir une raison d'être qui en est la cause et suffit à l'expliquer. Si le monde est comparable à une chaîne de causes et d'effets, il doit exister un premier maillon. La cause première serait ce premier maillon.

Leibniz explique que le monde doit avoir une raison d'être qui se trouve à l'origine du mouvement de toute chose. Seul un être immatériel et éternel peut avoir créé le monde sans être lui-même créé par autre chose.

[L]a première question qu'on a droit de faire sera : *Pourquoi il y a plutôt quelque chose que rien ?* Car le rien est plus simple et plus facile que quelque chose. De plus, supposé que des choses doivent exister, il faut qu'on puisse rendre raison pourquoi elles doivent exister ainsi, et non autrement.

Or cette raison suffisante de l'existence de l'univers ne se saurait trouver dans la suite des choses contingentes, c'est-à-dire des corps et de leurs représentations dans les âmes ; parce que la matière étant indifférente en elle-même au mouvement et au repos, et à un mouvement tel ou autre, on n'y saurait trouver la raison du mouvement, et encore moins d'un tel mouvement. Et quoique le présent mouvement, qui est dans la matière, vienne du précédent, et celui-ci encore d'un précédent, on n'en est pas plus avancé, quand on irait aussi loin que l'on voudrait ; car il reste toujours la même question. Ainsi, il faut que la raison suffisante, qui n'ait plus besoin d'une autre raison, soit hors de cette suite des choses contingentes, et se trouve dans une substance[1], qui en soit la cause, ou qui soit un être nécessaire, portant la raison de son existence avec soi[2] ; autrement on n'aurait pas encore une raison suffisante où l'on puisse finir. Et cette dernière raison des choses est appelée Dieu.

GOTTFRIED WILHELM LEIBNIZ, *Principes de la nature et de la grâce fondés en raison* (1714), paragraphes 7-8 © Presses universitaires de France, p. 45-47

1. **Substance** : ce qui demeure toujours fixe derrière les changements apparents.
2. **Portant la raison de son existence avec soi** : qui n'est pas créé et n'est pas non plus un effet causé par autre chose.

REPÈRES

Contingent / nécessaire
Est **contingent** ce qui peut être autrement qu'il n'est ou aurait pu être autrement. Est **nécessaire**, au sens philosophique, ce qui ne saurait être conçu ou être autrement qu'il n'est. Seul Dieu, selon Leibniz, est une chose nécessaire.

QUESTIONS — PERSPECTIVE D'ÉTUDE : *la connaissance*

1. Pourquoi la raison d'être de l'univers ne peut-elle pas faire partie des choses qui le composent ?
2. Expliquez : « on n'en est pas plus avancé, quand on irait aussi loin que l'on voudrait » (l. 10-11)
3. **SUJET DE RÉFLEXION** Prouver l'existence de Dieu suffit-il pour faire croire en lui ?

EN GROUPES Deux groupes s'opposent. Un groupe soutiendra que l'univers a été créé par Dieu en s'appuyant sur la thèse de Leibniz. Le second groupe montrera que l'univers n'a pas de créateur.

TEXTE 8 Les dogmes religieux sont des convictions intimes indépendantes de la raison.

Sigmund Freud
(1856-1939)

Illusion

Freud considère la religion comme une illusion. Il donne à ce terme un sens particulier : ce n'est pas simplement une croyance erronée, qu'il suffirait de réfuter pour s'en débarrasser, c'est une croyance qui est enracinée en nous parce qu'elle comble un désir, celui d'avoir un Père universel.

Freud, considéré comme le père de la psychanalyse, explique pourquoi la religion et la raison n'ont aucun point commun. La croyance religieuse est individuelle et liée souvent à des désirs ou des épisodes particuliers de notre vie ; elle est par conséquent indépendante de la raison.

Les dogmes religieux sont soustraits aux prétentions de la raison, [...] ils sont au-dessus d'elle. On doit éprouver leur vérité intérieurement, on n'a pas besoin de les comprendre. Toutefois, ce credo[1] n'est intéressant qu'en tant que profession personnelle, comme proclamation d'un pouvoir il ne lie personne. Veut-on que je sois obligé de croire n'importe quelle absurdité[2] ? Et si tel n'est pas le cas, pourquoi précisément celle-ci ? Il n'y a pas d'instance au-dessus de la raison. Si la vérité des dogmes religieux dépend d'une expérience intérieure qui témoigne de cette vérité, que fait-on de tous ceux qui n'ont pas une expérience aussi rare ? On peut exiger de tous les hommes qu'ils fassent usage du don de raison qu'ils possèdent, mais on ne peut pas bâtir une obligation valable pour tous sur un motif qui n'existe que chez un très petit nombre.

Sigmund Freud, *L'Avenir d'une illusion* (1927), traduction de Bernard Lortholary, « Points Essais » © Éditions du Seuil, 2011, pour la traduction française, p. 75

1. **Credo** : ce en quoi on croit sans qu'une justification nous soit nécessaire.
2. **Absurdité** : chose qui s'oppose à la raison.

REPÈRES

Public / Privé

La croyance, selon Freud, ne saurait être autre chose qu'une affaire **privée** liée à un épisode de notre vie ou à notre contexte familial. Dans l'espace **public**, c'est la raison qui doit présider aux rapports humains.

Questions

PERSPECTIVE D'ÉTUDE : *l'existence humaine et la culture*

1 Expliquez :
« Si la vérité des dogmes religieux dépend d'une expérience intérieure qui témoigne de cette vérité, que fait-on de tous ceux qui n'ont pas une expérience aussi rare ? » (l. 6-8)

2 Pourquoi les dogmes religieux ne peuvent-ils pas être étendus à tous les êtres humains ?

3 SUJET DE RÉFLEXION Peut-on dire que l'on croit pour des raisons personnelles ?

+ prof
Extrait d'Averroès, ***Discours décisif*** (XIIe s.)

La croyance religieuse s'oppose-t-elle à la raison ?

TEXTE 9 Il est plus rationnel de parier que Dieu existe que de parier l'inverse.

Blaise Pascal
(1623-1662)

Mathématicien et chrétien, Blaise Pascal défend l'idée selon laquelle il est plus profitable de croire en Dieu que de n'y pas croire. Nous avons tout à gagner à croire en Dieu, et tout à perdre à ne pas croire en lui.

Examinons donc ce point, et disons : « Dieu est, ou il n'est pas. » Mais de quel côté pencherons-nous ? La raison n'y peut rien déterminer. […] Que gagerez[1]-vous ? Par raison, vous ne pouvez faire ni l'un ni l'autre ; par raison, vous ne pouvez défendre nul des deux. Ne blâmez donc pas de fausseté ceux qui ont pris un choix ; car vous n'en savez rien. – « Non ; mais je les blâmerai d'avoir fait, non ce choix, mais un choix ; car, encore que celui qui prend croix[2] et l'autre soient en pareille faute, ils sont tous deux en faute : le juste est de ne point parier. » – Oui ; mais il faut parier. Cela n'est pas volontaire, vous êtes embarqué. Lequel prendrez-vous donc ? Voyons. Puisqu'il faut choisir, voyons ce qui vous intéresse le moins. Vous avez deux choses à perdre : le vrai et le bien, et deux choses à engager : votre raison et votre volonté, votre connaissance et votre béatitude[3] ; et votre nature a deux choses à fuir : l'erreur et la misère. Votre raison n'est pas plus blessée, en choisissant l'un que l'autre, puisqu'il faut nécessairement choisir. Voilà un point vidé[4]. Mais votre béatitude ? Pesons le gain et la perte, en prenant croix que Dieu est. Estimons ces deux cas : si vous gagnez, vous gagnez tout ; si vous perdez, vous ne perdez rien. Gagez donc qu'il est, sans hésiter. […] Je vous dis que vous y gagnerez en cette vie, et que à chaque pas que vous ferez dans ce chemin, vous verrez tant de certitude de gain, et tant de néant de ce que vous hasardez, que vous connaîtrez à la fin que vous avez parié pour une chose certaine, infinie, pour laquelle vous n'avez rien donné.

Blaise Pascal, *Pensées* (1670)

1. **Gager** : synonyme de parier, ici.
2. **Prend croix** : devient croyant.
3. **Béatitude** : bonheur éternel de l'âme.
4. **Vidé** : réglé.

VOCABULAIRE

Ordre du cœur / ordre de la raison

Pascal défend la supériorité de l'**ordre du cœur**, qui consiste à sentir les choses d'une manière qui dépasse la compréhension rationnelle et qui fait appel à ce qu'il nomme l'esprit de finesse. L'**ordre de la raison** au contraire fait appel au calcul et à l'explication rationnelle, et relève de ce que Pascal nomme l'esprit de géométrie.

Questions PERSPECTIVE D'ÉTUDE : *la connaissance*

1 Expliquez :

a. « Par raison, vous ne pouvez faire ni l'un ni l'autre ; par raison, vous ne pouvez défendre nul des deux. » (l. 2-4)

b. « Cela n'est pas volontaire, vous êtes embarqué. » (l. 7-8)

2 En quoi consiste le pari de Pascal ? Détaillez-en les termes et les enjeux. Quelle en est la conclusion ?

3 **SUJET DE RÉFLEXION** Peut-on choisir de croire ?

TEXTE 10 La foi et la raison sont sans commune mesure.

Baruch Spinoza
(1632-1677)

Baruch Spinoza insiste sur la nécessité de séparer le domaine de la foi de celui de la philosophie.

Il reste à montrer enfin qu'entre la Foi ou la Théologie[1] et la Philosophie il n'y a nul commerce[2], nulle parenté ; nul ne peut l'ignorer qui connaît le but et le fondement de ces deux disciplines, lesquels sont entièrement différents. Le but de la Philosophie est uniquement la vérité ; celui de la Foi, comme nous l'avons abondamment montré, uniquement l'obéissance et la piété[3]. En second lieu, les fondements de la Philosophie sont les notions communes et doivent être tirés de la Nature seule ; ceux de la Foi sont l'histoire et la philologie[4] et doivent être tirés de l'Écriture[5] seule et de la révélation[6] [...]. La Foi donc reconnaît à chacun une souveraine liberté[7] de philosopher ; de telle sorte qu'il peut sans crime penser ce qu'il veut de toutes choses ; elle condamne seulement comme hérétiques[8] et schismatiques[9] ceux qui enseignent des opinions propres à répandre parmi les hommes l'insoumission, la haine, l'esprit combatif et la colère [...].

Baruch Spinoza, *Traité théologico-politique* (1670), traduction de Charles Appuhn

1. **Théologie** : étude des textes religieux.
2. **Nul commerce** : aucun rapport.
3. **Piété** : engagement ardent envers Dieu.
4. **Philologie** : étude des textes anciens.
5. **Écriture** : parole de Dieu consignée dans les textes sacrés.
6. **Révélation** : ce qui a été dévoilé par Dieu ou un de ses messagers à des êtres humains qui l'ont consigné par écrit.
7. **Souveraine liberté** : liberté totale.
8. **Hérétiques** : qui professent des principes qui s'écartent de l'orthodoxie, c'est-à-dire de l'ensemble des dogmes fixés par l'autorité religieuse.
9. **Schismatiques** : qui s'écartent des principes fixés par le dogme jusqu'à se plier à une autorité nouvelle.

Dogme / dogmatique

Un **dogme** est une affirmation qui provient d'une autorité incontestable. Dans le cas de l'Église par exemple, c'est le clergé. La **dogmatique** est l'ensemble des dogmes d'un domaine. Est dit dogmatique quelqu'un qui prétend énoncer des vérités indiscutables.

REPÈRES

Théorie / pratique

La philosophie, d'après Spinoza, s'intéresse au domaine **théorique**, c'est-à-dire à ce qui relève de la contemplation intellectuelle (*theôria*, en grec), de façon à atteindre la vérité. La religion au contraire se préoccupe de notre **pratique** : elle règle notre manière de vivre en vue de notre salut.

Questions

PERSPECTIVE D'ÉTUDE : *la connaissance*

1 Quels sont les différents aspects qui distinguent la foi de la philosophie ?

2 Expliquez pourquoi, d'une part, « La Foi donc reconnaît à chacun une souveraine liberté de philosopher », tout en condamnant, d'autre part, « ceux qui enseignent des opinions propres à répandre parmi les hommes l'insoumission, la haine, l'esprit combatif et la colère » (l. 8-12).

3 SUJET DE RÉFLEXION Philosopher, est-ce renoncer à se soumettre à des croyances ?

La religion rend-elle l'être humain meilleur ?

TEXTE 11 C'est lorsqu'il est esclave ou misérable que l'être humain a besoin de religion.

Karl Marx
(1818-1883)

REPÈRES

Idéal / réel

La croyance religieuse selon Marx exprime un **idéal**, c'est-à-dire un état de chose que l'on souhaiterait voir réalisé, mais qui ne l'est pas.
Le **réel**, au contraire, est ce dont s'éloigne l'idéal, parce qu'il renvoie à une situation dans le monde qui ne nous satisfait pas.

D'après Marx, la croyance religieuse est une expression de l'aliénation ouvrière : les classes laborieuses auraient besoin de la religion pour supporter leur situation misérable.

Le fondement de la critique irréligieuse[1] est le suivant : c'est l'être humain qui fait la religion, ce n'est pas la religion qui fait l'être humain. La religion est en effet la conscience de soi et le sentiment de soi de l'être humain qui ne s'est pas encore conquis lui-même, ou bien qui s'est déjà perdu à nouveau. [...] Elle est la réalisation fantastique de l'essence humaine, parce que l'essence humaine ne possède pas de vraie réalité effective. Lutter contre la religion, c'est donc indirectement lutter contre ce monde-là, dont la religion est l'arôme spirituel. La misère religieuse est tout à la fois l'expression de la misère effective et la protestation contre la misère effective. La religion est le soupir de la créature oppressée, l'âme d'un monde sans cœur, de même qu'elle est l'esprit d'une situation désertée par l'esprit. Elle est l'opium[2] du peuple. Abolir la religion en tant que bonheur illusoire du peuple, c'est exiger son bonheur effectif. Exiger l'abandon des illusions que l'on entretient sur sa propre situation, c'est exiger l'abandon d'une situation qui a besoin d'illusions.

Karl Marx, *Contribution à la critique de la philosophie du droit de Hegel*,
Paris, Éditions Sociales, « Geme » 2018

1. **Critique irréligieuse** : discours de ceux qui ne croient pas en Dieu, c'est-à-dire les athées.
2. **Opium** : drogue anesthésiante.

Questions PERSPECTIVE D'ÉTUDE : *la morale et la politique*

1 Pourquoi le travailleur misérable a-t-il besoin de religion pour Marx ?

2 Expliquez :

a. « La religion est en effet la conscience de soi et le sentiment de soi de l'être humain qui ne s'est pas encore conquis lui-même, ou bien qui s'est déjà perdu à nouveau. » (l. 2-4)

b. « La misère religieuse est tout à la fois l'expression de la misère effective et la protestation contre la misère effective. » (l. 7-8)

3 Suffit-il selon Marx que le croyant se libère de la religion pour être libre ? Pour quelle raison ?

4 **SUJET DE RÉFLEXION** Faut-il se libérer de la religion pour améliorer la société ?

Débat Marx écrit que « c'est l'être humain qui fait la religion, ce n'est pas la religion qui fait l'être humain ». Un groupe expliquera et défendra la thèse de Marx. Un autre groupe défendra l'idée que si c'est la religion qui fait l'être humain, c'est au sens où la religion nous rend humains.

TEXTE 12 **La religion dispose l'être humain à devenir moralement bon.**

Emmanuel Kant
(1724-1804)

Impératif hypothétique / impératif catégorique

Kant appelle **impératif hypothétique** le fait d'obéir dans le but d'obtenir quelque chose. Or, il estime que si l'on obéit aux commandements de Dieu, ce n'est pas pour s'attirer ses faveurs, mais parce que ses commandements sont respectables en eux-mêmes. Ce sont donc des **impératifs catégoriques**.

La religion, selon Kant, éduque à la moralité, dans la mesure où elle permet à l'être humain de se fixer des buts et de découvrir la loi morale qui est en lui.

Si la religion n'est pas liée à la moralité, elle n'est qu'une recherche de faveurs. Or les cantiques[1], les prières, la fréquentation de l'église doivent seulement donner à l'homme de nouvelles forces et un nouveau courage pour s'améliorer, ou encore : elles ne doivent être que l'expression d'un cœur animé par la représentation du devoir. Ce ne sont point de bonnes œuvres, mais seulement une préparation aux bonnes œuvres et l'on ne saurait être agréable à l'Être suprême qu'en devenant un homme meilleur. Chez l'enfant il faut commencer par la loi qu'il porte en lui. L'homme est à ses propres yeux méprisable lorsqu'il est vicieux. Ce mépris est fondé dans l'homme lui-même et il n'existe pas seulement du fait que Dieu a défendu le mal. En effet il n'est pas nécessaire que le législateur soit aussi le créateur de la loi. C'est ainsi qu'un prince peut interdire le vol en ses États, sans qu'il puisse pour cela être nommé le créateur de l'interdiction du vol. Par-là l'homme apprend à voir que sa bonne conduite seule peut le rendre digne du bonheur.

EMMANUEL KANT, *Réflexions sur l'éducation* (1776-1787),
traduction d'Alexis Philonenko © Librairie J. Vrin, 1993, p. 94-95

1. **Cantiques** : chants en l'honneur de Dieu.

Questions PERSPECTIVE D'ÉTUDE : *la morale et la politique*

1 Pourquoi la religion a-t-elle un rôle à jouer dans le perfectionnement moral de l'être humain ?

2 Expliquez :
a. « Si la religion n'est pas liée à la moralité, elle n'est qu'une recherche de faveurs. » (l. 1)
b. « Ce mépris est fondé dans l'homme lui-même et il n'existe pas seulement du fait que Dieu a défendu le mal. » (l. 8-9) Appuyez-vous sur la comparaison avec l'interdiction du vol par le prince.
c. « Ce ne sont point de bonnes œuvres, mais seulement une préparation aux bonnes œuvres et l'on ne saurait être agréable à l'Être suprême qu'en devenant un homme meilleur. » (l. 4-6)

3 SUJET DE RÉFLEXION Que signifie être un vrai croyant ?

DÉBAT

Y a-t-il du sacré hors des religions ?

DOC. 1 Le besoin de sacralité

L'expérience du sacré n'est pas immédiatement religieuse : devant un tableau dans un musée, dans une salle de concert ou un tribunal, face à une figure d'autorité, nous faisons l'expérience du sacré, c'est-à-dire d'une présence qui nous tient en respect. Si la religion administre le sacré sous une certaine forme, les attitudes sacrées et les rites préexistent à l'existence des grandes religions. On appelle religiosité la sacralité diffuse qui contribue à renforcer voire à fonder les liens sociaux.

1 D'où vient, à votre avis, le besoin de sacralité ?

2 Quelle est sa fonction, pour l'individu et pour la société ?

VOCABULAIRE

Religiosité

L'une des étymologies supposées de « religion » est le latin *religare*, qui signifie « relier », dans la mesure où la religion tisse un double lien : un lien horizontal entre les humains et un lien vertical entre les humains et Dieu ou les dieux. On peut parler ainsi de religiosité à propos de phénomènes qui ne concernent pas directement la religion.

DOC. 2 Une cérémonie d'ouverture

• Marche des athlètes dans le National Stadium durant la cérémonie d'ouverture des Jeux olympiques de Pékin, le 8 août 2008

Lors de la cérémonie d'ouverture des Jeux, on allume symboliquement la flamme olympique et on hisse le drapeau olympique.

1 Quel type de lien un événement comme les Jeux olympiques contribue-t-il à créer ou à renforcer ?

2 Pourquoi peut-on parler de ferveur religieuse à propos des événements sportifs ayant lieu dans des stades ? En quel sens parle-t-on parfois des « dieux du stade » ?

3 Comment interprétez-vous les expressions suivantes : « un film culte », « un lieu mythique », « consacrer son temps à quelque chose » ?

DOC. 3 L'expérience du sacré est plus ancienne et plus vaste que la religion elle-même.

Écrivain et philosophe, Régis Debray s'intéresse aux différentes formes de l'expérience du sacré ailleurs que dans la religion elle-même. Il montre que le monde que l'on qualifie de laïc n'est pas pour autant un espace dénué de sacralité et de ritualité.

Comme on recrute les militaires dans le civil, nous faisons du sacré avec du profane[1]. Et l'océan du sacralisable[2] déborde les continents du religieux [...]. Il a submergé les religions politiques d'hier, comme le nazisme et le communisme d'État, avec leur ankylose[3] cérémoniale et l'abrutissante idolâtrie du chef. Mais bien en deçà de ces poussées cancéreuses ont été, sont ou seront tenues pour sacrées nombre de choses ou d'entités comme, selon les époques, un champignon, une montagne, la patrie, la liberté d'expression, la paix, une tombe, un enfant, etc. Et cela, sans pousser les hauts cris, sans mettre le front à terre. [...] Que fait remonter en nous le visage démaquillé d'un vieil ami sur son lit de mort ? Que voit-on ressurgir dans la ruée des foules au soir d'une Coupe du monde de football ? Affleurer sous une minute de silence dans un hémicycle[4] ? [...] La nappe souterraine n'est pas à sec. Les grandes peurs sont de retour, et les menaces, et les dangers. Il n'est pas jusqu'à la pointe avancée de la science qui ne puisse, avec ses Nimbus[5] et ses Faust[6], réveiller les terreurs primitives. [...] Le sacré d'ordre a un autre visage que le sacré de communion. Le premier nous parle hiérarchie, respect, institution. Il nous vient d'en haut – armée, Église, État. Le second nous parle effervescence, subversion[7], fraternité.

Régis Debray, *Jeunesse du sacré* (2012) © Éditions Gallimard, p. 14-18

1. **Profane** : qui fait partie du monde ordinaire, par opposition au sacré.
2. **Sacralisable** : qui peut devenir sacré.
3. **Ankylose** : rigidité, au sens figuré.
4. **Hémicycle** : lieu architectural en forme de demi-cercle et consacré aux délibérations ou aux représentations théâtrales.
5. **Nimbus** : scientifique étourdi.
6. **Faust** : savant qui selon la légende aurait vendu son âme au diable pour percer le secret de toute chose (dans la version du *Faust* de Goethe).
7. **Subversion** : tendance à renverser les valeurs établies.

Sécularisation

Processus par lequel les biens matériels et les valeurs spirituelles de la religion entrent dans le domaine public. Les valeurs morales d'une religion, par exemple, se métamorphosent. On peut dire qu'une religion perd de sa puissance lorsque les différentes confessions religieuses perdent des adeptes. Mais cela ne signifie pas que la religiosité, c'est-à-dire le besoin de croyance et de spiritualité, diminue, ni que le sacré disparaisse.

1 Pourquoi l'auteur parle-t-il du nazisme et du communisme d'État comme de « religions politiques » (l. 3) ?

2 Expliquez : « La nappe souterraine n'est pas à sec. » (l. 12)

3 Pourquoi la science elle-même peut-elle « réveiller les terreurs primitives » (l. 14) et faire peur ? Quelles inventions ou découvertes récentes peuvent en témoigner ?

+ prof

Extrait de Cournot, ***Considérations sur la marche des idées et évènements dans les temps modernes*** (1872)

À vous

- Un groupe défendra l'idée que c'est uniquement dans un cadre religieux qu'il est légitime de sacraliser des objets et des conduites.
- Un autre groupe défendra l'idée que nous avons besoin de sacré, y compris lorsque nous ne sommes pas croyants.

SYNTHÈSE

▶ Peut-on ne croire en rien ?

Croire semble être un besoin naturel humain, d'autant plus que la croyance nous sert de guide moralement. Mais il est possible de trouver un sens à son existence sans croyance religieuse.

- **Hume** présente le point de vue de Déméa, selon lequel l'être humain est **naturellement** porté à croire en Dieu parce qu'il cherche un sens à son existence. → **texte 1 p. 118**

- **Diderot** estime qu'il est possible de ne **croire en rien sans pour autant être immoral**, contrairement à ce que soutiennent ceux qui pensent que seule la croyance religieuse peut nous donner des valeurs morales. → **texte 2 p. 119**

▶ Quelles raisons avons-nous de croire ?

La croyance religieuse remédie à la peur et donne à l'individu le sentiment de maîtriser son destin ainsi que le monde extérieur. Mais ce n'est pas pour autant qu'elle est légitime.

- **Caillois** explique que croire qu'il existe des forces magiques dans le réel permet de **se rassurer** et de se donner les moyens symboliques de maîtriser ces forces. → **texte 3 p. 120**

- **Lucrèce** défend l'idée selon laquelle c'est avant tout la **peur** suscitée par certains phénomènes naturels qui conduit les individus à imaginer qu'ils ont des causes surnaturelles. → **texte 4 p. 121**

- **Sextus Empiricus** montre, à travers le personnage de Critias, que la croyance est utile et nécessaire pour **gouverner** les individus afin qu'ils s'imaginent observés par Dieu dans tous les aspects de leur vie. → **texte 5 p. 122**

- **Beauvoir** estime que nous croyons simplement parce que nous sommes séduits par le discours de certains individus et par l'**espérance** dont ce discours est porteur. → **texte 6 p. 123**

▶ La croyance religieuse s'oppose-t-elle à la raison ?

On dit souvent que la croyance religieuse est irrationnelle, mais il est possible non seulement de défendre la rationalité de la croyance religieuse, mais aussi d'asseoir rationnellement sa croyance en cherchant à la démontrer.

- **Leibniz** explique que le monde obéit au principe de **raison suffisante** selon lequel, rien n'étant sans raison, il doit lui-même avoir une raison, c'est-à-dire un créateur. → **texte 7 p. 124**

- **Freud** précise que, quelles que soient les raisons que l'on se donne pour justifier sa croyance, cette dernière est fondée simplement sur des **expériences individuelles et affectives** qui ne sont pas rationnelles. → **texte 8 p. 125**

- **Pascal** démontre qu'il est plus **rationnel** de croire à l'existence de Dieu que de ne pas y croire. Il s'appuie sur les conséquences que cela aura sur notre vie, même si la foi véritable vient du cœur, et non de la raison. → **texte 9 p. 126**

- **Spinoza** soutient que la croyance religieuse est indépendante de la raison et provient d'une **révélation**. → **texte 10 p. 127**

La religion rend-elle l'être humain meilleur ?

La religion fournit un tuteur moral et existentiel qui doit en principe améliorer le croyant, mais elle peut aussi devenir une manière de manipuler les individus.

- Marx montre que la croyance religieuse est le reflet de conditions d'existence insatisfaites. Faute de trouver leur bonheur dans le réel, les individus trouvent **refuge dans un monde idéal**. → texte 11 p. 128

- Kant estime qu'en cultivant des attitudes désintéressées et pieuses, la religion forme le caractère et dispose à devenir **moralement meilleur**. → texte 12 p. 129

VOCABULAIRE À RETENIR

Athéisme

▶ Doctrine qui soutient que Dieu ou les dieux n'existe(nt) pas.

En affirmant que les dieux sont des produits de l'imagination et de la peur humaines, Lucrèce défend l'athéisme.

Croyance

▶ Fait de tenir quelque chose pour vrai, soit parce que l'on dispose de preuves, soit en vertu d'une confiance qui relève de l'intuition ou du sentiment.

Nous avons besoin de croire à des valeurs qui nous dépassent, même hors de la religion, soutient Debray.

Fidéisme

▶ Doctrine selon laquelle la foi provient d'une fidélité inconditionnelle envers Dieu issue d'une conviction intime qui n'est pas de l'ordre de la raison.

Selon Pascal, qui soutient une position fidéiste, la vraie foi ne vient pas de la raison.

Foi

▶ Conviction intime qui pousse à croire en une entité supérieure et à suivre ce qu'elle commande, ou bien directement, ou bien par l'intermédiaire de ses représentants.

La foi dispose l'individu à agir moralement, selon Kant.

Mysticisme

▶ Attitude religieuse qui consiste à rechercher l'extase à travers l'union spirituelle avec le divin.

Pascal suggère qu'au-delà de tout discours, la foi véritable se trouve dans l'extase mystique, lorsque l'on entre en état de grâce.

Religion naturelle

▶ Croyance fondée non pas sur la révélation mais sur des arguments qui établissent l'existence de Dieu par la « lumière naturelle », c'est-à-dire la raison.

Démontrer rationnellement l'existence de Dieu indépendamment des religions établies, c'est soutenir la religion naturelle.

Révélation

▶ Manière par laquelle une vérité cachée est dévoilée de manière surnaturelle.

Selon Diderot, nous n'avons pas besoin des religions révélées pour adopter une conduite morale.

Sacré

▶ État de ce qui a été séparé du monde ordinaire parce qu'on lui attribue une valeur supérieure.

Une société a spontanément tendance à partager l'espace en deux en distinguant le profane et le sacré, d'après Caillois.

Théologie

▶ Étude des écritures religieuses et des religions.

La théologie est sans rapport avec la philosophie, d'après Spinoza.

Faire le point s'Exercer

Réfléchir à partir de l'étymologie

1 À partir de la signification des racines grecques qui composent les termes suivants, donnez leur définition et vérifiez ensuite dans un dictionnaire : agnosticisme • athéisme • panthéisme • polythéisme • théisme • théophanie.

Exemple : théodicée vient de *dikè* (la justice) et *theos* (dieu) ; il signifie la justice divine et par extension les entreprises philosophiques qui visent à justifier l'œuvre de Dieu, la création.

a- : absence de, privation de
-gnos : la connaissance
mono- : un seul
pan- : tout ou partout
poly- : nombreux
-phanie, phaner- : apparaître, se manifester
-theo- : dieu

Réfléchir à partir d'une image

2 Observez l'image.

• Mahomet et les prophètes priant, miniature persane (1436), BNF (Paris)

a. Décrivez l'image. Comment interprétez-vous la représentation de Mahomet ?

b. Selon vous, pourquoi certaines religions interdisent de représenter Dieu ou l'un de ses prophètes ?

c. Lisez l'article suivant : hatier-clic.fr/20philot053
Sous la forme d'une synthèse de six à dix lignes, expliquez quels sont les arguments pour et contre la représentation de Mahomet.

Analyser un texte religieux et son illustration

3 Lisez le texte et observez le tableau.

La Pâques des Juifs était proche et Jésus monta à Jérusalem. Il trouva dans le Temple les vendeurs de bœufs, de brebis et de colombes et les changeurs assis. Se faisant un fouet de cordes, il les chassa tous du Temple, et les brebis et les bœufs ; il répandit la monnaie des changeurs et renversa leurs tables, et aux vendeurs de colombes il dit : « Enlevez cela d'ici. Ne faites pas de la maison de mon Père une maison de commerce. »

Évangile selon saint Jean, 2, 13-16, dans *La Bible de Jérusalem* © Éditions du Cerf

• Le Greco, *Le Christ chassant les marchands du temple* (vers 1600), National Gallery (Londres)

a. Que révèle ce texte sur le rapport entre le christianisme et l'argent ?

b. Expliquez : « ne faites pas de la maison de mon Père une maison de commerce. » (l. 8-9)

c. Comment Le Greco parvient-il à dramatiser l'épisode évangélique ? À quelles fins selon vous ?

Analyser un dessin humoristique

4 Observez cette vignette.

• Philippe Geluck, *Le Chat*

a. Qu'y a-t-il de paradoxal dans l'affirmation du Chat ?

b. Suffirait-il de prouver que Dieu n'existe pas pour que les croyants renoncent à croire en lui ? Pour quelle raison ?

Comprendre un texte poétique

5 Lisez la fable suivante.

« J'ai peur de la mort »,
disaient les oiseaux.
« La mort peut-elle exister
pour celui dont le cœur est uni à Dieu ? »
répondait la huppe[1].
« Mon cœur est uni à Lui,
ainsi le temps et la mort n'existent plus pour moi.
Car la mort est la rupture du temps,
et le temps naît de notre attachement
aux choses qui périssent. »

Farid al-Din Attâr, *Le Langage des oiseaux* (XIIe s.), traduction de Garcin de Tassy

1. **Huppe** : oiseau.

a. Pourquoi le temps dépend-il de notre attachement aux choses périssables, selon Attâr ? Analysez des exemples de la vie quotidienne qui semblent aller en ce sens.

b. Pourquoi l'union à Dieu est-elle une expérience de l'éternité ?

Reconstruire une argumentation

6 Remettez les arguments dans l'ordre qui vous paraît le plus cohérent de manière à obtenir une progression plausible pour répondre au sujet.

Sujet Peut-on prouver que Dieu existe ?

I. La nature de Dieu

a. Ainsi, Dieu doit exister, sinon il ne serait pas parfait.

b. Imaginons maintenant que Dieu n'existe pas.

c. Ne pas exister est, pour un être parfait, regrettable. Mieux vaudrait qu'il existe.

d. Après tout, rien n'empêche de le concevoir et de le définir.

e. Définissons Dieu comme l'être qui possède les plus grandes qualités qui soient.

II. Le problème du mal dans la création

a. Or le mal existe. Le monde est imparfait.

b. Imaginons que Dieu existe et que le monde soit sa création.

c. En effet, de nombreux maux pèsent sur l'être humain, comme la douleur, la souffrance et la mort.

d. Donc Dieu ne peut pas être à la fois tout-puissant et parfaitement juste.

e. Dieu a en principe créé un monde parfait, puisqu'il est tout-puissant et juste.

Exercer sa pensée critique

Corrigé p. 238

7 Un designer a conçu un baladeur mp3 en forme de croix.

a. En donnant à un objet technologique la forme d'une croix, que veut-on dire de notre rapport aux nouvelles technologies ?

b. Peut-on attendre de la technologie qu'elle réponde à notre besoin de sens, comme des objets ou des lieux sacrés ?

c. Énumérez au moins trois aspects qui autorisent à assimiler les nouvelles technologies à une nouvelle religion, et ceux par lesquels elles s'en distinguent. Vous pouvez vous appuyer sur un tableau à double entrée (aspects religieux / aspects non religieux).

MÉTHODE POUR LA **Dissertation**

▸ Rédiger un paragraphe

Pour traiter un sujet de dissertation, vous devez vous appuyer sur les thèses des auteurs étudiés pendant l'année. Attention, il ne suffit pas de répéter la thèse de l'auteur, mais il faut la présenter, l'expliquer et montrer clairement en quoi elle permet de répondre au sujet choisi.

Sujet La religion est-elle le fondement de la morale ?

Paragraphe

À la différence de la morale, la religion n'est pas universelle, mais propre à un peuple, une culture, ou même un individu. Il paraît donc difficile que ce qui est particulier ou général puisse être le fondement de ce qui est universel.

■ ÉTAPE 1 : énoncer une thèse et justifier son intérêt
Commencez par présenter la thèse et sa conséquence qui va permettre de répondre au sujet.
Ici vous pouvez convoquer un des repères du programme.

Comme le remarque en effet Diderot dans l'article « Irréligieux » de l'Encyclopédie, « on n'est irréligieux que dans la société dont on est membre », tandis que l'immoralité est reconnue partout et en tous lieux, au moins concernant certaines interdictions fondamentales, comme celle de tuer quelqu'un. Certes, il ajoute aussitôt que la loi morale est gravée dans nos cœurs par Dieu, comme si la morale avait un fondement divin. Mais il y a une différence entre un fondement divin et un fondement religieux : si Dieu a fait la morale, ce sont les humains qui font et défont les religions.

■ ÉTAPE 2 : introduire la référence et la commenter
Vous pouvez appuyer la référence par une citation, destinée à justifier la thèse.
Il faut ensuite introduire une nuance qui permet de faire une distinction entre deux notions. Ici, on distingue Dieu et la religion. Vous pourrez soutenir plus loin que, si les religions révélées ne peuvent fonder la morale, peut-être que la religion naturelle le peut.

Voilà pourquoi il est légitime de dire que la morale peut être fondée sur le sentiment du divin, s'il dicte en nous une loi universelle de comportement, mais pas sur la religion révélée. En effet, comme le remarque encore Diderot, bien des individus sont moraux sans être religieux, tandis que de nombreux individus religieux agissent de manière immorale.

■ ÉTAPE 3 : conclure l'argumentation
Appuyez-vous encore sur l'auteur, non pas comme une autorité indiscutable, mais en rappelant ce qui justifie son propos pour faire un bilan.
On pourrait ici ajouter des exemples, notamment des exemples historiques (résistants athées, papes cruels).

À vous

■ ÉTAPE 1 : énoncer une thèse et justifier son intérêt

1. Pour les sujets suivants, dites en deux phrases la thèse que vous allez défendre et ce qu'elle permet d'établir, en vous appuyant sur la référence proposée, mais sans introduire cette référence pour le moment.

Sujet 1 **La religion est-elle essentielle à l'être humain ?**
Thèse de Déméa (Hume) → **texte 1 p. 118**

Sujet 2 **N'y a-t-il de foi que religieuse ?**
Thèse de Debray → **doc. 3 p. 131**

Sujet 3 **Les religions empêchent-elles les êtres humains de s'entendre ?**
Thèse de Kant → **texte 12 p. 129**

■ ÉTAPE 2 : introduire la référence et la commenter

2. Complétez les deux argumentations suivantes en introduisant les références indiquées, puis commentez-les pour répondre au sujet.

Sujet 4 **La religion unit-elle ou sépare-t-elle les humains ?**

La religion peut fédérer les humains tout en les séparant de leur propre humanité. En effet, ce n'est pas parce qu'une croyance ou un ensemble de pratiques nous réunit que cela produit pour autant un effet salutaire. Du moins faut-il préciser la nature du lien qui nous réunit. C'est le cas par exemple dans un lieu de travail, qui peut nous rassembler pour mieux nous exploiter, si l'on suit l'analyse de ***Karl Marx****.*
En effet, selon lui…

Sujet 5 **La religion est-elle contraire à la raison ?**

La croyance religieuse, lorsqu'elle est une foi authentique, est au-delà de la raison. En effet, la foi est d'abord et avant tout un sentiment, celui d'être lié au divin. Ce sentiment est intuitif et immédiat, tandis que la réflexion rationnelle est discursive et médiate. Or, le raisonnement paraît impropre à susciter la foi : même s'il permet de convaincre, il ne persuade pas.
C'est sur ce point qu'insiste tout particulièrement ***Blaise Pascal****…*

■ ÉTAPE 3 : conclure l'argumentation

3. Faites le bilan de votre argumentation à propos des sujets 4 et 5 en vous inspirant du modèle p. 136.

4. Rédigez un raisonnement complet en utilisant les références indiquées à propos des sujets suivants.

Sujet 6 **La morale peut-elle se passer d'un fondement religieux ?**
Thèse de Diderot → **texte 2 p. 119**

Sujet 7 **Est-il rationnel de croire en Dieu ?**
Thèse de Leibniz → **texte 7 p. 124**

D'AUTRES SUJETS POUR S'ENTRAÎNER

Sujet 8 **L'humanité peut-elle se concevoir sans religion ?**

Sujet 9 **Une société sans religion est-elle possible ?**

Sujet 10 **Peut-on se passer de toute religion ?**

Sujet 11 **Peut-on expliquer la croyance religieuse sans la détruire ?**

MÉTHODE POUR L'**Explication de texte**

▸ Repérer les points significatifs du texte

Le jour du baccalauréat, commencez par faire un repérage du texte pour vous l'approprier. C'est en mettant en évidence les connecteurs, ainsi que les termes et les expressions importants d'un point de vue philosophique, que vous vous donnerez les moyens de mieux le comprendre.

Sujet Friedrich Nietzsche, *Le Gai Savoir* (1882)

Le plus grand événement récent – le fait que « Dieu est mort », que la croyance au dieu chrétien a perdu toute crédibilité – commence déjà à répandre sa première ombre sur l'Europe. Pour les rares du moins dont les yeux [...] sont assez forts et subtils pour ce spectacle, il semble qu'un soleil ait décliné, qu'une ancienne et profonde confiance se soit renversée en doute : notre vieux monde doit leur sembler chaque jour plus crépusculaire, plus méfiant, plus étranger, plus « ancien ». Mais pour l'essentiel, on est en droit de dire : l'événement lui-même est bien trop grand, trop éloigné, trop en marge du pouvoir de compréhension de beaucoup pour que l'on puisse même simplement affirmer que la nouvelle en est déjà *arrivée* ; et moins encore que beaucoup savent déjà *ce qui* s'est produit à cette occasion – et tout ce qui désormais, une fois cette croyance ensevelie, doit s'effondrer pour avoir été construit sur elle, avoir pris appui sur elle, s'être développé en elle : par exemple toute notre morale européenne.

§ 343, traduction de Patrick Wotling © Flammarion, 2007, p. 283-284

■ ÉTAPE 1 : faire apparaître les termes et expressions importantes

- les connecteurs logiques et marqueurs argumentatifs
- les concepts proprement philosophiques
- les termes spécifiques du texte, à commenter
- les expressions importantes

■ ÉTAPE 2 : reformuler chaque idée en dégageant son rôle argumentatif

• Exemple de reformulation pour la phrase 1 (l. 1-4) : *Le déclin de la croyance en Dieu est semblable à une privation de soleil. L'ombre de Dieu, métaphore des résidus du christianisme, va s'étendre sur l'Europe.* Intérêt argumentatif : thèse relative aux **conséquences** d'un phénomène historique et culturel.

■ ÉTAPE 3 : dégager le plan du texte

Donnez un titre à chaque partie pour bien mettre en avant la progression du texte.

Première partie (l. 1-4) : la modernité est l'époque de la mort de Dieu

Deuxième partie (l. 4-9) : la plupart des individus ignorent que cet événement a eu lieu

Troisième partie (l. 9-18) : la quasi-totalité ignore la portée de cet événement

À vous Sujet 1 **Friedrich Nietzsche, *Le Gai Savoir* (1882)** → *Texte ci-dessus*

■ ÉTAPE 2 : reformuler chaque idée en dégageant son rôle argumentatif

1. En suivant l'exemple donné ci-dessus pour la première phrase du texte, reformulez les phrases suivantes.

2. Précisez pour chaque phrase son intérêt argumentatif.

Sujet 2 Jean-Jacques Rousseau, « Profession de foi du vicaire savoyard » (1762)

Je médite sur l'ordre de l'univers, non pour l'expliquer par de vains systèmes, mais pour l'admirer sans cesse, pour adorer le sage auteur qui s'y fait sentir. Je converse avec lui, je pénètre toutes mes facultés de sa divine essence ; je m'attendris à ses bienfaits, je le bénis de ses dons ; mais je ne le prie pas. Que lui demanderais-je ? qu'il changeât pour moi le cours des choses, qu'il fît des miracles en ma faveur ? Moi qui dois aimer par-dessus tout l'ordre établi par sa sagesse et maintenu par sa providence[1], voudrais-je que cet ordre fût troublé pour moi ? Non, ce vœu téméraire mériterait d'être plutôt puni qu'exaucé. Je ne lui demande pas non plus le pouvoir de bien faire : pourquoi lui demander ce qu'il m'a donné ? Ne m'a-t-il pas donné la conscience pour aimer le bien, la raison pour le connaître, la liberté pour le choisir ?

Émile ou De l'éducation, IV, GF Flammarion, p. 423

1. **Providence** : capacité de Dieu à tout anticiper (du latin *providere*, prévoir).

■ ÉTAPE 1 : faire apparaître les termes et expressions importantes

1. Repérez et soulignez les termes philosophiques et les autres notions-clés du texte.
2. Soulignez les expressions qui vous paraissent importantes.

■ ÉTAPE 2 : reformuler chaque idée en dégageant son rôle argumentatif

3. Reformulez chaque question de l'auteur sous la forme d'une affirmation.
4. Reformulez chaque grande idée et dégagez-en le rôle argumentatif.

■ ÉTAPE 3 : dégager le plan du texte

5. Découpez le texte en trois parties et donnez-leur un titre.

Sujet 3 Henri Bergson, *Les Deux Sources de la morale et de la religion* (1932)

L'histoire est connaissance, la religion est principalement action : elle ne concerne la connaissance, comme nous l'avons maintes fois répété, que dans la mesure où une représentation intellectuelle est nécessaire pour parer au danger d'une certaine intellectualité. Considérer à part cette représentation, la critiquer en tant que représentation, serait oublier qu'elle forme un amalgame avec l'action concomitante. C'est une erreur de ce genre que nous commettons quand nous nous demandons comment de grands esprits ont pu accepter le tissu de puérilités et même d'absurdités qu'était leur religion. […] La religion renforce et discipline. Pour cela des exercices continuellement répétés sont nécessaires, comme ceux dont l'automatisme finit par fixer dans le corps du soldat l'assurance morale dont il aura besoin au jour du danger. C'est dire qu'il n'y a pas de religion sans rites et cérémonies.

GF Flammarion, p. 272-273

• Reprenez les trois étapes de la méthode (p. 138) pour repérer les points significatifs du texte de Bergson.

Citations commentées

Dans votre copie, il est nécessaire de commenter systématiquement chaque citation pour montrer son intérêt philosophique. Cela signifie qu'il faut aussi réfléchir à ce qu'elle peut apporter au progrès de la réflexion dans la perspective d'une réponse précise au sujet traité.

1 « Toute religion n'est que le reflet fantastique, dans le cerveau des hommes, des puissances extérieures qui dominent leur existence quotidienne [...]. »

FRIEDRICH ENGELS, *Anti-Dühring* (1878)

La religion est d'abord un ensemble de représentations, issues de l'intériorisation de certaines formes de domination vécues au quotidien. Par exemple, Dieu est à la fois un père et un maître. Nous répétons ainsi dans la vie religieuse les relations de pouvoir que nous vivons dans le monde profane, si bien que la religion nous rend esclaves de cette domination.

2 « Le cœur a ses raisons, que la raison ne connaît point. »

BLAISE PASCAL, *Pensées* (1670)

Dieu est perçu par le cœur qui est le siège d'une foi intime, c'est-à-dire d'une confiance absolue et au-delà de toute raison. On ne saurait donc convertir quiconque à une religion par des démonstrations rationnelles.

3 « Dieu, après s'être entièrement donné dans le monde en devenir, n'a plus rien à offrir : c'est maintenant à l'homme de lui donner. »

HANS JONAS, *Le Concept de Dieu après Auschwitz* (1987)

Quels que soient les maux nombreux qui existent dans le monde humain et dans la nature, on ne peut en rendre Dieu responsable. Dieu a fait toute chose et c'était là son don le plus total. Il n'appartient qu'à l'être humain de donner à Dieu en retour en prenant soin de sa création.

4 « Qu'y aurait-il donc à créer s'il y avait des dieux ? »

FRIEDRICH NIETZSCHE, *Ainsi parlait Zarathoustra* (1883)

L'idée de l'existence d'êtres parfaits est contre-productive et décourageante pour l'être humain, dans la mesure où tout ce qu'il fait apparaîtra comme imparfait et sans intérêt au regard de ce dont les dieux sont capables. S'il y avait des dieux, alors rien ne serait véritablement créé par les humains, parce que tout ce que nous produisons le serait à partir du monde qu'ils ont déjà préparé pour nous.

À vous

▶ **Commentez cette citation sur le modèle des citations 1 à 4.**

5 « Dieu est le seul être qui, pour régner, n'ait même pas besoin d'exister. »
(CHARLES BAUDELAIRE, *Fusées*, 1867)

À lire, à voir

- **Un livre :** Michaël Fœssel, *La Religion*, GF corpus → un recueil de textes pour aller plus loin.
- **Une série :** *Lore* (2017) → des épisodes indépendants qui mêlent plusieurs genres en racontant et en expliquant les mythes et croyances populaires de différentes époques.
- **Un film :** *Kadosh* d'Amos Gitaï (1999) → un film sur le conflit possible entre l'amour et la confession religieuse.

6 La technique

Activité La technique rend-elle votre vie meilleure ?

Vidéo
Un extrait du film
hatier-clic.fr/20philot061

• Photogramme extrait du film d'animation ***Wall-E*** réalisé par Andrew Stanton (2008)

Contexte : Les humains ont abandonné la Terre, trop polluée, et vivent à présent dans un vaisseau en orbite qui leur offre confort et divertissement. Il ne reste sur Terre qu'un robot, Wall-E, chargé de trier les déchets.

1 Quels sont les aspects positifs et négatifs de la technique observables dans cet extrait ?

2 Que devient l'être humain quand des machines font tout à sa place ?

Définir la notion

Autour de l'expression « On n'arrête pas le progrès »

1 Dans le domaine des télécommunications

En 2007, le premier téléphone mobile intelligent (appelé smartphone) est commercialisé. Chaque année depuis, une nouvelle version semble surgir de la précédente.

a. Toute évolution est-elle forcément un progrès ? Pour quelle raison ?

b. Si les évolutions des smartphones ne correspondent pas forcément à un besoin des consommateurs, à quelle logique obéissent-elles ?

c. Qu'est-ce qui pousse l'humain à ne pas se contenter de ce qu'il a et à aller toujours plus loin ? ▶ Vers le problème philosophique **« La technique est-elle le propre de l'être humain ? » p. 144**

2 Dans le domaine médical

Certaines opérations médicales se font avec l'assistance de robots.

a. Pourquoi l'usage des robots constitue-t-il un progrès dans le domaine médical ?

b. Donnez d'autres exemples d'objets techniques qui contribuent au progrès des soins.

c. La technique peut-elle améliorer l'humain ?
▶ Vers le problème philosophique **« Faut-il limiter le développement technique ? » p. 150**

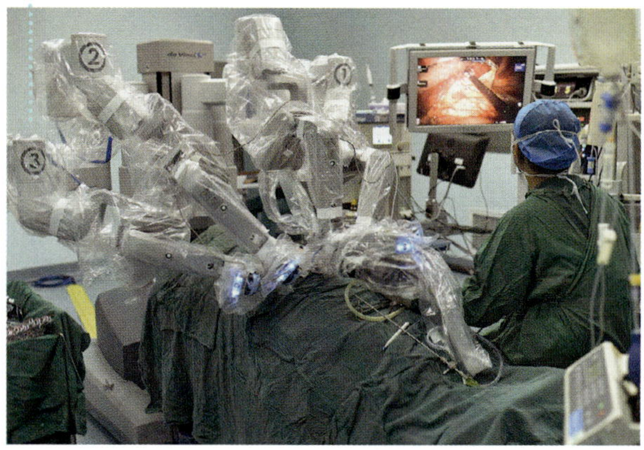

• Un robot chirurgical assiste une opération cardiaque à l'hôpital universitaire Anhui, à Hefei en Chine (2017)

3 Dans le domaine industriel

• Illustration de Luc Tesson (2018)

Une voiture autonome est capable de rouler sans être manœuvrée par un conducteur.

a. À première vue, que cherche à exprimer le passant qui utilise la formule « on n'arrête pas le progrès » ?

b. Pourquoi la formule est-elle utilisée ici de manière ironique ?

c. Pourquoi cette illustration suggère-t-elle que le progrès technique nous échappe ? ▶ Vers le problème philosophique **« Sommes-nous maîtres de la technique ? » p. 146**

Définir la notion

Autour du mot « technique »

1 La technique et les techniques

Certaines activités nécessitent un minimum de technique.

a. Précisez en quoi ces activités impliquent une ou plusieurs techniques.
- faire un feu
- jouer au fooball
- séduire
- sculpter
- lire

b. Que veut-on dire quand on dit de quelqu'un qu'il manque de technique ?

c. Quelle définition donneriez-vous à présent de la technique ?

d. Peut-on dire que les animaux ont des techniques ?

▶ Vers le problème philosophique **« La technique est-elle le propre de l'être humain ? » p. 144**

2 Outil et instrument

*« On entend par **outil** l'objet technique qui permet de prolonger et d'armer le corps pour accomplir un geste, et par **instrument** l'objet technique qui permet de prolonger et d'adapter le corps pour obtenir une meilleure perception. » (Gilbert Simondon, Du mode d'existence des objets techniques, 1958)*

a. Les lunettes sont-elles un outil ou un instrument ? Donnez deux exemples d'outils et deux exemples d'instruments.

b. Cette distinction permet de mettre en évidence deux fonctions de l'objet technique : lesquelles ?

c. Dans quels domaines la technique nous rend-elle plus puissants ? ▶ Vers le problème philosophique **« La technique augmente-t-elle notre savoir ? » p. 152**

3 Machine et technologie

a. Parmi ces objets, lesquels sont des machines ?
- un stylo
- une voiture
- une montre
- une paire de ciseaux
- une tondeuse

b. Proposez à présent une définition de la machine.

Le sens premier du terme « technologie » désigne l'étude des outils et des machines dans leurs applications au sein d'un domaine précis.

c. Dans quel autre sens utilise-t-on le mot « technologie » quand on parle d'appareil technologique par exemple ?

d. La machine est-elle toujours au service de l'humain ? ▶ Vers le problème philosophique **« Sommes-nous maîtres de la technique ? » p. 146**

4 Découverte, invention, innovation

*À partir des **découvertes** successives des procédés physico-chimiques permettant la fixation d'une image sur une pellicule, la photographie a été **inventée**.*

a. En vous appuyant sur l'exemple de la photographie, dites quelle est la différence entre une découverte et une invention.

b. Dans quelle mesure peut-on dire que le cinéma est une **innovation** par rapport à la photographie ?

c. Quels sont les rapports entre science et technique ?

▶ Vers le problème philosophique **« Faut-il limiter le développement technique ? » p. 150**

La technique est-elle le propre de l'être humain ?

TEXTE 1 La technique est le propre d'un être intelligent.

Aristote
(384-322 av. J.-C.)

Alors que le philosophe Anaxagore avait dit « L'homme pense parce qu'il a une main », Aristote affirme au contraire que l'homme dispose de ses mains parce qu'il est intelligent.

Ce n'est pas parce qu'il a des mains que l'homme est le plus intelligent des êtres, mais c'est parce qu'il est le plus intelligent qu'il a des mains. En effet, l'être le plus intelligent est celui qui est capable de bien utiliser le plus grand nombre d'outils : or, la main semble bien être non pas un outil, mais plusieurs. Car elle est pour ainsi dire un outil qui tient lieu des autres. C'est donc à l'être capable d'acquérir le plus grand nombre de techniques que la nature a donné l'outil de loin le plus utile, la main. Aussi, ceux qui disent que l'homme n'est pas bien constitué et qu'il est le moins bien partagé[1] des animaux (parce que, dit-on[2], il est sans chaussures, il est nu et n'a pas d'armes pour combattre) sont dans l'erreur. Car les autres animaux n'ont chacun qu'un seul moyen de défense et il ne leur est pas possible de le changer pour un autre [...]. L'homme, au contraire, possède de nombreux moyens de défense, et il lui est toujours loisible[3] d'en changer et même d'avoir l'arme qu'il veut et quand il le veut. Car la main devient griffe, serre, corne, ou lance ou épée ou toute autre arme ou outil. Elle peut être tout cela, parce qu'elle est capable de tout saisir et de tout tenir.

ARISTOTE, *Les Parties des animaux*, traduction de Pierre Louis
© « Les Belles Lettres », 1956, p. 137-138

1. **Le moins bien partagé** : celui qui a reçu de la nature le moins de capacités.
2. Aristote semble répondre au mythe de l'origine de l'homme raconté dans *Protagoras* de Platon (texte p. 146).
3. **Loisible** : possible ou envisageable.

VOCABULAIRE

Intelligence
L'intelligence est à la fois une faculté intellectuelle de compréhension et une faculté pratique qui permet d'inventer des solutions adaptées aux besoins.

REPÈRES

Principe / cause / fin
Le **principe** désigne ce qui constitue le fondement d'une chose ou son origine. Aristote a une approche finaliste de la nature car il considère que l'existence et la forme des mains s'expliquent par leur fonction. C'est donc la **fin** ou le but ultime d'un processus qui constitue la **cause** de leur présence et en donne une explication.

Questions PERSPECTIVE D'ÉTUDE : *l'existence humaine et la culture*

1. Pourquoi la main est-elle « un outil qui tient lieu des autres » (l. 5) ?
2. Montrez en quoi l'intelligence est le principe même de la technique en vous appuyant sur des exemples précis.
3. Explicitez l'opposition établie par Aristote entre l'humain et l'animal. Vous paraît-elle pertinente et pourquoi ?
4. **SUJET DE RÉFLEXION** La technique dénature-t-elle l'humain ou lui donne-t-elle une nature ?

TEXTE 2 De nombeux animaux font usage d'outils.

Dominique Lestel
(né en 1961)

L'éthologue Dominique Lestel soutient une thèse radicale : la culture est un phénomène propre au vivant. La culture humaine ne serait donc qu'un cas particulier parmi de nombreuses formes de cultures animales.

Que des animaux puissent utiliser des outils, en captivité ou dans des situations naturelles, ne choque plus et ne surprend guère. Certaines de ces activités techniques sont même devenues des lieux communs[1], comme celle du pinson des Galapagos qui s'aide d'une brindille pour traquer les larves dissimulées sous l'écorce des arbres, celle de la loutre de mer qui utilise une pierre pour ouvrir une huître qu'elle a placée sur son ventre au préalable, ou celle du chimpanzé qui manipule une branche dépouillée de ses feuilles pour pêcher adroitement des fourmis ou des termites qu'il porte délicatement à sa bouche. En général, nous ignorons pourtant que plus d'une *centaine d'animaux* utilisent des outils. Autant dire que ces comportements sont loin d'être anecdotiques. Ils revêtent au contraire une diversité et une complexité que l'on imagine difficilement. Ces outils animaux sont de surcroît[2] d'une très grande variété. Mammifères, oiseaux, insectes, poissons, arthropodes[3], gastéropodes[4] y recourent. Il n'y a guère que les reptiles chez lesquels ces pratiques sont inexistantes ou presque.

Dominique Lestel, *Les Origines animales de la culture* (2003), « Champs essais » © Flammarion, p. 62-63

Culture
La distinction classique entre nature et culture oppose ce qui serait inné (inscrit dans le corps dès la naissance) et ce qui serait acquis (résultat d'une transmission ou produit d'une transformation). Si les animaux ont une culture, alors on ne peut les réduire à leur instinct.

1. **Lieu commun** : idée très couramment répandue.
2. **De surcroît** : de plus.
3. **Arthropodes** : qui appartiennent au grand groupe du règne animal contenant entre autres les insectes et les crustacés.
4. **Gastéropodes** : mollusques, par exemple un escargot ou une limace.

Questions

PERSPECTIVE D'ÉTUDE : *l'existence humaine et la culture*

1 Pour Lestel, pourquoi ne peut-on plus faire de la technique le propre de l'être humain ?

2 En vous appuyant sur les exemples donnés dans le texte, établissez la liste des distinctions entre l'usage animal et l'usage humain de la technique.

3 SUJET DE RÉFLEXION La technique est-elle ce qui nous rend humains ?

+ prof
Texte de Bergson qui désigne l'humain comme ***Homo faber***

Sommes-nous maîtres de la technique ?

TEXTE 3 L'être humain compense sa faiblesse naturelle par la technique.

Platon
(428-348 av. J.-C.)

REPÈRES

Genre / espèce / individu

Le terme « race » est ici synonyme d'**espèce** et désigne un ensemble d'êtres qui possèdent des propriétés communes. On appelle **genre** le rassemblement de plusieurs espèces. Chaque humain singulier et distinct des autres est considéré comme un **individu**.

Vidéo

La découverte du premier outil dans ***2001, l'Odyssée de l'espace*** de Stanley Kubrick (1968)

hatier-clic.fr/20philot062

Protagoras raconte un mythe relatif à l'origine des êtres humains. Zeus, le maître des dieux a demandé aux titans Épiméthée (« qui réfléchit après coup ») et Prométhée (le « Prévoyant ») de donner à chaque espèce naturelle des caractéristiques propres.

Cependant, comme il n'était pas précisément sage, Épiméthée, sans y prendre garde, avait dépensé toutes les capacités pour les bêtes, qui ne parlent pas ; il restait encore la race humaine, qui n'avait rien reçu, et il ne savait pas quoi faire.
Alors qu'il était dans l'embarras, Prométhée arrive pour inspecter la répartition, et il voit tous les vivants harmonieusement pourvus en tout, mais l'homme nu, sans chaussures, sans couverture, sans armes. [...] Face à cet embarras, ne sachant pas comment il pouvait préserver l'homme, Prométhée dérobe le savoir technique d'Héphaïstos[1] et d'Athéna[2], ainsi que le feu – car, sans feu, il n'y avait pas moyen de l'acquérir ni de s'en servir –, et c'est ainsi qu'il en fait présent à l'homme. De cette manière, l'homme était donc en possession du savoir qui concerne la vie.

PLATON, *Protagoras*, 321b-321d, traduction de Frédérique Ildefonse
© Flammarion, 2016, avec l'aimable autorisation de Flammarion, p. 85-86

1. **Héphaïstos** : dans la mythologie grecque, dieu du feu et de la métallurgie.
2. **Athéna** : déesse de la guerre, de la sagesse et des artisans.

Questions PERSPECTIVE D'ÉTUDE : *l'existence humaine et la culture*

1 Pourquoi la technique permet-elle de compenser une faiblesse naturelle ? Quelle importance le feu revêt-il, de ce point de vue ?

2 Montrez en quoi ce texte s'oppose à celui d'Aristote (p. 144) concernant le rapport de l'être humain à la technique.

3 **SUJET DE RÉFLEXION** La technique ne donne-t-elle aux humains que le pouvoir ?

Débat Prométhée a été puni par Zeus pour avoir dérobé le feu et l'avoir donné aux humains. Une partie de la classe trouvera des arguments qui justifient la punition de Prométhée en montrant les dangers de ce don du savoir technique, une autre partie de la classe plaidera en faveur de Prométhée en montrant qu'il a eu raison de donner ce savoir aux humains.

TEXTE 4 C'est à l'humain de décider vers quels buts orienter le développement technique.

Henri Bergson
(1859-1941)

Besoin / désir

Un **besoin** désigne une exigence provenant de la nature ou de la vie sociale et qui s'impose comme indispensable. Le **désir** est une tendance qui pousse à vouloir obtenir un objet, sans que celui-ci soit indispensable. Pour Bergson, la technique tend à transformer certains désirs en besoins.

Bergson refuse de considérer que l'humain subit le progrès technique. Puisque les buts de la technique sont définis par celui qui s'en sert, il est possible de l'orienter dans des directions bénéfiques pour les êtres humains.

Il n'y a donc pas eu, comme on serait porté à le croire, une exigence de la science imposant aux hommes, par le seul fait de son développement, des besoins de plus en plus artificiels. S'il en était ainsi, l'humanité serait vouée à une matérialité[1] croissante, car le progrès de la science ne s'arrêtera pas. Mais la vérité est que la science a donné ce qu'on lui demandait et n'a pas pris ici l'initiative ; c'est l'esprit d'invention qui ne s'est pas toujours exercé au mieux des intérêts de l'humanité. Il a créé une foule de besoins nouveaux ; il ne s'est pas assez préoccupé d'assurer au plus grand nombre, à tous si c'était possible, la satisfaction des besoins anciens. […] D'une manière générale, l'industrie ne s'est pas assez souciée de la plus ou moins grande importance des besoins à satisfaire. Volontiers elle suivait la mode, fabriquant sans autre pensée que de vendre. On voudrait[2], ici comme ailleurs, une pensée centrale, organisatrice, qui coordonnât[3] l'industrie à l'agriculture et assignât[4] aux machines leur place rationnelle, celle où elles peuvent rendre le plus de services à l'humanité.

HENRI BERGSON, *Les Deux Sources de la morale et de la religion* (1932), GF-Flammarion, p. 375-376

1. **Matérialité** : vie matérielle.
2. C'est Bergson lui-même qui formule ce souhait.
3. **Coordonnât** : qui pourrait coordonner.
4. **Assignât** : qui pourrait attribuer.

Questions PERSPECTIVE D'ÉTUDE : *la morale et la politique*

1 Pourquoi Bergson considère-t-il que le développement technique s'est détourné de son but principal ? Qui en est, selon lui, responsable ?

2 Expliquez :
« c'est l'esprit d'invention qui ne s'est pas toujours exercé au mieux des intérêts de l'humanité. » (l. 5-6)

3 SUJET DE RÉFLEXION Le développement technique s'impose-t-il à nous ?

Sommes-nous maîtres de la technique ?

TEXTE 5 La machine n'est pas un objet anodin dont l'humain serait le maître.

Jacques Ellul
(1912-1994)

Jacques Ellul s'est efforcé de mettre en évidence l'impact des techniques sur les sociétés contemporaines et de décrypter les discours vantant les mérites du progrès technique. Il s'attaque ici à une idée reçue : l'être humain serait le maître incontesté de la technique.

De toute façon, si l'homme utilise la machine, c'est à l'intérieur d'une société déjà modifiée, transformée par la machine, indépendamment de la volonté, de la décision de l'homme. Qui plus est, prenons au moins conscience de ce que l'homme lui-même est déjà modifié par la machine. [...] Il est absolument superficiel de dire : il y a d'un côté l'homme, chevalier sans peur et sans reproche, indépendant, autonome et souverain[1], de l'autre la machine, objet, aussi objet qu'un bâton. En réalité ce qui existe, c'est un complexe[2] constant et stable homme-machine : constant, car l'homme passe sa vie à aller d'une machine à une autre ; stable, car c'est la même relation qui s'établit sans cesse de l'homme à chaque machine. C'est cet homme vivant dans cette société (construite en fonction de la machine) et modifié lui-même par la machine qui utilise la machine. Mais comment pourrait-il prétendre la maîtriser et l'obliger à suivre ses propres voies, alors qu'avant même d'avoir pris conscience du problème, il est déjà transformé, adapté à la machine, et structuré par elle ? Si la machine reste un outil entre les mains de l'homme, c'est d'un homme conditionné par cet outil qu'il s'agit.

JACQUES ELLUL, *Exégèse des nouveaux lieux communs* (1966)

1. **Souverain** : qui règne en maître. 2. **Complexe** : ensemble d'éléments divers et interdépendants.

VOCABULAIRE

Déterminer / conditionner

Quand on est **déterminé**, on est poussé à être ou à agir par une ou plusieurs causes qui s'exercent inévitablement sur nous, sans nous laisser le choix. Quand on est **conditionné**, on est influencé, mais la prise de conscience de cette influence peut nous permettre de nous en détacher.

Vidéo

Une scène du film ***Metropolis*** de Fritz Lang (1927)

hatier-clic.fr/20philot063

Questions PERSPECTIVE D'ÉTUDE : *l'existence humaine et la culture*

1. Pourquoi la machine n'est-elle pas un objet comme les autres ?
2. Pourquoi la maîtrise totale des machines par les êtres humains est-elle impossible ?
3. En quoi une prise de conscience de ce qui nous conditionne pourrait-elle permettre une plus grande maîtrise ?
4. **SUJET DE RÉFLEXION** La technique n'est-elle qu'un ensemble d'outils dans les mains de l'être humain ?

En groupes Un groupe présentera une liste d'objets techniques dont l'humain semble être totalement le maître, un autre groupe montrera les limites de cette maîtrise.

TEXTE 6 L'être humain est le serviteur de la machine.

Hannah Arendt
(1906-1975)

En s'interrogeant sur les modes de production humains, Hannah Arendt distingue les rapports que l'humain entretient avec l'outil et la machine.

On ne s'était jamais demandé si l'homme était adapté ou avait besoin de s'adapter aux outils dont il se servait : autant vouloir l'adapter à ses mains. Le cas des machines est tout différent. Tandis que les outils d'artisanat à toutes les phases du processus de l'œuvre restent les serviteurs de la main, les machines exigent que le travailleur les serve et qu'il adapte le rythme naturel de son corps à leur mouvement mécanique. Cela ne veut pas dire que les hommes en tant que tels s'adaptent ou s'asservissent à leurs machines ; mais cela signifie bien que pendant toute la durée du travail à la machine le processus mécanique remplace le rythme du corps humain. L'outil le plus raffiné reste au service de la main qu'il ne peut ni guider ni remplacer. La machine la plus primitive guide le travail corporel et éventuellement le remplace tout à fait.

Hannah Arendt, *Condition de l'homme moderne* (1958), traduction de Georges Fradier
 p. 199-200

Outil / machine

Un **outil** est un objet que l'on manipule. La **machine** est un ensemble mécanique complexe qui fonctionne de manière automatique. Tandis que l'outil ne fait que prolonger et augmenter les performances du corps, la machine prend la place du corps pour effectuer la même tâche ou faire mieux.

+ prof
Texte de Karl Marx sur la dépossession du travail

Questions PERSPECTIVE D'ÉTUDE : *l'existence humaine et la culture*

1 Pourquoi le travail de l'artisan et celui de l'ouvrier ne sont-ils pas les mêmes ?

2 Expliquez :
« le processus mécanique remplace le rythme du corps humain » (l. 8)

3 **SUJET DE RÉFLEXION** La machine libère-t-elle l'humain du travail ?

APPROFONDIR La position d'Arendt rejoint ici celle du philosophe Karl Marx. Renseignez-vous sur la critique marxienne de la transformation des conditions de travail de l'ouvrier à cause des machines.

a. Pourquoi Marx dit-il que l'ouvrier ne se reconnaît plus dans son travail ?

b. Cherchez la définition du terme « aliénation » chez Marx pour comprendre pourquoi le travail avec les machines peut être aliénant.

• Photogramme extrait du film *Les Temps modernes* de Charlie Chaplin (1936)

Faut-il limiter le développement technique ?

TEXTE 7 Le domaine de la technique obéit à une logique de développement autonome.

Michel Henry
(1922-2002)

VOCABULAIRE

Fait / valeur

Le **fait** relève de ce qui est : par exemple la physique a révélé ce qui advenait lors d'une fission atomique. La **valeur** introduit un critère qui oriente l'action en indiquant ce qui doit être. On peut par exemple s'interroger sur la valeur morale de l'usage de la bombe nucléaire.

Michel Henry présente le développement technoscientifique comme obéissant à une nécessité logique que rien ne peut arrêter. Ainsi, si les techniques a, b, et c existent déjà et si la technique d en est le composé, alors elle sera forcément réalisée.

Ainsi l'univers technique prolifère[1]-t-il à la manière d'un cancer, s'autoproduisant et s'autonormant[2] lui-même, en l'absence de toute norme, dans sa parfaite indifférence à tout ce qui n'est pas lui – à la vie. [...]

À supposer que, au sein de ce développement monstrueux de la technique moderne, l'apparition d'un procédé nouveau – la fission de l'atome[3], une manipulation génétique, etc. – pose une question à la conscience d'un savant, cette question sera balayée comme anachronique[4] parce que, dans la seule réalité qui existe pour la science, il n'y a ni question ni conscience. Et si d'aventure un savant se laissait arrêter par ses scrupules – ce qui d'ailleurs n'arrive jamais parce qu'un savant est au service de la science –, cent autres se lèveraient, se sont déjà levés pour prendre le relais. Car tout ce qui peut être fait par la science doit être fait par elle et pour elle, puisqu'il n'y a rien d'autre qu'elle et que la réalité qu'elle connaît, à savoir la réalité objective, dont la technique est l'autoréalisation.

MICHEL HENRY, *La Barbarie* (1987), Quadrige © Presses universitaires de France, p. 98-100

1. **Prolifère** : se multiplie rapidement.
2. **S'autonormant** : se donnant ses propres règles.
3. **Fission de l'atome** : phénomène physique qui libère une énergie utilisée dans la bombe atomique.
4. **Anachronique** : ici, qui appartient à une époque ancienne et dépassée.

+ prof
Entretien de François Dagognet sur le développement technique dans le domaine médical

Questions PERSPECTIVE D'ÉTUDE : *la morale et la politique*

1 Pourquoi Michel Henry présente-t-il le développement technique comme inévitable ?

2 En vous servant du vocabulaire ci-contre (« fait / valeur »), explicitez ce qui distingue le domaine de la science du domaine de la morale.

3 **SUJET DE RÉFLEXION** Le progrès technique et scientifique est-il une fatalité ?

TEXTE 8 Il est indispensable de limiter le développement technique.

Hans Jonas
(1903-1993)

Morale / éthique
L'**éthique** se distingue de la **morale** en tant qu'elle définit un ensemble de règles et de normes valides dans un domaine d'action particulier. Dans le cas évoqué par Hans Jonas, on parle d'éthique de l'environnement.

Pour le philosophe allemand Hans Jonas, il est urgent de s'interroger sur les conséquences du progrès technique sur la nature. Il faut cesser de considérer que le développement technique obéit uniquement à ses propres règles. Une nouvelle éthique pour la nature s'impose.

Quantitativement et qualitativement, [la technique moderne] dépasse sans comparaison tout ce que l'homme a pu faire jusqu'ici avec la nature et avec lui-même. Il n'y a pas lieu de s'étendre sur ce point. Ni sur le fait que la technique présente un double visage, qu'elle peut basculer vers le bien comme vers le mal – ou qu'il est même dans la nature de son bien en soi de se transformer par sa seule croissance en un mal [...]. Pour fonder une éthique du futur, telle que cette évolution l'a rendue nécessaire – donc une éthique assumant la responsabilité de l'avenir humain –, il résulte de ce qui précède qu'il existe deux angles d'attaque ou deux tâches préliminaires : 1) maximaliser la *connaissance* des conséquences de notre agir, dans la mesure où elles peuvent déterminer et mettre en péril la future destinée de l'homme ; et 2) élaborer à la lumière de ce savoir, c'est-à-dire de la nouveauté sans précédent qui *pourrait* advenir, une connaissance elle-même nouvelle de ce qui convient et de ce qui ne convient pas, de ce qu'il faut admettre et de ce qu'il faut éviter. Bref, de manière positive, une connaissance du *Bien* – de ce que l'homme doit être : à cela peut précisément contribuer une vision anticipatrice de ce qui n'est *pas* permis, mais apparaît désormais pour la première fois *possible*. L'un relève d'un savoir factuel[1], l'autre d'un savoir axiomatique[2]. Nous avons besoin des deux pour nous assurer d'une boussole pour l'avenir.

HANS JONAS, *Pour une éthique du futur*, traduction de Sabine Cornille et Philippe Ivernel © Éditions Payot & Rivages, 1998, 2015, p. 84-86

1. **Savoir factuel** : savoir relatif aux faits.
2. **Savoir axiomatique** : savoir relatif aux principes et aux valeurs qui doivent orienter l'action.

+ prof
Documentaire ***Into eternity*** de Michael Madsen (2010) sur Onkalo, un site d'enfouissement de déchets nucléaires en Finlande

Questions

PERSPECTIVE D'ÉTUDE : *la morale et la politique*

1 Expliquez :
« il est même dans la nature de son bien en soi de se transformer par sa seule croissance en un mal » (l. 4-5)

2 Que signifie, pour Jonas, faire un bon usage de la technique ?

3 SUJET DE RÉFLEXION Faut-il craindre le progrès technique ?

Exposé Pourquoi est-il urgent de s'inquiéter des effets de la technique sur la nature ? Choisissez un cas concret de dispositif technique qui met en danger la nature, renseignez-vous sur les effets qu'il produit et faites-en un exposé devant la classe.

La technique augmente-t-elle notre savoir ?

TEXTE 9 La technique accompagne la science dans notre maîtrise du monde.

René Descartes
(1596-1650)

Descartes pose les bases d'une philosophie pratique destinée à améliorer les conditions de vie des êtres humains. Ces améliorations sont autant le résultat des avancées scientifiques que des inventions techniques.

Mais, sitôt que j'ai eu acquis quelques notions générales touchant la physique, et que, commençant à les éprouver[1] en diverses difficultés particulières, j'ai remarqué jusqu'où elles peuvent conduire, et combien elles diffèrent des principes dont on s'est servi jusqu'à présent, j'ai cru que je ne pouvais les tenir cachées sans pêcher grandement contre la loi qui nous oblige à procurer, autant qu'il est en nous[2], le bien général de tous les hommes : car elles m'ont fait voir qu'il est possible de parvenir à des connaissances qui soient fort utiles à la vie, et qu'au lieu de cette philosophie spéculative[3] qu'on enseigne dans les écoles, on en peut trouver une pratique, par laquelle, connaissant la force et les actions du feu, de l'eau, de l'air, des astres, des cieux, et de tous les autres corps qui nous environnent, aussi distinctement que nous connaissons les divers métiers de nos artisans, nous les pourrions employer en même façon à tous les usages auxquels ils sont propres, et ainsi nous rendre comme maîtres et possesseurs de la nature. Ce qui n'est pas seulement à désirer pour l'invention d'une infinité d'artifices[4], qui feraient qu'on jouirait, sans aucune peine, des fruits de la terre et de toutes les commodités qui s'y trouvent, mais principalement aussi pour la conservation de la santé, laquelle est sans doute le premier bien et le fondement de tous les autres biens de cette vie.

RENÉ DESCARTES, *Discours de la méthode* (1637), VIe partie

1. **Éprouver** : en faire l'expérience.
2. **Autant qu'il est en nous** : dans la mesure de nos capacités.
3. **Spéculative** : qui ne concerne que la théorie.
4. **Artifices** : procédés techniques.

ANECDOTE

La science moderne arraisonne

Un pont de bois permet de franchir une rivière et s'inscrit dans la nature sans en tirer profit. À l'inverse, une centrale électrique qui puise l'eau et la transforme en énergie arraisonne la nature, c'est-à-dire la réduit à une quantité de ressources exploitables.
(Source : Heidegger, *Essais et conférences*, 1953)

REPÈRES

Théorie / pratique

La **théorie** désigne une pensée conceptuelle ou un type de connaissance abstraite. Au contraire, est **pratique** tout ce qui est relatif à l'action ou à la mise en application.

QUESTIONS — PERSPECTIVE D'ÉTUDE : *la connaissance*

1. Montrez en quoi la technique contribue à « nous rendre comme maîtres et possesseurs de la nature » (l. 12) en étant bien attentifs à l'usage de l'adverbe « comme ».
2. Pourquoi un progrès dans le savoir sur la nature rend-il aussi possible un progrès technique ?
3. Donnez des exemples d'avancées technologiques anticipées par Descartes.
4. **SUJET DE RÉFLEXION** La science peut-elle évoluer sans la technique ?

TEXTE 10 La technique nous rend plus performants mais pas plus savants.

Max Weber
(1864-1920)

Désenchantement du monde

Disparition d'une pensée magique par laquelle les sociétés traditionnelles expliquaient la totalité du réel. Pour la pensée rationnelle qui la remplace, les événements ne sont plus attribués à des forces animées mais sont issus d'un enchaînement de causes physiques.

REPÈRES

En acte / en puissance

Aristote propose cette distinction pour penser un changement qui contiendrait en lui-même les étapes de sa réalisation. Ainsi peut-on dire que la graine est une fleur **en puissance** et qu'une fois qu'elle est devenue fleur, elle l'est **en acte**.

Lors d'une conférence, le sociologue et philosophe Max Weber formule ce paradoxe : les progrès de la science et les avancées techniques nous rendent plus efficaces dans nos usages quotidiens, mais n'augmentent pas forcément notre connaissance intellectuelle.

Celui d'entre nous qui prend le tramway n'a aucune notion du mécanisme qui permet à la voiture de se mettre en marche – à moins d'être un physicien de métier. Nous n'avons d'ailleurs pas besoin de le savoir. Il nous suffit de pouvoir « compter » sur le tramway et d'orienter en conséquence notre comportement ; mais nous ne savons pas comment on construit une telle machine en état de rouler. Le sauvage[1] au contraire connaît incomparablement mieux ses outils. […] L'intellectualisation et la rationalisation[2] croissantes ne signifient donc nullement une connaissance générale croissante des conditions dans lesquelles nous vivons. Elles signifient bien plutôt que nous savons ou que nous croyons qu'à chaque instant nous *pourrions*, pourvu *seulement que nous le voulions*, nous prouver qu'il n'existe en principe aucune puissance mystérieuse et imprévisible qui interfère dans le cours de la vie ; bref que nous pouvons *maîtriser* toute chose par la *prévision*. Mais cela revient à désenchanter le monde. Il ne s'agit plus pour nous, comme pour le sauvage qui croit à l'existence de ces puissances, de faire appel à des moyens magiques en vue de maîtriser les esprits ou de les implorer mais de recourir à la technique et à la prévision.

Max Weber, *Le Savant et le Politique* (1919), traduction de Julien Freund © Plon, un département de Place des éditeurs, 1959, pour la parution française, éd. 10/18, p. 89-90

1. **Sauvage** : qui vit à l'écart des sociétés dites civilisées ; qui est proche d'un état considéré comme primitif.
2. **L'intellectualisation et la rationalisation** : procédés de la science qui abordent le réel à partir des théories rationnelles et de quantités mesurables.

Questions PERSPECTIVE D'ÉTUDE : *la connaissance*

1 Pourquoi les progrès des sciences et des techniques ne signifient-ils pas forcément une augmentation de nos connaissances ?

2 En vous servant des repères en marge, expliquez pourquoi les progrès des sciences et des techniques ne nous rendent pas forcément savants en acte mais seulement en puissance.

3 **SUJET DE RÉFLEXION** En quel sens peut-on parler de savoir technique ?

DÉBAT

Nos appareils technologiques décident-ils à notre place ?

DOC. 1 Le soi quantifié

L'innovation que représente le smartphone s'est accompagnée de la création d'une multitude d'applications destinées à faciliter nos actions dans le monde : s'orienter avec un GPS, gérer ses comptes avec une banque en ligne mais aussi surveiller son état de santé. On parle alors de « soi quantifié » pour désigner l'ensemble des données chiffrant nos habitudes ou nous permettant de mesurer le fonctionnement de notre corps.

1 Prenez un exemple précis d'application de « soi quantifié » et montrez en quoi il détermine nos comportements.

2 Peut-on considérer que ce type d'applications nous laisse encore la liberté d'être nous-mêmes ?

Le philosophe Éric Sadin s'interroge sur l'ère du Big Data, qui voit se multiplier et se perfectionner les moyens de stocker et de traiter des données. Il s'attache ainsi à observer les manifestations et les conséquences de la quantification de toutes les dimensions de notre existence.

DOC. 2 Les lunettes connectées

On peut tenir les lunettes connectées comme le parangon de la sophistication[1] technologique contemporaine, fondée sur l'extrême puissance des processeurs[2], l'intégration nanométrique[3] de certains composants et un design industriel capable d'amalgamer en une seule unité nombre d'éléments hétérogènes. Néanmoins, ce qui, à la différence d'autres modèles, spécifie les Google Glass, c'est qu'elles *bénéficient directement* de la haute maîtrise de la science de l'indexation[4] développée par la maison-mère, pouvant faire apparaître sans « perte de signal » toute indication « pertinente » à l'attention de chaque individu. Mécanisme qui suppose de percevoir sur l'un des deux yeux des informations qui certes peuvent provenir de l'Internet par commande vocale ou manuelle, mais qui ne correspond pas à sa fonctionnalité majeure, qui consiste à afficher toutes sortes de renseignements adaptés à chaque être sans intention préalable de sa part. Automatisation d'une partie du champ de la vision ne requérant pas de décision initiale, qui représente l'acmé[5] du processus de la prise en charge robotisée de la conduite des personnes.

ÉRIC SADIN, *La Vie algorithmique. Critique de la raison numérique* (2015)

1. **Parangon de sophistication** : modèle de complexité.
2. **Processeur** : partie d'un ordinateur qui interprète et exécute les ordres.
3. **Nanométrique** : à l'échelle du nanomètre.
4. **Indexation** : fait de représenter un texte ou un document par un indice ou un mot clé qui en facilite le repérage et la consultation.
5. **Acmé** : apogée, sommet.

1 Que signifie prendre une décision de manière autonome ? En quoi peut-on dire que les Google Glass représentent une perte d'autonomie ?

2 Pourquoi peut-on craindre que cette « automatisation d'une partie du champ de vision » nous impose une manière de voir ?

DOC. 3 Les objets connectés au travail

• Employé d'Amazon dans les rayonnages à Phoenix (Arizona, États-Unis, 2013)

Dans les immenses entrepôts d'Amazon, le géant de la vente sur Internet, tous les employés travaillent munis d'un scanner qui reçoit en temps réel les commandes et qui trace l'itinéraire à suivre pour récolter les produits.

1 Pourquoi cet employé n'a-t-il plus la liberté de décider comment effectuer son travail ?

2 Ce boîtier connecté est-il uniquement un gain de temps pour les employeurs ?

À vous

Les nouvelles technologies augmentent-elles ou réduisent-elles nos libertés ?

- Une partie de la classe défendra la thèse selon laquelle les nouvelles technologies contribuent à augmenter nos libertés en nous offrant des moyens nouveaux et efficaces pour mieux se connaître et agir sur la réalité.
- L'autre partie de la classe montrera au contraire que ces nouvelles technologies tendent à réduire nos libertés, nous privant de toute autonomie.

SYNTHÈSE

▶ La technique est-elle le propre de l'être humain ?

La disposition à la technique est la capacité de concevoir des manières d'agir ou de fabriquer des objets destinés à transformer la réalité.

- **Aristote** considère que l'être humain est le seul être vivant que son **intelligence** rend apte à la technique. Son usage de la main en est une preuve. → **Texte 1 p. 144**

- **Dominique Lestel** soutient au contraire que la disposition à la technique s'observe chez la plupart des espèces animales. Il y aurait donc des **cultures animales**, ce qui amène à repenser la différence entre nature et culture. → **Texte 2 p. 145**

▶ Sommes-nous maîtres de la technique ?

La technique appartient au domaine des moyens en vue de fins fixées par l'être humain. Parce qu'il en est l'inventeur, on considère peut-être trop vite que l'être humain contrôle tous les usages de ses objets techniques.

- **Platon** établit que la technique est l'ensemble des **moyens** par lesquels l'être humain compense sa faiblesse naturelle en renversant le rapport de force avec la nature. → **Texte 3 p. 146**

- **Henri Bergson** rappelle que l'être humain est maître de la technique, mais qu'il ne doit pas laisser son développement lui échapper en veillant à lui donner des **orientations** bénéfiques pour tous. → **Texte 4 p. 147**

- **Jacques Ellul** souligne cependant que l'être humain se trompe quand il croit être le maître de la technique. La technique le **conditionne** tellement qu'il lui est presque impossible de s'en extraire pour exercer un contrôle extérieur sur elle. → **Texte 5 p. 148**

- **Hannah Arendt** établit la **différence entre un outil et une machine** : là où l'outil s'adapte complètement au corps et à l'intention de celui qui le manie, la machine force l'être humain à s'adapter à son rythme, au point qu'on finit par penser que c'est l'humain qui obéit à la machine. → **Texte 6 p. 149**

▶ Faut-il limiter le développement technique ?

La technique obéit à une logique de l'efficacité qui doit conduire à trouver les moyens les plus adaptés en vue d'une fin donnée. Cependant, il est dangereux de considérer que la fin justifie tous les moyens.

- **Michel Henry** considère qu'il est impossible de limiter le développement technique car ce dernier obéit à une logique propre, produisant nécessairement du nouveau à partir de ce qui existe. → **Texte 7 p. 150**

- **Hans Jonas** s'inquiète des conséquences à court et long terme des usages et des innovations techniques. Il est urgent pour lui de se donner une nouvelle **éthique** capable de fixer des limites au progrès technique. → **Texte 8 p. 151**

▶ La technique augmente-t-elle notre savoir ?

Les effets de la technique sont principalement pratiques puisqu'ils contribuent à augmenter nos possibilités d'action sur la réalité.

- **René Descartes** annonce avec optimisme que la technique accompagne la science dans ses progrès. Avec ses instruments et ses outils, elle contribue à de nouvelles **découvertes** et augmente notre maîtrise de la nature. → **Texte 9 p. 152**

- **Max Weber** suggère cependant que la technique nous rend plus performants mais pas forcément plus savants. De plus, elle accompagne la science dans sa démarche de **désenchantement du monde**, modifiant ainsi notre rapport à la nature. → **Texte 10 p. 153**

VOCABULAIRE À RETENIR

Aliénation

▶ État d'un individu qui n'est plus en possession de son être ou de ses biens.

Marx parle d'aliénation pour dénoncer les conditions de travail avec les machines.

Besoin

▶ Exigence qui s'impose comme indispensable et qui provient de la nature ou de la vie sociale.

Platon fait de la technique la conséquence d'un besoin vital (compenser nos faiblesses) et le moyen de satisfaire tous les autres.

Découverte

▶ Mise au jour de ce qui était caché ou inconnu.

Par exemple, Fleming a découvert la pénicilline (antibiotique provenant d'une moisissure) en 1928.

Finalité

▶ But recherché et pour lequel un moyen est conçu ou utilisé.

Michel Henry montre que les finalités de la technique échappent au domaine moral.

Instrument

▶ Objet ou machine qui complète le corps pour obtenir une meilleure perception.

Simondon distingue l'instrument de l'outil.

Intelligence

▶ Faculté de compréhension et d'invention de moyens adaptés aux fins que l'on s'est fixées.

Lestel considère que l'intelligence est une faculté que l'être humain partage avec de nombreuses espèces animales.

Invention

▶ Création de ce qui n'existait pas encore.

Pour Bergson, les inventions techniques doivent contribuer au bien de tous.

Machine

▶ Ensemble mécanique complexe qui fonctionne de manière automatique.

Ellul rappelle que la machine conditionne l'être humain et influence ses manières d'agir et de penser.

Maîtrise

▶ D'un point de vue théorique, connaissance approfondie d'un objet ; d'un point de vue pratique, pouvoir de domination ou de contrôle.

Pour Descartes, la technique nous donne une meilleure maîtrise de la nature.

Outil

▶ Objet fabriqué qui prolonge ou augmente le mouvement d'un organe.

Arendt distingue l'outil au service de l'humain, de la machine que l'humain sert.

Retenir le vocabulaire

1 Pour chacun des termes suivants, dites si c'est : un organe • un instrument • un outil • une machine • un appareil technologique. **Plusieurs réponses sont parfois possibles.**

a. une voiture

b. une main

c. une scie

d. un appareil photo

e. un aspirateur

f. une perceuse

g. un marteau

h. un GPS

i. un scanner

j. une tronçonneuse

k. une brouette

l. un œil

Comprendre un terme philosophique

2 Voici quatre effets possibles de la technique : aliénation • gain de puissance • technophilie • technophobie.

a. Associez chaque effet possible à l'une des phrases ci-dessous.

1. « Le progrès technique, c'est génial ! »
2. « Avec cet appareil, j'ai l'impression de perdre en autonomie. »
3. « Je n'ai pas de smartphone, et heureusement ! »
4. « Grâce à la lunette astronomique, je peux voir le ciel. »

b. Retrouvez la définition correspondant à chacun des quatre effets ci-dessus.

Définition 1 Attitude d'opposition ou de méfiance envers le progrès technique auquel on attribue plus d'inconvénients ou de conséquences dangereuses que de bénéfices.

Définition 2 Sentiment de dépossession de soi-même au contact d'un être ou d'une chose qui semble nous priver de ce qui nous caractérisait, au point que l'on devient étranger à soi-même.

Définition 3 Enthousiasme suscité par l'apparition d'une invention ou d'une innovation technique à laquelle on attribue le pouvoir d'améliorer les conditions de vie de tous.

Définition 4 Augmentation du pouvoir de faire quelque chose par la mise à disposition de moyens efficaces pour atteindre ses buts.

S'appuyer sur l'étymologie

3 Le mot latin « *ars* » désigne une activité de création impliquant une habileté technique. Expliquez pourquoi un musée des Arts et Métiers contient des objets scientifiques et techniques.

Réfléchir à partir d'une image

4 Observez l'image.

• Chaîne de production automatisée dans une usine fabriquant des automobiles à Oxford (2017)

a. Cette image inspire-t-elle une crainte possible au sujet de la technique ? Laquelle ?

b. Montrez cependant en quoi ces machines incarnent et mettent en œuvre toutes les valeurs de la technique.

Réfléchir à partir d'un texte littéraire

5 Lisez le texte suivant.

Les carrosseries, les ailes, les portières, les capots, sont lisses, brillants, multicolores. Nous, les ouvriers, nous sommes gris, sales, fripés. La couleur, c'est l'objet qui l'a sucée : il n'en reste plus pour nous. Elle resplendit de tous ses feux, la voiture en cours de fabrication. Elle avance doucement, à travers les étapes de son habillage, elle s'enrichit d'accessoires et de chromes[1], son intérieur se garnit de tissus douillets, toutes les attentions sont pour elle. Elle se moque de nous. Elle nous nargue. Pour elle, pour elle seule, les lumières de la grande chaîne. Nous, une nuit invisible nous enveloppe.

Robert Linhart, *L'Établi*
© 1978 by Les Éditions de Minuit, p. 60

1. **Chromes** : couleurs.

a. En quoi cet extrait illustre-t-il la déshumanisation possible de l'ouvrier ?

b. Pourquoi l'objet fabriqué semble-t-il avoir ici plus d'importance que celui qui le fabrique ?

Exercer sa pensée critique

Corrigé p. 239

6 La finalité des objets techniques se réduit-elle à leur fonction ?
Montrez que ce n'est pas le cas pour les objets suivants en donnant pour chacun leur fonction puis une de ses finalités possibles.

a. pistolet

b. échographe

c. montre connectée

d. navette spatiale

Confronter des documents

7 Remettez dans l'ordre les images et montrez en quoi elles illustrent la triple puissance de la technique : destruction, transformation, création.

• L'extraction du sable

• La construction d'un immeuble

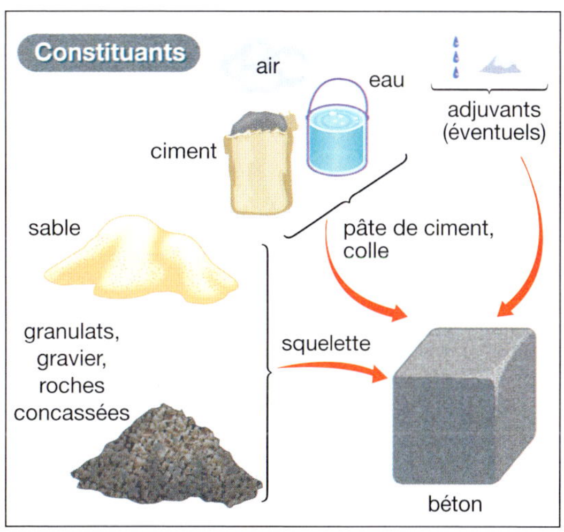

• Les constituants du béton

MÉTHODE POUR LA **Dissertation**

▶ Analyser le sujet

En dissertation, la question posée par le sujet ne peut donner lieu à une réponse immédiate. Vous devez consacrer du temps au brouillon pour analyser le sujet. Ce moment est indispensable pour comprendre le sens de la question, en vue de la formulation de la problématique et de la constitution du plan. Une bonne analyse vous permet de cerner les contours du sujet et d'éviter le hors-sujet.

Sujet Suis-je d'autant plus libre que je suis puissant techniquement ?

Brouillon

Thèse : « je suis d'autant plus libre que je suis puissant techniquement. »
« D'autant plus… que » = rapport de causalité.
La puissance technique serait la cause d'une plus grande liberté.
→ Y a-t-il un lien causal nécessaire entre la puissance technique et l'augmentation de la liberté ?

■ ÉTAPE 1 : comprendre ce que demande le sujet
Faites attention au type d'interrogation posée par le sujet. S'agit-il d'un « faut-il ? », d'un « peut-on ? » ? Vous demande-t-on d'élargir la définition d'un concept ? Ici, le sujet interroge une thèse qui implique un rapport entre deux notions. Donc vous ne devez pas parler uniquement de la liberté ou de la technique, mais toujours du rapport entre les deux.

- « Je » = pronom personnel à valeur générale.
- « plus libre » = augmentation de mes capacités de choix et d'action.
- « Puissant techniquement » = doté de grandes capacités grâce à la technique (ensemble des moyens conçus et/ou fabriqués par l'humain et mis en œuvre pour satisfaire nos besoins et atteindre nos buts).

→ Est-ce que la technique augmente mes capacités de choix et/ou d'action ? Mon degré de liberté dépend-il de mon degré de puissance technique ?

■ ÉTAPE 2 : définir les termes importants du sujet et le reformuler
Définissez tous les termes importants (pronom, adverbe) et en particulier les notions du programme.
La reformulation intègre les éléments de définition pour éclairer le sens de la question posée.

Présupposé : la technique me confère de la puissance.
Mais est-ce si évident ? Ne suis-je pas au contraire impuissant face à la technique ou à cause d'elle ?

■ ÉTAPE 3 : identifier le ou les présupposés du sujet
Les présupposés sont des évidences sur lesquelles le sujet repose.
Les interroger permet de préparer le travail de problématisation et éventuellement la constitution du plan.

À vous

■ ÉTAPE 1 : comprendre ce que demande le sujet

1. Pour chacun des trois sujets suivants, précisez de quel(s) type(s) d'interrogation il est question.

Sujet 1 **Faut-il espérer que la technique nous libère du travail ?**

Sujet 2 **La technique n'est-elle que l'expression d'un besoin ?**

Sujet 3 **Un objet technique peut-il être une œuvre d'art ?**

■ ÉTAPE 2 : définir les termes importants du sujet et le reformuler

2. Pour chacun des trois sujets suivants, repérez les termes importants et appuyez-vous sur leur définition pour reformuler la question.

Sujet 4 **Peut-on s'opposer aux progrès techniques ?**

Sujet 5 **Faut-il réaliser tout ce qui est techniquement possible ?**

Sujet 6 **Y a-t-il plus à craindre qu'à espérer du progrès technique ?**

■ ÉTAPE 3 : identifier le ou les présupposés du sujet

3. Pour chacun des trois sujets suivants, énoncez le ou les présupposés.

Sujet 7 **La technique est-elle libératrice ?**

Sujet 8 **La technique nous éloigne-t-elle de la nature ?**

Sujet 9 **Les progrès techniques peuvent-ils combler l'être humain ?**

D'AUTRES SUJETS POUR S'ENTRAÎNER

Sujet 10 **La technique est-elle neutre ?**

Sujet 11 **La technique n'est-elle qu'un savoir appliqué ?**

Sujet 12 **Peut-on dire que la technique est inhumaine ?**

Sujet 13 **Faut-il redouter le progrès technique ?**

Sujet 14 **Que nous enseigne la technique ?**

MÉTHODE POUR L' **Explication de texte**

▸ Trouver la thèse de l'auteur et le problème auquel elle répond

Ne confondez pas la ***thèse****, qui est la position affirmée et exposée par un auteur dans un texte, et le* ***thème****, qui désigne la ou les notions abordées et l'angle sous lequel elles le sont. Là où un thème peut être commun à de nombreux auteurs, une thèse est propre à chaque auteur. La thèse consiste à affirmer quelque chose et ne peut prendre la forme d'une question. Cependant, elle peut soulever des questions puisqu'elle propose une position que l'on peut interroger ou opposer à une autre. La tension entre ces deux positions conduit alors à un* ***problème****.*

Sujet Sigmund Freud, *Le Malaise dans la civilisation* (1929)

Dans les dernières générations, les hommes ont fait d'extraordinaires progrès dans les sciences de la nature et leurs applications techniques, ils ont affermi leur domination sur la nature d'une façon naguère encore inimaginable. Les détails de ces progrès sont bien connus, il n'est pas utile de les énumérer. Les hommes sont fiers de ces conquêtes, et à juste titre. Mais ils croient avoir remarqué que cette capacité nouvellement acquise de disposer de l'espace et du temps, cette soumission des forces de la nature – réalisation d'une aspiration millénaire[1] –, n'a pas augmenté le taux de la satisfaction de plaisir qu'ils attendent de la vie, ne les a pas, à ce qu'ils ressentent, rendus plus heureux. De cette constatation, on devrait se contenter de tirer la conclusion que le pouvoir exercé sur la nature n'est pas la seule condition du bonheur humain, pas plus qu'il n'est le but unique des efforts de la civilisation, et l'on ne devrait pas en déduire que les progrès techniques n'ont aucune valeur pour notre économie du bonheur.

Traduction de Bernard Lortholary, « Points Essais »

1. **Aspiration millénaire** : souhait fort présent depuis au moins mille ans.

■ ÉTAPE 1 : repérer le thème
La première lecture du texte doit vous permettre de repérer son **thème**. Ici, il s'agit du rapport entre les progrès techniques et le bonheur.

■ ÉTAPE 2 : trouver la thèse
Relisez le texte pour percevoir la **position** de l'auteur sur ce thème. Veillez à prendre en compte tout le texte pour bien énoncer la thèse.

Ce passage indique le rapport que Freud suggère entre le progrès technique et le bonheur : *nous ne devenons pas forcément plus heureux à mesure que les progrès de la technique nous offrent une plus grande maîtrise de notre environnement.*

Freud précise ensuite sa thèse : *il ne faut pas en conclure que le progrès technique ne contribue pas au bonheur pour autant.*

■ ÉTAPE 3 : énoncer et interroger la thèse
Vous pouvez à présent énoncer la thèse : *le progrès technique ne peut à lui seul assurer notre bonheur.*
Interrogez ensuite cette thèse :
- Quel type de bonheur peut nous faire espérer le progrès technique ?
- Si le progrès technique n'augmente pas notre bonheur, ne peut-il pas au contraire augmenter les causes de notre malheur ?

■ ÉTAPE 4 : trouver le problème
Un problème se pose alors : *le progrès technique remplit-il sa promesse de bonheur ou augmente-t-il notre malheur ?*

À vous **Sujet 1** **Jean-Jacques Rousseau, *Discours sur l'origine et les fondements de l'inégalité parmi les hommes* (1755)**

Le corps de l'homme sauvage étant le seul instrument qu'il connaisse, il l'emploie à divers usages, dont, par le défaut d'exercice, les nôtres sont incapables, et c'est notre industrie qui nous ôte la force et l'agilité que la nécessité l'oblige d'acquérir. S'il avait eu une hache, son poignet romprait-il de si fortes branches ? S'il avait eu une fronde, lancerait-il de la main une pierre avec tant de raideur ? S'il avait eu une échelle, grimperait-il si légèrement sur un arbre ? S'il avait eu un cheval, serait-il si vite à la course ? Laissez à l'homme civilisé le temps de rassembler toutes ses machines autour de lui, on ne peut douter qu'il ne surmonte facilement l'homme sauvage ; mais si vous voulez voir un combat plus inégal encore, mettez-les nus et désarmés vis-à-vis l'un de l'autre, et vous reconnaîtrez bientôt quel est l'avantage d'avoir sans cesse toutes ses forces à sa disposition, d'être toujours prêt à tout événement, et de se porter, pour ainsi dire, toujours tout entier avec soi.

■ **ÉTAPES 1 ET 2 : repérer le thème et trouver la thèse**

1. Lisez une première fois le texte et identifiez le thème.
2. Faites une seconde lecture du texte pour trouver la thèse de l'auteur.

Sujet 2 **Gilbert Simondon, *Du mode d'existence des objets techniques* (1958)**

L'objet technique a fait son apparition dans un monde où les structures sociales et les contenus psychiques[1] ont été formés par le travail : l'objet technique s'est donc introduit dans le monde du travail, au lieu de créer un monde technique ayant de nouvelles structures. La machine est alors connue et utilisée à travers le travail et non à travers le savoir technique ; le rapport du travailleur à la machine est inadéquat, car le travailleur opère sur la machine sans que son geste prolonge l'activité d'invention. [...] l'homme connaît ce qui entre dans la machine et ce qui en sort, mais non ce qui s'y fait : en présence même de l'ouvrier s'accomplit une opération à laquelle l'ouvrier ne participe pas même s'il la commande ou la sert. Commander est encore rester extérieur à ce que l'on commande, lorsque le fait de commander consiste à déclencher selon un montage préétabli, fait pour ce déclenchement, prévu pour opérer ce déclenchement dans le schéma de construction de l'objet technique.

1. **Contenus psychiques** : idées et représentations forgées par notre esprit.

■ **ÉTAPE 2 : trouver la thèse**

1. Quelle est la thèse de ce texte ?

■ **ÉTAPES 3 ET 4 : interroger la thèse et trouver le problème qu'elle pose**

2. Montrez le problème que pose cette thèse.

Citations commentées

Dans votre copie, il est nécessaire de commenter systématiquement chaque citation pour montrer son intérêt philosophique. Cela signifie que vous devez aussi réfléchir à ce qu'elle peut apporter au progrès de la réflexion dans la perspective d'une réponse précise au sujet traité.

1 « Ce qui réside dans les machines, c'est de la réalité humaine, du geste humain fixé et cristallisé en structures qui fonctionnent. »

Gilbert Simondon, *Du mode d'existence des objets techniques* (1958)

Il ne faut pas trop vite considérer que la machine est la négation de l'humain puisque sa présence et ses fonctions portent la marque de l'inventivité humaine.

2 « Même l'allègement du travail se transforme en moyen de torture, dans la mesure où la machine ne libère pas l'ouvrier du travail, mais ôte au travail son contenu. »

Karl Marx, *Le Capital* (1867)

L'introduction des machines dans les usines n'a pas fait disparaître le travail en lui-même mais seulement un certain rapport de l'humain à son travail. Certes, le travail est moins pénible physiquement, mais il perd son sens. Comment prouver ses capacités manuelles et intellectuelles propres si on se contente d'actionner une machine, comme tant d'autres à notre place pourraient le faire ?

3 « Si […] la technique dépend pour une grande part de l'état de la science, celle-ci dépend encore plus de l'*état* et des *besoins* de la technique. »

Friedrich Engels, *Lettre à W. Borgius* (1894)

On ne peut réduire les innovations techniques à une simple application des découvertes scientifiques. Ce sont les nécessités économiques qui sont la première cause des avancées techniques, et la science propose alors une analyse rationnelle des activités techniques.

4 « Cette volonté d'être le maître devient d'autant plus insistante que la technique menace davantage d'échapper au contrôle de l'homme. »

Martin Heidegger, « L'essence de la technique » (1954)

Nous nous préoccupons de devenir le maître de la technique trop tard, au moment où nous ne le sommes déjà plus.

À vous

▸ **Commentez cette citation sur le modèle des citations 1 à 4.**

5 « Plus le niveau de la technique est élevé, plus les avantages que peuvent apporter des progrès nouveaux diminuent par rapport aux inconvénients. »
(Simone Weil, *Réflexions sur les causes de la liberté et de l'oppression sociale*, 1955)

À lire, à voir

- **Un livre :** Jeanne Guien et Hélène Vuillermet, *La Technique*, éd. GF Corpus (2018) → un ouvrage synthétique qui propose une anthologie de textes, un glossaire et une bibliographie.
- **Une série :** *Real humans* de Lars Lundström (2012-2014) → cette série suédoise d'anticipation nous interroge quant aux conséquences de l'introduction de robots dans la société humaine.
- **Un film :** *Elysium* de Neill Blomkamp (2013) → ce film anticipe les nouvelles inégalités engendrées par le progrès technique.

7 La vérité

Activité La réalité virtuelle vous a-t-elle déjà éloigné du réel ?

Vidéo
Un extrait du film
hatier-clic.fr/20philot071

• Photogramme extrait du film ***Ready Player One*** de Steven Spielberg (2018), adapté d'un livre d'Ernest Cline

Contexte : Wade vit dans un monde chaotique en 2045. Il se réfugie dans l'OASIS, une plate-forme virtuelle créée par James Halliday et sur laquelle ce dernier a dissimulé un œuf que tout le monde convoite. Dans la réalité virtuelle, Wade (sous le pseudo de Parzifal) tombe amoureux d'Art3mis. Ensemble, ils se mettent en quête de l'œuf.

1 Pourquoi prendre un pseudonyme, dans la réalité virtuelle ?

2 Une expérience vécue en réalité virtuelle est-elle réelle ? Parzifal peut-il vraiment être amoureux d'Art3mis ?

Définir la notion

Autour de l'expression « Chercher la vérité »

1 Dans le domaine scientifique

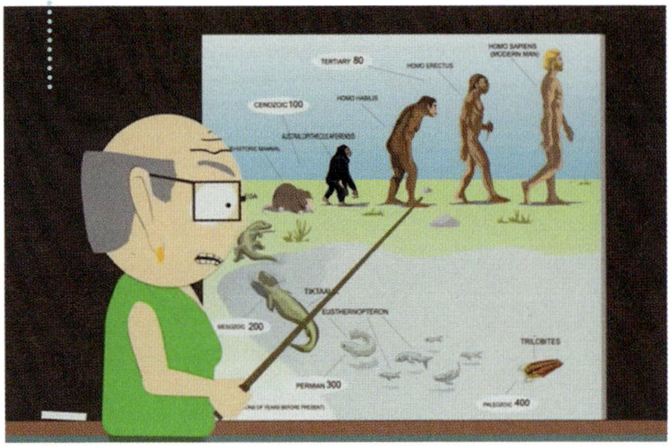

Dans L'Origine des espèces, *Charles Darwin (1809-1882) explique que les espèces n'ont pas été créées par Dieu et ne sont pas fixes. Elles évoluent en fonction de leur environnement. C'est la théorie de l'évolution par sélection naturelle.*

a. À votre avis, en quoi cette théorie a modifié l'image que l'être humain avait de sa place dans le monde ?

b. Selon vous, qu'est-ce qui empêche certaines personnes d'admettre comme vraie la théorie de l'évolution ? ▶ Vers le problème philosophique **« Qu'est-ce qui nous empêche d'accéder au vrai ? » p. 168**

• Le professeur Garrison explique la théorie de l'évolution aux écoliers dans la série *South Park*

2 Dans le domaine judiciaire

Un détecteur de mensonge (ou polygraphe) est un appareil qui permet de mesurer les réactions d'une personne soumise à un interrogatoire.

a. Le détecteur de mensonge vous paraît-il une méthode infaillible pour détecter les menteurs ? Pour quelle raison ?

b. Pourquoi un individu peut-il vouloir dissimuler la vérité aux enquêteurs ? ▶ Vers le problème philosophique **« Voulons-nous la vérité ? » p. 172**

• Détecteur de mensonge dans la série *Homeland* (2011)

3 Dans le domaine artistique

Un autoportrait est un portrait réalisé par l'artiste lui-même.

a. Comment l'artiste a-t-elle choisi de se représenter ?

b. Qu'est-ce qui permet de reconnaître qu'un portrait est parvenu à saisir la vérité de quelqu'un ? ▶ Vers le problème philosophique **« À quoi reconnaît-on la vérité ? » p. 176**

c. L'existence peut-elle être saisie dans sa vérité par un portrait ou un cliché photographique ? Pour quelle raison ? ▶ Vers le problème philosophique **« En quel sens peut-on dire d'une existence qu'elle est vraie ? » p. 178**

• Frida Kahlo, *Autoportrait avec un collier de ronce et colibri* (1940), Harry Ransom Center (Texas, États-Unis)

Définir la notion

Autour du mot « vérité »

1 Vérité et croyance

On dit parfois qu'il existe plusieurs vérités, comme en témoigne l'expression suivante : ***« à chacun sa vérité »****.*

a. Par quel faux synonyme peut-on remplacer le terme « vérité » dans cette expression ?

b. Pourquoi est-il problématique de mettre la vérité au pluriel ?

c. Comment distinguer ce qui est vrai et ce qui est tenu pour vrai ?

d. Pourquoi la croyance peut-elle être un obstacle à la recherche de la vérité ? ▶ Vers le problème philosophique **« Qu'est-ce qui nous empêche d'accéder au vrai ? » p. 168**

2 La vérité et ses contraires

Le sens du mot « vérité » varie selon le terme auquel on l'oppose.
Exemple : *par opposition à l'illusion, la vérité consiste à faire face au réel en cherchant à le connaître tel qu'il est, et non à l'imaginer tel que nous voudrions qu'il soit.*

a. Définissez le mot vérité en l'opposant à chacun des antonymes ci-dessus.

b. En prenant un exemple à partir de chaque antonyme, montrez que la vérité n'est pas toujours ce que nous voulons. ▶ Vers le problème philosophique **« Voulons-nous la vérité ? » p. 172**

3 Vrai et vraisemblable

« Le vrai peut quelquefois n'être pas vraisemblable. » *(Nicolas Boileau)*

a. Expliquez la citation de Boileau. Donnez deux exemples qui justifient cette affirmation.

Quand on s'exclame : ***« non mais ce n'est pas vrai ! »*** *face à une situation inattendue, que voulons-nous dire exactement ?*

b. Donnez trois exemples de représentations, d'événements ou de théories qui sont vrais tout en étant invraisemblables.

c. Qu'est-ce qui nous conduit à reconnaître une chose comme vraie, même si elle semble difficile à croire ? ▶ Vers le problème philosophique **« À quoi reconnaît-on la vérité ? » p. 176**

4 Vérité, validité, véracité, sincérité

- *En général, on appelle* ***vérité*** *la conformité entre un énoncé et le fait qu'il énonce.*
- *La* ***validité*** *désigne la cohérence d'un énoncé qui respecte les règles de la logique.*
- *La* ***véracité*** *est le fait de dire ce que l'on pense.*
- *La* ***sincérité*** *est le fait, non seulement de dire ce que l'on pense, mais aussi de penser ce que l'on dit.*

a. Donnez l'antonyme de chaque mot en gras. Définissez-le et illustrez-le par un exemple.

b. Lorsqu'on dit de quelqu'un qu'il est vrai ou qu'il est entier, en quel(s) sens faut-il entendre ici le terme « vérité » ? ▶ Vers le problème philosophique **« En quel sens peut-on dire d'une existence qu'elle est vraie ? » p. 178**

Problèmes philosophiques

Qu'est-ce qui nous empêche d'accéder au vrai ?

TEXTE 1 Le mauvais usage de la raison est un obstacle à la recherche du vrai.

Nicolas Malebranche
(1638-1715)

VOCABULAIRE

Rationnel / raisonnable

Est **rationnel** ce qui est conforme à la raison, qui est une faculté intellectuelle universelle. Est **raisonnable** ce qui est conforme à des valeurs morales universelles.

Nicolas Malebranche détermine les raisons qui nous empêchent d'accéder au vrai. D'après lui, c'est le défaut d'usage ou le mauvais usage de la raison qui sont à l'origine de nos erreurs de jugement et de nos fautes morales.

Je vois par exemple que deux fois deux font quatre, et qu'il faut préférer son ami à son chien ; et je suis certain qu'il n'y a point d'homme au monde qui ne le puisse voir aussi bien que moi. Or je ne vois point ces vérités dans l'esprit des autres, comme les autres ne les voient point dans le mien. Il est donc nécessaire qu'il y ait une Raison universelle qui m'éclaire, et tout ce qu'il y a d'intelligences[1]. Car si la raison que je consulte, n'était pas la même qui répond aux Chinois[2], il est évident que je ne pourrais pas être aussi assuré que je le suis, que les Chinois voient les mêmes vérités que je vois. Ainsi la Raison que nous consultons quand nous rentrons dans nous-mêmes, est une Raison universelle. Je dis quand nous rentrons dans nous-mêmes, car je ne parle pas ici de la raison que suit un homme passionné. Lorsqu'un homme préfère la vie de son cheval à celle de son cocher, il a ses raisons, mais ce sont des raisons particulières dont tout homme raisonnable a horreur. Ce sont des raisons qui dans le fond ne sont pas raisonnables, parce qu'elles ne sont pas conformes à la souveraine Raison, ou à la Raison universelle que tous les hommes consultent.

NICOLAS MALEBRANCHE, *De la recherche de la vérité* (1674)

1. **Et tout ce qu'il y a d'intelligences** : et tous les êtres doués de raison tels que moi.
2. **Qui répond aux Chinois** : que celle des Chinois.

REPÈRES

Universel / particulier

La **Raison universelle** est la faculté de combiner des pensées. C'est une faculté que l'on trouve chez tous les humains sans exception. Les **raisons particulières** sont les justifications que l'on donne à certaines de nos conduites et de nos croyances : ce sont des raisons qui sont propres à chacun. Elles donnent une rationalité à des motifs souvent irrationnels : désirs, passions, intérêts personnels.

QUESTIONS PERSPECTIVE D'ÉTUDE : *la connaissance*

1 Quelle différence y a-t-il entre voir « que deux fois deux font quatre » et voir « qu'il faut préférer son ami à son chien » (l. 1-2) ?

2 En quel sens faut-il comprendre ici le verbe « voir » ?

3 Expliquez :

a. « je ne vois point ces vérités dans l'esprit des autres, comme les autres ne les voient point dans le mien. » (l. 3-4)

b. « Ce sont des raisons qui dans le fond ne sont pas raisonnables » (l. 12-13)

TEXTE 2 Nous ne pouvons pas nous fier aux connaissances que nous n'avons pas découvertes nous-mêmes.

René Descartes
(1596-1650)

Nous croyons qu'à l'âge adulte, nous sommes rationnels. Mais Descartes rappelle que les préjugés de l'enfance demeurent enracinés en nous et obscurcissent parfois notre faculté de juger.

Je pensai que les sciences des livres, au moins celles dont les raisons ne sont que probables, et qui n'ont aucune démonstration, s'étant composées et grossies peu à peu des opinions de plusieurs diverses personnes, ne sont point aussi approchantes de la vérité que les simples raisonnements que peut faire naturellement un homme de bon sens touchant les choses qui se présentent. Et ainsi encore je pensais que, pour ce que[1] nous avons été enfants avant que d'être hommes, et qu'il nous a fallu longtemps être gouvernés par nos appétits et nos précepteurs[2], qui étaient souvent contraires les uns aux autres, et qui ni les uns ni les autres ne nous conseillaient peut-être pas toujours le meilleur, il est presque impossible que nos jugements soient si purs, ni si solides qu'ils auraient été, si nous avions eu l'usage entier de notre raison dès le point de notre naissance, et que nous n'eussions jamais été conduits que par elle.

René Descartes, *Discours de la méthode* (1637)

1. **Pour ce que** : parce que.
2. **Précepteurs** : éducateurs.

Préjugé
Croyance qui a pris racine en nous sans que nous exercions notre jugement pour la mettre à l'épreuve.

REPÈRES

Vrai / probable / certain
Selon Descartes, les connaissances qui proviennent de l'éducation sont seulement **probables** et emportent la conviction. Seule la pensée qui doute peut remettre en cause nos préjugés pour atteindre une **certitude**, c'est-à-dire une connaissance **vraie**.

Questions

PERSPECTIVE D'ÉTUDE : *la connaissance*

1. Quelles sont les connaissances apportées par les livres qui ne sont que probables ? Quelles sont au contraire celles qui peuvent être démontrées ?
2. Pourquoi les raisonnements du bon sens peuvent-ils être plus vrais que ce que l'on trouve dans les livres ?
3. D'après Descartes, quels sont les deux guides principaux qui gouvernent notre enfance ? Quelles sont les deux raisons qui en font des guides peu fiables ?

Reformulation Reformulez en deux phrases l'idée de Descartes depuis « il est presque impossible » jusqu'à la fin du texte (l. 9-11).

Vidéo
Des pistes de réflexion sur le doute
hatier-clic.fr/20philot072

Qu'est-ce qui nous empêche d'accéder au vrai ?

TEXTE 3 L'opinion est un obstacle à la recherche de la vérité scientifique.

Gaston Bachelard
(1884-1962)

VOCABULAIRE

Obstacle épistémologique
Bachelard appelle obstacle épistémologique tout ce qui empêche l'esprit scientifique d'avancer (par exemple, à travers les métaphores qui servent à modéliser un phénomène scientifique, comme lorsque nous imaginons que les atomes sont des grains de sable).

Gaston Bachelard n'a cessé d'insister sur le fait que la connaissance ordinaire, fondée sur l'opinion et les données des sens, empêchait d'atteindre la vérité scientifique. En effet, pour qu'une connaissance soit scientifique, il faut qu'elle soit fondée sur des théories et des expérimentations élaborées par le chercheur.

On ne peut rien fonder sur l'opinion : il faut d'abord la détruire. Elle est le premier obstacle à surmonter. Il ne suffirait pas, par exemple, de la rectifier sur des points particuliers, en maintenant, comme une sorte de morale provisoire, une connaissance vulgaire[1] provisoire. L'esprit scientifique nous interdit d'avoir une opinion sur des questions que nous ne comprenons pas, sur des questions que nous ne savons pas formuler clairement. Avant tout, il faut savoir poser des problèmes. Et quoi qu'on dise, dans la vie scientifique, les problèmes ne se posent pas d'eux-mêmes. C'est précisément ce *sens du problème* qui donne la marque du véritable esprit scientifique. Pour un esprit scientifique, toute connaissance est une réponse à une question. S'il n'y a pas eu de question, il ne peut y avoir connaissance scientifique. Rien ne va de soi. Rien n'est donné. Tout est construit.

Gaston Bachelard, *La Formation de l'esprit scientifique* (1938)

1. **Vulgaire** : commune.

VOCABULAIRE

Opinion / jugement
L'**opinion** (*doxa*), c'est l'avis commun qui s'exprime spontanément lorsqu'une question se présente à nous. Le **jugement**, c'est l'activité critique qui permet de distinguer le vrai du faux et ce qui est plausible de ce qui est infondé.

Questions PERSPECTIVE D'ÉTUDE : *la connaissance*

1 Pourquoi importe-t-il tant de s'opposer à l'opinion pour faire de la science ?

2 Expliquez :
a. « Il ne suffirait pas, par exemple, de la rectifier sur des points particuliers, en maintenant, comme une sorte de morale provisoire, une connaissance vulgaire provisoire. » (l. 2-4)
b. « dans la vie scientifique, les problèmes ne se posent pas d'eux-mêmes. » (l. 7)

3 **SUJET DE RÉFLEXION** La science n'est-elle que le prolongement de la connaissance ordinaire ?

+ prof
Entretien avec Bachelard filmé chez lui (1961)

IMAGES Un obstacle à la quête de vérité : les illusions d'optique

DOC. 1 Motif de Kanizsa

DOC. 2 Illusion de Müller-Lyer

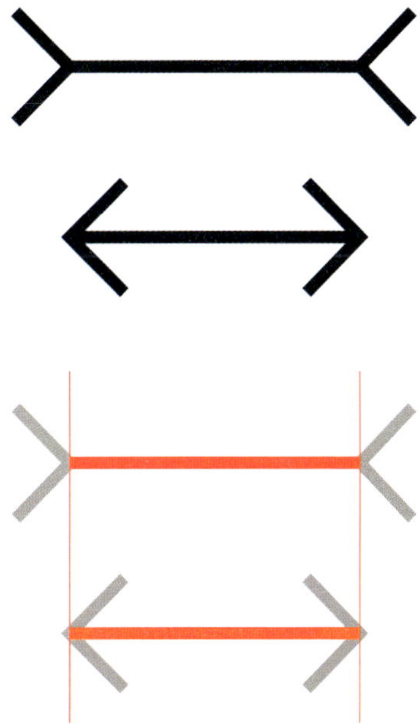

Les deux segments mesurent la même longueur.

DOC. 3 Échiquier d'Adelson

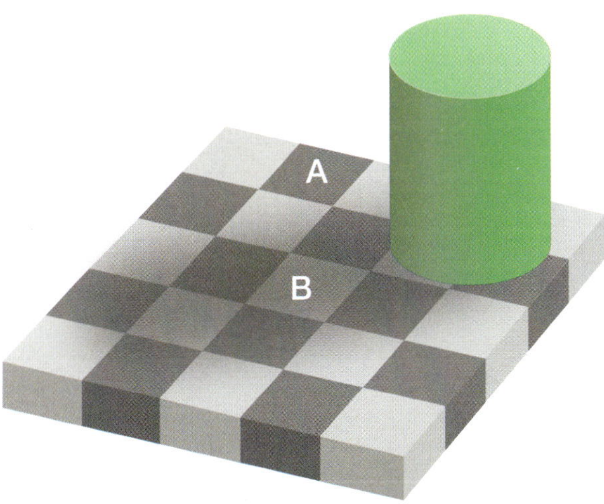

Les cases A et B sont exactement de la même couleur.

Questions

1. Doc 1 Qu'a-t-on l'impression de voir ? Comment expliquez-vous cette illusion d'optique ?
2. Doc 2 Quel segment paraît le plus long ? Pourquoi a-t-on cette impression ?
3. Doc 3 Pourquoi ne parvient-on pas à voir les cases A et B de la même couleur ? Pourquoi refuse-t-on même de croire qu'elles le sont ?
4. D'après l'examen de ces trois illusions, expliquez ce qui nous empêche ici d'accéder au vrai.

Voulons-nous la vérité ?

TEXTE 4 En société, ce n'est pas la vérité que nous recherchons.

Blaise Pascal
(1623-1662)

VOCABULAIRE

Intéressé / désintéressé

Les paroles et les actions, dans la vie sociale, sont toujours le produit de nos intérêts, et ont donc pour but l'utilité personnelle : ils sont **intéressés**.
La recherche de la vérité, elle, est en principe **désintéressée**, et suppose que soient mises de côté nos motivations personnelles.

Dans le contexte de la société de cour du XVIIe siècle, la ruse et l'hypocrisie sont la règle. Pascal montre ainsi que la vérité n'est bonne à dire que du point de vue de celui à qui on la révèle.

Chaque degré de bonne fortune[1] qui nous élève dans le monde nous éloigne davantage de la vérité, parce qu'on appréhende plus de blesser ceux dont l'affection est plus utile et l'aversion plus dangereuse. Un prince sera la fable[2] de toute l'Europe, et lui seul n'en saura rien. Je ne m'en étonne pas : dire la vérité est utile à celui à qui on la dit, mais désavantageux à ceux qui la disent, parce qu'ils se font haïr. Or, ceux qui vivent avec les princes aiment mieux leurs intérêts que celui du prince qu'ils servent ; et ainsi, ils n'ont garde[3] de lui procurer un avantage en se nuisant à eux-mêmes. [...] Ainsi la vie humaine n'est qu'une illusion perpétuelle ; on ne fait que s'entre-tromper et s'entre-flatter[4]. Personne ne parle de nous en notre présence comme il en parle en notre absence. [...]. [L'homme] ne veut donc pas qu'on lui dise la vérité. Il évite de la dire aux autres.

Blaise Pascal, *Pensées* (1670)

1. **Bonne fortune** : chance.
2. **La fable** : la risée (celui dont on se moque).
3. **Ils n'ont garde** : ils ne prennent pas le risque.
4. **S'entre-tromper et s'entre-flatter** : se mentir les uns aux autres et se faire des coups bas, d'une part ; se complimenter les uns les autres, d'autre part.

+ prof
Un extrait du documentaire ***Citizenfour*** de Laura Poitras (2015) sur les révélations d'Edward Snowden

Questions PERSPECTIVE D'ÉTUDE : *la morale et la politique*

1 Pourquoi toute vérité n'est-elle pas bonne à dire selon Pascal ?

2 Expliquez :
a. « Ainsi la vie humaine n'est qu'une illusion perpétuelle ; on ne fait que s'entre-tromper et s'entre-flatter. » (l. 8-9)
b. « [L'homme] ne veut donc pas qu'on lui dise la vérité. Il évite de la dire aux autres. » (l. 10-11)

3 **SUJET DE RÉFLEXION** La vie sociale nous détourne-t-elle de la recherche du vrai ?

Recherche Informez-vous sur deux comédies de Molière : *Le Misanthrope* et *Le Tartuffe*. Comment la thèse de Pascal pourrait-elle être appliquée à chacune de ces œuvres ?

TEXTE 5 Nous voulons la vérité, mais nous ne pouvons pas la formuler objectivement.

Jean-Jacques Rousseau (1712-1778)

Rousseau explique ici que les « faits » historiques appris pendant l'enfance ne sont pas des données objectives, mais dépendent d'une reconstruction par les historiens et donc de la perspective que l'historien prend sur les événements.

Il s'en faut bien[1] que les faits décrits dans l'histoire ne soient la peinture[2] exacte des mêmes faits tels qu'ils sont arrivés. Ils changent de forme dans la tête de l'historien, ils se moulent sur ses intérêts[3], ils prennent la teinte de ses préjugés. Qui est-ce qui sait mettre exactement le lecteur au lieu[4] de la scène pour voir un événement tel qu'il s'est passé ? L'ignorance ou la partialité[5] déguisent tout. Sans altérer même un trait historique, en étendant ou resserrant des circonstances qui s'y rapportent[6], que de faces différentes on peut lui donner ! Mettez un même objet à divers points de vue, à peine paraîtra-t-il le même, et pourtant rien n'aura changé que l'œil du spectateur[7]. […] Combien de fois un arbre de plus ou de moins, un rocher à droite ou à gauche, un tourbillon de poussière élevé par le vent ont décidé de l'événement d'un combat sans que personne s'en soit aperçu ! […] Or que m'importent les faits en eux-mêmes, quand la raison m'en reste inconnue, et quelles leçons puis-je tirer d'un événement dont j'ignore la vraie cause ?

JEAN-JACQUES ROUSSEAU, *Émile ou De l'éducation* (1762)

1. **Il s'en faut bien** : c'est loin d'être le cas.
2. **Peinture** : représentation.
3. **Ils se moulent sur ses intérêts** : ils sont déformés par ses intérêts.
4. **Au lieu** : sur le lieu.
5. **Partialité** : caractère de ce qui n'est pas neutre.
6. **En étendant ou resserrant des circonstances qui s'y rapportent** : en donnant plus ou moins d'importance aux circonstances.
7. **Rien n'aura changé que l'œil du spectateur** : seul le point de vue de celui qui regarde aura changé.

REPÈRES

Objectif / subjectif

Une description **objective** d'un fait suppose la possibilité de l'observer de manière immédiate et sans biais. Mais des médiations interviennent entre le fait et son compte rendu. Le récit d'un fait suppose donc une sélection et une narration qui sont **subjectives**.

ANECDOTE

La dinde de Russell

Une dinde, nourrie tous les jours à 9 heures, fit de cette observation une loi générale : elle imagina qu'il ne devait exister aucun jour où elle ne serait pas nourrie à cette heure. Le jour de Thanksgiving, elle servit à nourrir la famille du fermier. On appelle fausse induction le raisonnement de la dinde.

(source : Bertrand Russell)

Questions — PERSPECTIVE D'ÉTUDE : *la connaissance*

1 Pourquoi la connaissance des faits n'est-elle pas ce qui importe le plus ?

2 Expliquez :

a. « Ils changent de forme dans la tête de l'historien, ils se moulent sur ses intérêts, ils prennent la teinte de ses préjugés. » (l. 2-3)

b. « Sans altérer même un trait historique, en étendant ou resserrant des circonstances qui s'y rapportent, que de faces différentes on peut lui donner ! » (l. 5-7)

3 **SUJET DE RÉFLEXION** La connaissance historique peut-elle atteindre la vérité ?

En groupes En vous appuyant sur l'anecdote de Russell, répartissez-vous en deux groupes. Le premier soutiendra que le raisonnement de la dinde est valable dans l'étude de l'histoire, tandis que l'autre soutiendra qu'il ne l'est pas.

Voulons-nous la vérité ?

TEXTE 6 Nous nous contentons souvent des apparences.

Platon
(428-348 av. J.-C.)

VOCABULAIRE

Aliénation

Fait, pour un être humain, de se voir privé de ce qu'il est ou de ce qu'il a au profit de quelqu'un d'autre. Est aliéné celui qui ne s'appartient plus, au sens physique (esclavage), psychologique (folie) ou moral (dérèglement).

REPÈRES

Concept / image / métaphore

Un **concept** est une représentation générale et abstraite (par exemple : le courage). Une **image** est une représentation particulière, concrète ou mentale. Une image devient une **métaphore** lorsqu'elle renvoie à autre chose que ce qu'elle représente. On appelle allégorie l'image concrète d'une réalité abstraite. Ainsi l'allégorie de la caverne est l'image de la condition humaine aliénée.

À travers un dialogue entre son maître, Socrate, et son frère, Glaucon, Platon invite à comparer la condition humaine à celle de prisonniers enfermés dans une grotte. Il suggère ainsi que nous passons notre vie à nous contenter des ombres de la réalité, sans chercher la vérité derrière les apparences du vrai.

– [C]ompare notre nature, considérée sous l'angle de l'éducation et de l'absence d'éducation, à la situation suivante. Représente-toi des hommes dans une sorte d'habitation souterraine en forme de caverne. Cette habitation possède une entrée disposée en longueur, remontant de bas en haut tout le long de la caverne vers la lumière. Les hommes sont dans cette grotte depuis l'enfance, les jambes et le cou ligotés de telle sorte qu'ils restent sur place et ne peuvent regarder que ce qui se trouve devant eux, incapables de tourner la tête à cause de leurs liens. Représente-toi la lumière d'un feu qui brûle sur une hauteur loin derrière eux et, entre le feu et les hommes enchaînés, un chemin sur la hauteur, le long duquel tu peux voir l'élévation d'un petit mur, du genre de ces cloisons qu'on trouve chez les montreurs de marionnettes et qu'ils érigent pour les séparer des gens. Par-dessus ces cloisons, ils montrent leurs merveilles. [...]

– Tu décris là, dit-il, une image étrange et de bien étranges prisonniers.

– Ils sont semblables à nous, dis-je. Pour commencer, crois-tu en effet que de tels hommes auraient pu voir quoi que ce soit d'autre, d'eux-mêmes et les uns des autres, si ce ne sont les ombres qui se projettent, sous l'effet du feu, sur la paroi de la grotte en face d'eux ?

Platon, *La République*, traduction de Georges Leroux , p. 358-359

Questions PERSPECTIVE D'ÉTUDE : *l'existence humaine et la culture*

1 Pourquoi assimiler la condition de l'homme à celle d'un prisonnier ? Quel est le sens de cette allégorie dans notre rapport à la vérité ?

2 Dessinez l'image de la caverne à l'aide des éléments visuels indiqués par Socrate.
a. Pourquoi la situation des prisonniers est-elle comparée à un théâtre de marionnettes ? Comment interprétez-vous cette image ?
b. Pourquoi les prisonniers ne peuvent-ils pas voir « quoi que ce soit d'autre, d'eux-mêmes et les uns des autres, si ce ne sont les ombres » (l. 14-15) projetées devant eux ?

3 **SUJET DE RÉFLEXION** Peut-on être étranger à soi-même ?

Débat L'une des devises de Socrate était : « Connais-toi toi-même. » La connaissance de soi doit-elle forcément précéder toute autre connaissance ?

TEXTE 7 Nous préférons nos illusions à la vérité.

Platon
(428-348 av. J.-C.)

VOCABULAIRE

Akrasie

Incohérence entre notre connaissance théorique et notre pratique, lorsque nous savons ce qu'il faudrait faire, tout en faisant pourtant l'inverse. Ainsi, nous savons tous que la vérité vaut mieux que l'erreur, le mensonge ou l'illusion, mais nombreuses sont les situations où nous nous détournons de la vérité.

REPÈRES

Croire / savoir

Croire, c'est tenir pour vrai sans s'appuyer sur des faits vérifiables. **Savoir**, c'est avoir une connaissance fondée sur des preuves objectives. Selon Socrate, si nous savons que la vérité vaut mieux que l'erreur, nous ne pouvons faire autrement que de chercher la vérité. Ceux qui disent aimer la vérité sans pour autant la chercher ne savent donc pas qu'elle est plus aimable que l'erreur ; ils se contentent de le croire.

Après avoir brossé le portrait d'un des prisonniers de la caverne, Socrate rend compte du cheminement difficile qu'il aurait à mener s'il se libérait de ses chaînes, et de ce qu'il adviendrait s'il retournait dans la caverne pour libérer ses anciens codétenus.

Chaque fois que l'un d'entre eux serait détaché et contraint de se lever subitement, de retourner la tête, de marcher et de regarder vers la lumière, à chacun de ces mouvements il souffrirait, et l'éblouissement le rendrait incapable de distinguer ces choses dont il voyait auparavant les ombres. Que crois-tu qu'il répondrait si quelqu'un lui disait que tout à l'heure il ne voyait que des lubies[1], alors que maintenant, dans une plus grande proximité de ce qui est réellement, […] il voit plus correctement ? Surtout si, en lui montrant chacune des choses qui passent, on le contraint de répondre à la question : qu'est-ce que c'est ? Ne crois-tu pas qu'il serait incapable de répondre et qu'il penserait que les choses qu'il voyait auparavant étaient plus vraies que celles qu'on lui montre à présent ? […] Si par ailleurs, dis-je, on le tirait de là par force, en le faisant remonter la pente raide et si on ne le lâchait pas avant de l'avoir sorti dehors à la lumière du soleil, n'en souffrirait-il pas et ne s'indignerait-il pas d'être tiré de la sorte ? […] Alors, réfléchis bien à ceci, dis-je. Si, à nouveau, un tel homme descendait pour prendre place au même endroit, n'aurait-il pas les yeux remplis d'obscurité, ayant quitté tout d'un coup le soleil ? […] Quant à celui qui entreprendrait de les détacher et de les conduire en haut, s'ils avaient le pouvoir de s'emparer de lui de quelque façon et de le tuer, ne le tueraient-ils pas ?

PLATON, *La République*, traduction de Georges Leroux © Flammarion, 2016, p. 359-362

1. **Lubies** : images trompeuses, ici.

Questions — PERSPECTIVE D'ÉTUDE : *la connaissance*

1. Quel est le sens philosophique de la remontée du prisonnier hors de la caverne ? Qui est représenté à travers ce prisonnier ?
2. Pourquoi le prisonnier est-il ébloui ? Comment se fait-il qu'il ne sache plus identifier les objets ?
3. Comment interprétez-vous la relation entre le prisonnier et celui qui le tire de force vers l'extérieur ? À quelles situations cela fait-il penser ?
4. **SUJET DE RÉFLEXION** Faut-il toujours chercher la vérité ?

+ prof
Extrait de Friedrich Nietzsche, ***Vérité et mensonge au sens extra-moral*** (1870-1873)

À quoi reconnaît-on la vérité ?

TEXTE 8 Une théorie scientifique est tenue pour vraie si elle triomphe de sa mise à l'épreuve.

Karl Popper
(1902-1994)

REPÈRES

Exemple / preuve

Accumuler des **exemples** en faveur d'une idée n'a pas valeur de **preuve**, puisqu'on trouve toujours de nouveaux exemples susceptibles de conforter notre idée. Le raisonnement scientifique suppose au contraire une mise à l'épreuve.

REPÈRES

Hypothèse / conséquence / conclusion

En physique, on appelle **hypothèse** une explication des faits qui fonctionne provisoirement, mais doit être contrôlée et testée. Les **conséquences** de l'hypothèse sont l'ensemble des avantages scientifiques qu'elle apporte (explications, inventions). Lorsqu'elle a triomphé des tests susceptibles de l'invalider, on tire la **conclusion** qu'elle est solide.

Le philosophe et théoricien des sciences Karl Popper nous rappelle que ce n'est pas l'accumulation de faits en faveur d'une théorie qui lui confère sa solidité, mais le fait qu'elle triomphe des mises à l'épreuve destinées à l'invalider.

Les théories ne sont [...] *jamais* vérifiables empiriquement[1] [...]. Toutefois, j'admettrai certainement qu'un système[2] n'est empirique ou scientifique que s'il est susceptible d'être soumis à des tests expérimentaux. Ces considérations suggèrent que c'est la falsifiabilité[3] et non la vérifiabilité[4] d'un système, qu'il faut prendre comme critère de démarcation. En d'autres termes, je n'exigerai pas d'un système scientifique qu'il puisse être choisi, une fois pour toutes, dans une acception[5] positive mais j'exigerai que sa forme logique soit telle qu'il puisse être distingué, au moyen de tests empiriques, dans une acception négative : *un système faisant partie de la science empirique doit pouvoir être réfuté par l'expérience.* (Ainsi l'énoncé « Il pleuvra ou il ne pleuvra pas ici demain » ne sera-t-il pas considéré comme empirique pour la simple raison qu'il ne peut être réfuté, alors que l'énoncé « Il pleuvra ici demain » sera considéré comme empirique.)

KARL POPPER, *La Logique de la découverte scientifique* (1934), traduction de Nicole Thyssen-Rutten et Philippe Devaux © Éditions Payot & Rivages 2007, 2017, p. 37-38

1. **Empiriquement** : au moyen de l'expérience.
2. **Un système** : ici, ensemble de propositions théoriques cohérentes les unes avec les autres.
3. **Falsifiabilité** : possibilité d'être invalidé par un test.
4. **Vérifiabilité** : fait de pouvoir trouver des cas qui vont apparemment dans le sens de ce que l'on défend.
5. **Acception** : sens.

Questions PERSPECTIVE D'ÉTUDE : *la connaissance*

1 Quelle idée reçue l'auteur remet-il ici en cause ?

2 Expliquez :
a. « je n'exigerai pas d'un système scientifique qu'il puisse être choisi, une fois pour toutes, dans une acception positive » (l. 5-6)
b. « un système faisant partie de la science empirique doit pouvoir être réfuté par l'expérience. » (l. 8-9)

3 Pourquoi le premier énoncé, dans l'exemple donné à la fin du texte, n'est-il pas un énoncé relatif à l'expérience ?

4 **SUJET DE RÉFLEXION** Pour prouver la vérité d'une hypothèse, faut-il accumuler des observations qui la confortent ?

TEXTE 9 On appelle vrai ce qui correspond à quelque chose de réel.

Baruch Spinoza
(1632-1677)

Spinoza est attaché à distinguer plusieurs significations du couple vrai / faux. Mais il montre que dans chaque cas le vrai et le faux ont un rapport avec le récit d'une histoire.

La première signification [...] de *Vrai* et de *Faux* semble avoir tiré son origine des récits ; et l'on a dit vrai un récit quand le fait raconté était réellement arrivé ; faux, quand le fait raconté n'était arrivé nulle part. Plus tard les Philosophes ont employé le mot pour désigner l'accord ou le non-accord d'une idée avec son objet[1] ; ainsi, l'on appelle Idée Vraie celle qui montre une chose comme elle est en elle-même ; Fausse celle qui montre une chose autrement qu'elle n'est en réalité. Les idées ne sont pas autre chose en effet que des récits ou des histoires de la nature dans l'esprit. Et de là on en est venu à désigner de même, par métaphore des choses inertes ; ainsi quand nous disons de l'or vrai ou de l'or faux, comme si l'or qui nous est présenté racontait quelque chose sur lui-même, ce qui est ou n'est pas en lui.

Baruch Spinoza, *Pensées métaphysiques* (1663), première partie, chapitre VI,
traduction de Charles Appuhn © Flammarion, 1964,
avec l'aimable autorisation de Flammarion, p. 352

1. Allusion à la définition de Thomas d'Aquin selon laquelle la vérité est l'adéquation de l'esprit et du réel.

VOCABULAIRE

Véridicité

On appelle **véridique** un récit qui n'est pas falsifié mais prétend rendre compte d'une chose avec exactitude.

REPÈRES

Formel / matériel

Une vérité **formelle** est un énoncé valide du point de vue logique qui respecte les lois de la raison (« deux droites parallèles à une même droite sont parallèles entre elles »), tandis qu'une vérité **matérielle** correspond à un état de fait dans le monde (« il y a 120 livres dans ma bibliothèque »).

Questions

PERSPECTIVE D'ÉTUDE : *la connaissance*

1 Quels sont les trois types de vérités évoqués par Spinoza et les exemples qui les illustrent ? Ces sens du mot « vérité » s'opposent-ils ou sont-ils semblables ?

2 Qu'est-ce que « l'accord [...] d'une idée avec son objet » (l. 4) ? Donnez un exemple.

3 Expliquez :

a. « Les idées ne sont pas autre chose en effet que des récits ou des histoires de la nature dans l'esprit. » (l. 6-7)

b. « quand nous disons de l'or vrai ou de l'or faux, comme si l'or qui nous est présenté racontait quelque chose sur lui-même » (l. 8-10)

4 SUJET DE RÉFLEXION En quel sens dit-on d'un récit qu'il est vrai ?

+ prof
Extrait de Ludwig Wittgenstein, ***De la certitude*** (1951)

+ prof
Extrait de Henri Bergson, « Sur le pragmatisme de William James » (1934)

En quel sens peut-on dire d'une existence qu'elle est vraie ?

TEXTE 10 L'individu mène souvent une existence mensongère parmi la foule.

Søren Kierkegaard
(1813-1855)

VOCABULAIRE

Authenticité

Vérité relative à la provenance d'une chose, d'une parole ou d'un acte. Elle s'oppose à une contrefaçon (par exemple une fausse montre ou un faux tableau) ou une attitude empruntée à des stéréotypes sociaux (par exemple le « duckface »).

Le philosophe danois Søren Kierkegaard suggère que la vérité n'est pas la conformité entre notre pensée et les faits. D'après lui, elle se trouve dans l'authenticité de l'existence individuelle, chez celui qui sait mener une vie indépendante de la foule, qu'il voit comme la source du mensonge et de la lâcheté.

Il est une conception de la vie pour laquelle là où est la foule, là aussi est la vérité ; la vérité est dans la nécessité d'avoir pour elle la foule. Mais il en est une autre ; pour elle, partout où est la foule, là aussi est le mensonge, si bien que – pour porter un instant la question à l'extrême – si tous les Individus détenaient chacun séparément et en silence la vérité, néanmoins s'ils se réunissaient en foule (qui prendrait alors une signification décisive quelconque, par le vote, par le tapage, par la parole), on aurait aussitôt le mensonge. [...] Car tout homme qui se réfugie dans la foule et fuit ainsi lâchement la condition de l'Individu [...] contribue pour sa part de lâcheté à « la lâcheté » qui est légion, foule.

Søren Kierkegaard, *Point de vue explicatif de mon œuvre*, traduction de P.-H. Tisseau © Éditions Karthala, p. 48-49

VOCABULAIRE

Foule / individu

Le comportement d'une **foule** n'obéit pas à des motifs rationnels individuels, mais à une logique affective. Cette logique propre à la foule est de nature à enlever aux **individus** qui la composent le sentiment de leur responsabilité individuelle.

Questions

PERSPECTIVE D'ÉTUDE : *l'existence humaine et la culture*

1 Quel sens l'auteur donne-t-il ici aux termes « vérité » et « mensonge » ?

2 Dans quels cas peut-on être amené à penser que la foule est la vérité ? Que serait, inversement, une existence authentique ?

3 Expliquez :
a. « partout où est la foule, là aussi est le mensonge » (l. 3)
b. « tout homme qui se réfugie dans la foule et fuit ainsi lâchement la condition de l'Individu [...] contribue pour sa part de lâcheté à "la lâcheté" » (l. 7-9)

4 **SUJET DE RÉFLEXION** Y a-t-il des existences plus authentiques que d'autres ?

TEXTE 11 L'art rend notre existence plus authentique.

Henri Bergson
(1859-1941)

Bergson explique que, même si les œuvres d'art, et la littérature en particulier, sont fictives, elles expriment des vérités de l'existence de manière plus saisissante que la vie réelle. Elles mettent en effet en scène des situations particulières qui ont pourtant une portée universelle.

De ce qu'un sentiment est reconnu généralement pour vrai, il ne suit pas que ce soit un sentiment général. Rien de plus singulier que le personnage de Hamlet[1]. S'il ressemble par certains côtés à d'autres hommes, ce n'est pas par là qu'il nous intéresse le plus. Mais il est universellement accepté, universellement tenu pour vivant. C'est en ce sens seulement qu'il est d'une vérité universelle. De même pour les autres produits de l'art. Chacun d'eux est singulier, mais il finira, s'il porte la marque du génie, par être accepté de tout le monde. Pourquoi l'accepte-t-on ? Et s'il est unique en son genre, à quel signe reconnaît-on qu'il est vrai ? Nous le reconnaissons, je crois, à l'effort même qu'il nous amène à faire sur nous pour voir sincèrement à notre tour. La sincérité est communicative. Ce que l'artiste a vu, nous ne le reverrons pas, sans doute, du moins pas tout à fait de même ; mais s'il l'a vu pour tout de bon, l'effort qu'il a fait pour écarter le voile s'impose à notre imitation. Son œuvre est un exemple qui nous sert de leçon. Et à l'efficacité de la leçon se mesure précisément la vérité de l'œuvre. La vérité porte donc en elle une puissance de conviction, de conversion[2] même, qui est la marque à laquelle elle se reconnaît. Plus grande est l'œuvre et plus profonde la vérité entrevue, plus l'effet pourra s'en faire attendre, mais plus aussi cet effet tendra à devenir universel.

HENRI BERGSON, *Le Rire* (1900) © Flammarion, p. 159

1. **Hamlet** : personnage d'une tragédie de Shakespeare du même nom, qui simule la folie pour venger son père, qui a été assassiné par Claudius, l'oncle de Hamlet.
2. **Conversion** : ici dans le sens où la vérité de l'art nous transformerait comme lors d'une conversion religieuse.

REPÈRES

Universel / particulier

Les personnages littéraires sont des entités **particulières** et uniques en leur genre. Néanmoins, ils expriment certains traits de l'humanité. En s'identifiant à eux, on peut s'élever vers des vérités **universelles** qui nous permettent de mieux nous comprendre en réalisant que tout homme, en tous lieux, peut et a déjà pu ressentir ce que nous ressentons.

REPÈRES

Expliquer / comprendre

Un spécialiste aura beau nous **expliquer** une œuvre d'art, c'est-à-dire dégager les causes de ses propriétés esthétiques, en s'adressant à notre raison, il ne nous permettra pas pour autant de la **comprendre**, c'est-à-dire d'en saisir le sens et la portée. Une œuvre d'art, explique Bergson, n'est véritablement connue que lorsqu'elle est comprise.

Questions

PERSPECTIVE D'ÉTUDE : *l'existence humaine et la culture*

1 Pourquoi l'auteur soutient-il que l'œuvre d'art réussie est vraie ?

2 Expliquez :

a. « Chacun d'eux est singulier, mais il finira, s'il porte la marque du génie, par être accepté de tout le monde. » (l. 6-7)

b. « à l'efficacité de la leçon se mesure précisément la vérité de l'œuvre. » (l. 12-13)

3 SUJET DE RÉFLEXION Sans l'art, notre existence serait-elle moins vraie ?

En groupes Vous défendrez l'idée selon laquelle nous sommes souvent étrangers à nous-mêmes. Une partie de la classe s'appuiera sur la thèse de Kierkegaard (p. 178), l'autre partie sur celle de Bergson (ci-dessus). Vous exposerez ensuite une solution qui permettrait de remédier à cette aliénation.

DÉBAT

Faut-il se méfier des théories du complot ?

DOC. 1 Le conspirationnisme

On appelle conspirationnisme la tendance à interpréter tous les événements historiques, en particulier les tragédies et les catastrophes relayées par les médias, comme le fruit d'un complot orchestré par l'État ou par une minorité puissante. C'est le cas par exemple de la théorie du complot qui affirme que le gouvernement américain a orchestré lui-même les attentats du 11 septembre 2001.
Si les complots et les conspirations historiques existent bel et bien, ils peuvent aussi être le refuge de l'ignorance. L'explication des événements historiques par le complot offre une solution réconfortante et simple, en même temps qu'une satisfaction intellectuelle : celle de se croire détenteur d'une vérité qui contredit la version officielle des faits.
Les théories du complot sont diverses et exercent une grande force de séduction, ce qui invite à réfléchir sur les motifs de la confiance que nous accordons aux médias ou au contraire de notre défiance envers eux.

1 Outre celui donné dans le texte, donnez trois exemples de théories du complot.

2 RECHERCHE
Renseignez-vous sur les « Illuminati ». L'idée de complots orchestrés par les Illuminati vous paraît-elle crédible ? Pour quelle raison ?

hatier-clic.fr/20philot073

DOC. 2 Les premiers pas sur la Lune

• Photographie de Buzz Aldrin, prise par Neil Armstrong lors de la mission Apollo 11, le 21 juillet 1969

Depuis les années 1970, des rumeurs ont propagé l'idée que les astronautes Buzz Aldrin et Neil Armstrong n'auraient jamais posé le pied sur la Lune et que les clichés de la NASA seraient des faux. On retient souvent comme argument le fait que le drapeau américain ne devrait pas flotter.

1 À votre avis, pourquoi certaines personnes ont-elles remis en cause la réussite de la mission Apollo 11, dans le contexte historique de la course à l'espace et de la guerre froide ?

2 Qu'est-ce qui, du point de vue psychologique, rend difficilement crédible que l'homme a marché sur la Lune ?

3 Sur le modèle de l'exploration lunaire, citez trois autres certitudes que nous avons acquises à travers notre éducation et partageons collectivement. Pouvons-nous vérifier nous-mêmes ces informations ? Comment ?

DOC. 3 À quels besoins répondent les théories du complot ?

Enseignant à Sciences Po Lyon et spécialiste du conspirationnisme, Emmanuel Taïeb analyse le succès des théories du complot après les attentats à Paris en 2015.

VOCABULAIRE

Idéologie

Ensemble de convictions produites par le vécu et les influences extérieures. Le propre de l'idéologie est de produire des discours qui la confortent sans prouver ce qu'elle veut établir. L'idéologie ne tient pas compte des faits qui remettent en cause ses fondements.

Le Figaro. – *Pourquoi tant de théories de complot après les attentats contre* Charlie Hebdo *et l'Hypercacher ?*

Emmanuel Taïeb. – Ces « théories » surgissent à chaque fois qu'un évènement est complexe à assimiler pour une société. Elles ont ainsi fleuri après l'assassinat de Kennedy[1] ou après le 11 septembre. Chacun veut y aller de son interprétation, et montrer ainsi que sa vision est plus critique que celle des médias et des politiques. Les théories du complot ont un pouvoir attractif fort, car elles prétendent dévoiler la vérité. Il y a un grand plaisir à apparaître comme un « initié » face à une foule profane qui n'aurait rien compris. Celui qui dévoile le complot est celui qui sait. Elles sont également plus excitantes, plus inquiétantes et troublantes que les versions connues des faits. Elles trouvent aussi un écho chez les *digital natives*[2], pour qui ce qu'on trouve sur Internet est d'emblée vrai, comme c'était le cas avant avec la télévision. Certains jeunes ne font pas la distinction entre un travail universitaire ou journalistique, avec des sources sérieuses, et un texte basé sur de simples convictions. Tout a la même valeur. [...] Les théories du complot ne sont pas des rumeurs ou des émanations[3] farfelues d'anonymes. Elles sont un discours politique à part entière, au service d'une idéologie. [...] Construire une théorie du complot est une arme politique qui permet à des acteurs politiques extrêmes, marginaux ou faibles d'exister dans le champ médiatique ou politique à moindre coût. [...] Les théories du complot nourrissent un discours politique de violence, de haine, tout en prétendant faire appel à l'esprit critique de celui qui y adhère.

Emmanuel Taïeb, « La Théorie du complot est l'arme politique du faible », entretien par Judith Duportail © Judith Duportail / lefigaro.fr / 22.01.2015

1. **John Fitzgerald Kennedy (1917-1963) :** président des États-Unis tué par balle(s) le 22 novembre 1963.
2. **Digital natives :** ceux qui sont nés à l'ère des technologies numériques.
3. **Émanations :** ici, indique la provenance.

1 Quelles sont les différentes raisons qui donnent naissance aux théories du complot, selon Emmanuel Taïeb ?

2 Y a-t-il un sens à dire que les théories du complot sont le fruit d'un complot ? Justifiez votre réponse.

À vous

- Une partie de la classe défendra la thèse selon laquelle les théories du complot sont l'expression d'une méfiance légitime des individus à l'égard de la version officielle des faits.
- L'autre partie montrera au contraire que les théories du complot, sous l'apparence du jugement critique, sont dangereuses, et que leur force d'explication apparente est en réalité une faiblesse.

SYNTHÈSE

▶ Qu'est-ce qui nous empêche d'accéder au vrai ?

La vérité n'est jamais donnée, à la différence de l'information. Elle se conquiert. Cela suppose qu'il existe des obstacles qui empêchent de l'atteindre.

- Malebranche suggère que l'un des principaux obstacles qui barrent l'accès à la vérité est le mauvais usage de notre **raison**. En principe, celle-ci est universelle, mais il arrive que nous nous en servions simplement pour satisfaire nos intérêts personnels. → **Texte 1 p. 168**

- Descartes ajoute que la faculté qui nous permet de trouver la vérité, c'est-à-dire la raison, n'est pas parfaite. Elle a été formée. Pour trouver la vérité, il faut donc réapprendre à penser par soi-même et se faire son propre **jugement**. → **Texte 2 p. 169**

- Bachelard montre que **l'opinion** est un obstacle à la connaissance. Dans les sciences en particulier, c'est toujours en s'opposant à ce que l'opinion tient pour acquis que le savoir peut se constituer. → **Texte 3 p. 170**

▶ Voulons-nous la vérité ?

Il semble évident de préférer la vérité à l'erreur. Pourtant, nous ne passons pas notre temps à chercher la vérité, et nous pouvons même parfois la refuser voire lui préférer l'illusion ou le mensonge.

- Pascal explique que si tel est le cas, c'est parce qu'il existe des situations où ce n'est pas la vérité que nous voulons, mais plutôt des avantages sociaux. Or ces avantages exigent que nous ne disions pas la vérité. → **Texte 4 p. 172**

- Rousseau ajoute que même dans les disciplines où nous cherchons la vérité, il existe des biais qui nous empêchent de la formuler de manière objective, comme c'est le cas dans l'étude de l'histoire. → **Texte 5 p. 173**

- Platon suggère que c'est moins la vérité que nous voulons que le confort des certitudes. Nous préférons ce qui nous fait plaisir immédiatement plutôt que ce qui est un vrai bien, si ce dernier est difficile d'accès. → **Textes 6 et 7 p. 174-175**

▶ À quoi reconnaît-on la vérité ?

Même si nous avions la volonté et la capacité d'atteindre la vérité, il resterait à déterminer le critère permettant de l'établir et de la reconnaître.

- Popper critique l'idée selon laquelle un énoncé trouverait sa garantie scientifique dès lors qu'un grand nombre de faits le confirmeraient. C'est le fait de réussir les tests destinés à la réfuter qui donne sa respectabilité scientifique à une théorie. → **Texte 8 p. 176**

- Spinoza précise que, s'il existe plusieurs critères de vérité, tous se rejoignent. Il distingue la vérité comme adéquation entre un récit et ce qu'il raconte ; comme conformité entre une idée et la chose à laquelle elle se rapporte ; comme **authenticité** d'un objet qui a réellement les qualités qu'il prétend avoir. → **Texte 9 p. 177**

▶ En quel sens peut-on dire d'une existence qu'elle est vraie ?

À propos d'une personne, et de sa manière d'être, on parle* d'authenticité *pour signifier qu'elle est unique en son genre et fidèle à son identité profonde. À l'inverse, on qualifie de fausse une personne qui se conforme aux normes sociales et n'est jamais vraiment elle-même.

- **Kierkegaard** rappelle ainsi que seul l'individu peut être authentique, par opposition à la foule dans laquelle nous avons tendance à nous oublier jusqu'à perdre notre identité profonde.
→ **Texte 10 p. 178**

- **Bergson** va même jusqu'à soutenir que nous ne sommes pas vraiment nous-mêmes dans le monde ordinaire. Seul l'art peut révéler notre moi profond. → **Texte 11 p. 179**

VOCABULAIRE À RETENIR

Authenticité

▶ Caractérise ce qui n'est pas contrefait (parole, acte, objet).

*Savoir ne pas suivre la foule pour devenir un véritable individu, voilà en quoi consiste **l'authenticité**, selon Kierkegaard.*

Croyance

▶ Attitude intellectuelle consistant à tenir une chose pour vraie sans toujours avoir de preuve objective.

*Nous croyons savoir qui nous sommes, mais cette **croyance** ne correspond qu'à notre moi superficiel en société, selon Bergson.*

Erreur / Illusion

▶ L'erreur désigne un énoncé ou une représentation faux. L'illusion est une croyance erronée que l'on entretient parce qu'elle répond à une nécessité psychologique ou à un désir.

*L'historien peut faire des **erreurs** en interprétant les documents, mais il est aussi possible qu'il se fasse des **illusions** sur le sens d'un événement parce qu'il veut y voir un sens particulier, comme le suggère Rousseau.*

Jugement

▶ Faculté par laquelle nous évaluons ou établissons la consistance intellectuelle d'une idée, ou la valeur de quelque chose.

*Le **jugement** est l'activité critique qui permet de se débarrasser des préjugés qui font obstacle à la connaissance scientifique, selon Bachelard.*

Opinion

▶ Ce qui se présente immédiatement à nous lorsqu'une question nous est posée, mais dont nous n'avons jamais interrogé le bien-fondé.

*La plupart du temps, nous nous contentons d'avoir des **opinions** et ne prenons pas la peine d'en effectuer la critique, comme le suggère l'allégorie de la caverne de Platon.*

Sincérité / Véracité

▶ La sincérité est le fait de penser ce que l'on dit ; la véracité consiste à dire ce que l'on pense.

*En société, il est plus utile de dissimuler ce que l'on pense : mieux vaut éviter d'être **sincère** et **vérace**, selon Pascal.*

Validité

▶ Propriété d'un raisonnement qui respecte les règles de la logique.

*Il ne suffit pas qu'une théorie soit **valide** pour être solide ; encore faut-il que des tests la mettent à l'épreuve et qu'elle leur résiste, précise Popper.*

Vraisemblable

▶ Qui a l'apparence du vrai, mais n'est pas nécessairement vrai.

*Bien des choses nous paraissent **vraisemblables** parce que nous les tenons d'une autorité parentale, éducative ou livresque. Mais ce n'est pas pour autant qu'elles sont vraies, comme le rappelle Descartes.*

Retenir le vocabulaire

1 Pour chacun des énoncés suivants, dites s'il est : vrai • faux • valide • invalide • invérifiable • indécidable par manque de précision • auto-contradictoire • vrai jusqu'à preuve du contraire. **Plusieurs réponses sont possibles.**

a. Si la Terre est plate, on peut tomber au bout, or elle est plate, donc on tombera au bout.

b. La meilleure des religions, c'est assurément le shintoïsme.

c. Les radis sont des fruits.

d. Je mens.

e. Demain, il pleuvra.

f. Julien Bourgis est quelqu'un de bien.

g. Rien n'est vrai.

h. Manger cinq fruits et légumes par jour est bon pour la santé.

i. L'alignement de Mars et Vénus laisse présager de belles choses pour les Capricornes ce mois-ci.

j. La démocratie est le régime le plus juste.

k. Il est possible que d'autres mondes existent.

l. Les corbeaux sont noirs.

m. Il y a 60 millions de personnes en France.

n. Ce tableau de Botticelli est magnifique.

Comprendre un terme philosophique

2 Définissez ces expressions et établissez leur lien avec la notion de vérité.

a. « Tout est relatif. »

b. « C'est une question de perspective. »

c. « Impossible de discuter avec lui, c'est quelqu'un de dogmatique. »

d. « Tu as l'air sceptique. »

3 Retrouvez les définitions correspondant aux quatre doctrines philosophiques suivantes : relativisme • perspectivisme • scepticisme • dogmatisme. **Appuyez-vous sur votre compréhension des termes « relatif », « perspective », « sceptique » et « dogmatique ».**

Définition 1 Doctrine qui soutient que la vérité est hors d'atteinte, et qu'on ne saurait démontrer ni que rien n'est vrai, ni que quoi que ce soit est vrai.

Définition 2 Position philosophique qui consiste à tenir compte des différentes manières de juger et d'évaluer le monde, mais s'efforce d'établir un critère pour les hiérarchiser afin de distinguer certaines positions superficielles d'autres plus riches et plus profondes.

Définition 3 Doctrine qui considère que des vérités absolues peuvent être atteintes et qu'il ne faut pas remettre en question les certitudes acquises lorsqu'elles sont garanties par des autorités indiscutables.

Définition 4 Doctrine selon laquelle rien de certain ne peut être établi dans la mesure où la vérité dépend du contexte, des personnes et des cultures, de sorte qu'elle varie à travers le temps et l'espace et ne saurait jamais être absolue.

Réfléchir à partir d'une image

4 Observez l'image.

• Leandro Erlich, *Shikumen House*, installation (miroir à 45° au-dessus d'une maison reprenant l'architecture traditionnelle de Shanghai), Shanghai (2013)

a. Qu'est-ce qui étonne dans cette photographie ?

b. Après avoir défini la notion de perspective, expliquez en quel sens on peut dire que la représentation du réel dépend de la perspective que l'on prend sur lui.

Réfléchir à partir d'un texte littéraire

5 Lisez le texte suivant.

MADAME SIRELLI. - Mais alors, d'après vous, on ne pourrait jamais savoir la vérité ?
MADAME SINI. - Alors, si on ne peut plus croire à ce qu'on voit, ni à ce qu'on touche !
Laudisi. - Mais si, madame, il faut y croire. Seulement, je vous dis : respectez ce que voient et ce que touchent les autres, même si c'est le contraire de ce que vous voyez et de ce que vous touchez vous-même.
Madame Sirelli. - Oh ! écoutez ! Moi, je vous tourne le dos et je ne vous parle plus ! Je n'ai pas envie de devenir folle !

Luigi Pirandello, *Chacun sa vérité* (1917), acte I, traduction de Benjamin Crémieux

a. On appelle relativisme la conception de la vérité défendue par Laudisi. Comment définiriez-vous ce terme ?

b. Pourquoi le relativisme présente-t-il le risque de la folie, d'après Madame Sirelli ?

Exercer sa pensée critique

7 Observez l'image. Corrigé p. 239

• Illustration d'Andy Singer, *Fanatisme*

a. Quel aspect de la science est caricaturé ici ?

b. Qu'est-ce qui autoriserait à assimiler la science à une religion ? En quoi diffèrent-elles ?

c. Quelle différence peut-on établir entre la Science et les sciences ?

Réfléchir à partir d'œuvres d'art

6 En quel sens peut-on dire que les tableaux suivants révèlent une vérité ? Laquelle ?

• Pierre Soulages, *16 décembre 1959*, huile sur toile, Centre Pompidou (Paris)

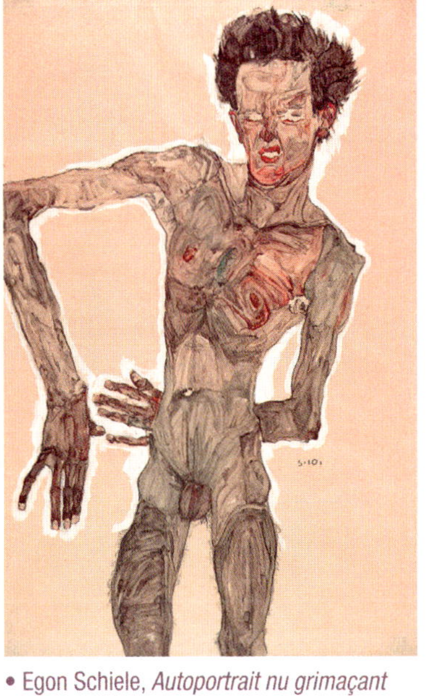

• Egon Schiele, *Autoportrait nu grimaçant* (1910), technique mixte, musée Albertina (Vienne, Autriche)

MÉTHODE POUR LA **Dissertation**

▸ Problématiser un sujet

L'analyse du sujet permet d'envisager tous ses aspects. Vous devez ensuite repérer une difficulté pour faire émerger un problème. En règle générale, il est possible de le faire apparaître en partant de la réponse immédiate donnée à la question posée et en l'opposant à une réponse philosophique qui semble remettre en cause l'évidence. Cette démarche doit clairement apparaître dans votre introduction.

Sujet Peut-on ne pas vouloir la vérité ?

Introduction

Il est d'usage de considérer que le vrai est préférable au faux, au mensonge et à l'illusion. En principe, personne ne se mettrait en quête de ce qui s'oppose à la vérité. Rechercher la vérité paraît donc à la fois possible, lorsqu'on s'oppose à ce qui n'est pas elle, mais aussi nécessaire et impératif, si l'on considère qu'elle est une valeur.

■ ÉTAPE 1 : partir de l'opinion commune
Formule toute faite pour introduire l'opinion commune. Ces propos vont être nuancés : montrez que vous n'adhérez pas tout à fait à cette opinion (modalisateurs, conditionnel...).
Verbe qui permet d'indiquer que l'évidence est trompeuse.
Vous devez introduire les deux aspects du sujet impliqués par la question « peut-on ? » : la possibilité et le devoir.

Pourtant, force est de constater que rares sont les personnes qui se consacrent à la recherche du vrai. Il est même courant que nous cherchions à cacher la vérité, à la déformer jusqu'à divulguer des informations fausses ou à relayer des rumeurs infondées.

■ ÉTAPE 2 : montrer les limites de cette opinion
Puisqu'on part d'une évidence, il est nécessaire de montrer qu'elle n'est pas aussi convaincante qu'il y paraît.
Il faut ensuite mentionner différentes attitudes (pour suggérer ici que l'on peut ne pas vouloir la vérité), afin de donner plus de précision au propos. Les exemples concrets viendront dans le développement.

On ne peut que s'étonner d'observer une telle asymétrie entre notre volonté de vérité et notre incapacité à mettre en œuvre les moyens de l'atteindre. À tel point que l'on peut se demander si nous voulons vraiment la vérité, dans la mesure où nous semblons parfois préférer nous détourner d'elle.

■ ÉTAPE 3 : constater une difficulté et repérer un problème
Avant de formuler la problématique, rappelez quel est le lien entre le propos et le sujet proposé, pour éviter le hors-sujet.

❶ Ainsi, comment comprendre que nous prétendions vouloir la vérité, alors même que bien souvent nous nous détournons d'elle ?

OU

❷ Faut-il penser finalement que nous ne voulons pas vraiment la vérité, ou bien que nos compétences ne sont pas à la hauteur de notre désir de vérité ?

■ ÉTAPE 4 : formuler la problématique
Vous pouvez procéder de deux manières :
❶ une question qui présente un paradoxe à lever.
❷ une alternative faisant apparaître les termes du sujet. Ici, vous devrez distinguer les termes « volonté » et « désir » pour savoir ce qu'il faut entendre exactement par « ne pas vouloir la vérité ».

À vous

■ ÉTAPES 1 ET 2 : partir de l'opinion commune et montrer ses limites

1. Pour chacun des quatre sujets suivants, dites quelle est selon vous l'opinion commune. Précisez ce qui la justifie, puis ce qui invite à la remettre en cause. Vous traiterez ces étapes en trois phrases.

Sujet 1 **Peut-on ne pas vouloir rechercher la vérité ?**

Sujet 2 **Ce qui est vrai le restera-t-il toujours ?**

Sujet 3 **L'opinion a-t-elle nécessairement tort ?**

Sujet 4 **La vérité dépend-elle de nous ?**

■ ÉTAPE 3 : constater une difficulté et repérer un problème

2. Pour chaque sujet ci-dessus, formulez le problème qu'il pose en montrant que deux thèses apparemment incompatibles s'affrontent.

■ ÉTAPE 4 : formuler la problématique

3. Choisissez deux des quatre sujets précédents.

a. Rédigez pour le premier une problématique en suivant le modèle 1 p. 186.

b. Pour l'autre sujet, rédigez la problématique en suivant le modèle 2.

■ ÉTAPES 1 À 4 : rédiger une problématisation

4. En suivant les quatre étapes précédentes, rédigez une problématisation complète à propos d'un des sujets suivants.

Sujet 5 **L'accord avec autrui est-il un critère de vérité ?**

Sujet 6 **N'y a-t-il de vérité que scientifique ?**

Sujet 7 **L'erreur peut-elle être utile ?**

D'AUTRES SUJETS POUR S'ENTRAÎNER

Sujet 8 **Faut-il aimer la vérité plus que tout ?**

Sujet 9 **Peut-on se passionner pour la vérité ?**

Sujet 10 **Une vérité démontrée est-elle définitivement établie ?**

Sujet 11 **Faut-il s'être d'abord trompé pour parvenir à la vérité ?**

Sujet 12 **Ce qui « crève les yeux » est-il toujours vrai ?**

Sujet 13 **Peut-on dire « à chacun sa vérité » ?**

MÉTHODE POUR L' **Explication de texte**

▶ Identifier et expliciter une distinction conceptuelle

Philosopher, c'est établir des distinctions entre des mots ou des expressions. Cela permet d'éviter la confusion et de produire une réflexion plus rigoureuse. Il y a plusieurs manières de distinguer des termes : on peut notamment faire apparaître une propriété par laquelle ils diffèrent ou s'opposent.

Sujet Bertrand Russell, *Science et Religion* (1935)

Un credo[1] religieux diffère d'une théorie scientifique en ce qu'il prétend exprimer la vérité éternelle et absolument certaine, tandis que la science garde un caractère provisoire : elle s'attend à ce que des modifications de ses théories actuelles deviennent tôt ou tard nécessaires, et se rend compte que sa méthode est logiquement incapable d'arriver à une démonstration complète et définitive.

Mais, dans une science évoluée, les changements nécessaires ne servent généralement qu'à obtenir une exactitude légèrement plus grande ; les vieilles théories restent utilisables quand il s'agit d'approximations grossières, mais ne suffisent plus quand une observation plus minutieuse devient possible. En outre, les inventions techniques issues des vieilles théories continuent à témoigner que celles-ci possédaient un certain degré de vérité pratique, si l'on peut dire.

1. **Credo** : conviction totale et résolue.

■ ÉTAPE 1 : identifier la distinction-clé
Ces deux expressions-clés font l'objet de l'analyse : l'auteur établit une **distinction** entre elles.

■ ÉTAPE 2 : expliciter la distinction
L'auteur oppose ici **leurs propriétés** respectives :
- Là où la vérité de la foi se veut éternelle, celle de la science est toujours susceptible d'être remise en cause.
- Par conséquent, n'étant pas sujette au changement, la vérité religieuse produit une certitude absolue. Au contraire, la science a une histoire, ce qui suscite une certaine réserve à l'égard de ses acquis actuels.

On identifie ici l'un des **repères** du programme : est nécessaire ce qui ne peut pas ne pas exister.

Les **connecteurs logiques** sont importants. « Mais » indique ici que l'auteur va se focaliser uniquement sur la science, après l'avoir distinguée de la croyance religieuse.

À vous **Sujet 1** **Bertrand Russell, *Science et Religion* (1935)** → *Texte ci-dessus*

■ ÉTAPE 1 : identifier la distinction

1. L'auteur introduit une nouvelle distinction (l. 8-10) : relevez les deux expressions-clés.

■ ÉTAPE 2 : expliciter la distinction

2. Précisez le sens de cette distinction en suivant l'exemple ci-dessus pour « credo religieux » et « théorie scientifique ».

3. Les vieilles théories scientifiques sont-elles obsolètes ? Pour quelle raison ? Donnez deux exemples.

4. Dans la phrase introduite par « en outre », une troisième distinction apparaît. De manière implicite, à quelle vérité l'auteur oppose-t-il la « vérité pratique » ? Comment définiriez-vous cette dernière expression ?

Sujet 1 Lucrèce, *De la nature* (Ier s. av. J.-C.)

[L]a connaissance de la vérité nous vient primitivement des sens, que les sens ne peuvent être convaincus d'erreur, qu'ils méritent le plus haut degré de confiance parce que, par leur propre énergie, ils peuvent découvrir le faux en lui opposant la vérité. En effet, où trouver un guide plus sûr que les sens ? Direz-vous que la raison, fondée sur ces organes illusoires, pourra déposer contre eux, elle qui leur doit toute son existence, qui n'est qu'erreur, s'ils se trompent ? [...] Si la raison ne peut pas expliquer pourquoi les objets qui sont carrés de près paraissent ronds dans l'éloignement, il vaut mieux, à défaut d'une solution vraie, donner une fausse raison de cette double apparence que de laisser échapper l'évidence de ses mains, que de détruire tous les principes de la crédibilité, que de démolir cette base sur laquelle sont fondées notre vie et notre conservation [...]. Ainsi tous les raisonnements dont on s'arme contre les sens, ne sont que de vaines déclamations.

traduction de Lagrange (XVIIIe s.)

■ ÉTAPE 1 : identifier la distinction

1. D'ordinaire, considère-t-on que nos sens nous permettent de connaître la vérité ?
2. Quels sont les deux couples d'opposés convoqués par l'auteur ? Définissez-les.

■ ÉTAPE 2 : expliciter la distinction

3. Qu'est-ce qui fonde la supériorité des sens sur la raison ?
4. Comment le rapport entre « vérité » et « erreur » est-il envisagé par Lucrèce ?

Sujet 2 Gottfried Wilhelm Leibniz, *Discours de la conformité de la foi avec la raison* (1710)

Les apparences des sens ne nous promettent pas absolument la vérité des choses, non plus que les songes. C'est nous qui nous trompons sur l'usage que nous en faisons [...]. Une telle erreur est pardonnable, et quelquefois inévitable lorsqu'il faut agir promptement[1], et choisir le plus apparent ; mais lorsque nous avons le loisir et le temps de nous recueillir, nous faisons une faute, si nous prenons pour certain ce qui ne l'est pas. Il est donc vrai que les apparences sont souvent contraires à la vérité ; mais notre raisonnement ne l'est jamais, lorsqu'il est exact et conforme aux règles de l'art de raisonner. Si par la raison on entendait en général la faculté de raisonner bien ou mal, j'avoue qu'elle nous pourrait tromper, et nous trompe en effet, et que les apparences de notre entendement sont souvent aussi trompeuses que celles des sens : mais il s'agit ici de l'enchaînement des vérités et des objections en bonne forme, et dans ce sens il est impossible que la raison nous trompe.

Essais de théodicée, Garnier-Flammarion, p. 88-89

1. **Promptement** : rapidement, dans l'urgence.

Identifier et expliciter les distinctions-clés

1. Pourquoi opposer « vérité » et « apparences » ?
2. Qu'est-ce qui distingue l'erreur de la faute ? Quel est le lien entre cette distinction et l'opposition entre « promptement » et « le loisir et le temps » ?
3. Leibniz distingue deux manières de considérer le fonctionnement de la raison. Lesquelles et pourquoi ?

Citations commentées

Dans votre copie, il est nécessaire de commenter systématiquement chaque citation pour montrer son intérêt philosophique. Cela signifie qu'il faut aussi réfléchir à ce qu'elle peut apporter au progrès de la réflexion dans la perspective d'une réponse précise au sujet traité.

1 « Il ne saurait y avoir de vérité première. Il n'y a que des erreurs premières. »

GASTON BACHELARD, « Idéalisme discursif » (1935) in *Études* (2002)

La vérité n'est jamais quelque chose de donné ; elle est le résultat d'un patient travail de critique des opinions, des préjugés et des évidences. Tout ce que nous croyons spontanément et immédiatement contient une part d'erreur. En science, la vérité doit être construite au moyen d'instruments et de théories qui supposent une rupture avec l'expérience ordinaire.

2 « La vérité ne fait pas tant de bien dans le monde que ses apparences y font de mal. »

FRANÇOIS DE LA ROCHEFOUCAULD, *Maximes*, n° 64 (1664)

Il ne faut pas surestimer les effets positifs de la connaissance et de la vérité, lorsqu'on les compare aux effets néfastes que causent l'ignorance et la tendance générale des êtres humains à croire ce qu'ils voient et entendent, sans chercher à le remettre en cause.

3 « [L]a vérité est universelle, elle ne m'appartient pas à moi, elle appartient à tous, elle me possède, je ne la possède pas. »

KARL MARX, *Remarques sur un décret de censure en Prusse* (1842)

Personne ne peut « posséder » la vérité, parce que la vérité n'est pas un bien appropriable par un individu. Même s'il y a du mérite à la découvrir, c'est un don que l'on fait aux humains et non un territoire que l'on pourrait s'approprier, parce que la vérité est vraie indépendamment de moi ou de quiconque. Voilà pourquoi c'est plutôt nous qui sommes à elle lorsque nous nous consacrons à sa recherche, au sens où l'on dit : « Je suis tout à toi. »

4 « Il y a très peu d'amoureux de la vérité pour la vérité, même parmi ceux qui croient l'être. »

JOHN LOCKE, *Essai sur l'entendement humain* (1690)

La philosophie consiste à chercher la vérité de manière désintéressée, et non pour se faire valoir socialement ou l'utiliser comme moyen de pouvoir. Or, il est très difficile de chercher la vérité sans avoir d'autre motif que le seul amour du vrai. Ainsi, même ceux qui cherchent la vérité veulent souvent autre chose qu'elle à travers elle.

À vous

▸ **Commentez cette citation sur le modèle des citations 1 à 4.**

5 « Les convictions sont des ennemis de la vérité plus dangereuses que le mensonge. »
(FRIEDRICH NIETZSCHE, *Humain, trop humain*, § 483, 1878)

À lire, à voir

- **Un livre :** Gérard Potdevin, *La Vérité* (1998), Éditions Quintette → un cours très clair pour aller plus loin sur la notion.
- **Une série :** *Lie to Me* (2009-2011) → une série policière de Sam Baum où un spécialiste du comportement animal parvient à détecter les mensonges en observant les expressions faciales.
- **Un film :** *Le Jeu* (2018) → un film de Fred Cavayé où un groupe d'amis décide de jouer le jeu de la transparence le temps d'une soirée.

Méthodes BAC

• Fernand Léger, *Portrait de Nadia Léger* (1949), huile sur toile (92 × 73 cm), musée Pouchkine (Moscou)

Présentation des épreuves du baccalauréat

L'ÉPREUVE FINALE OBLIGATOIRE

- Il s'agit d'une **épreuve écrite**.
- Vous aurez le **choix entre trois sujets** :
– les deux premiers sont des sujets de **dissertation**. Un sujet de dissertation se présente sous la forme d'une question > **p. 193**.
– le troisième sujet propose un texte de longueur raisonnable (une quinzaine de lignes environ) accompagné de questions > **p. 214**.
- Chaque sujet porte sur **une ou plusieurs notions du programme**.
- Il n'existe **pas de barème** pour évaluer votre copie. Mais des connaissances philosophiques, une bonne maîtrise des méthodes et une rédaction claire sont nécessaires pour traiter ces sujets. Votre travail est évalué dans sa **globalité**.
- La durée totale de l'épreuve est de **4h**. Vous aurez à organiser au mieux votre temps.
– Choix du sujet : 10 min maximum
– Brouillon : 1h à 1h30
– Rédaction : 2h à 2h30
– Relecture : 10 min

L'ÉPREUVE ORALE DE CONTRÔLE

- Cette épreuve concerne les élèves n'ayant pas été admis à la 1re session et qui doivent passer le rattrapage.
- Elle porte sur un **texte d'une quinzaine de lignes, choisi par l'examinateur** parmi un corpus constitué par votre professeur. Le corpus comporte uniquement des **textes étudiés en classe** parmi les œuvres des **auteurs au programme**. Si vous n'apportez pas la liste de ces textes, signée par votre professeur, l'examinateur sera dans l'obligation de trouver un texte par lui-même, que vous ne connaîtrez donc pas.
- L'épreuve consiste en une **explication orale du texte** suivie d'une **série de questions** posées par l'examinateur. Ces questions ont pour but de vous amener à préciser votre explication et votre compréhension du problème posé par le texte.
La durée totale de l'épreuve est de **40 min**.
- **Temps de préparation : 20 min**
– Lisez le texte en effectuant le repérage nécessaire à sa compréhension > **p. 216**.
Identifiez la thèse, déterminez le problème, et découpez le texte en suivant ses articulations logiques > **p. 219 et 221**.
- **Temps de passage : 20 min** (10 min d'exposé et 10 min d'entretien)
– Lisez le texte à voix haute.
– Présentez le texte : précisez la thèse, le problème et le découpage de l'extrait.
– Expliquez chaque partie du texte : définissez les concepts importants, identifiez les distinctions faites par l'auteur, montrez l'originalité de son propos par rapport à l'opinion commune, voire à d'autres thèses philosophiques et illustrez-le par des exemples > **p. 217**.
– Faites une conclusion en revenant sur la thèse et le problème du texte.

Fiche 1 Présentation de la dissertation

DÉFINITION DE L'EXERCICE

Durée : 4h

• Le sujet de dissertation se présente sous la forme d'une **question** qui porte sur **une ou plusieurs notions du programme**.

• Une dissertation se compose d'une **introduction**, de **trois parties de développement** reliées entre elles par des **transitions** et pour finir, d'une **conclusion**.

• Le travail n'est pas évalué en fonction d'un barème mais selon plusieurs critères :
– le **respect de la méthodologie** de l'exercice,
– la **pertinence de votre analyse** et de votre **problématisation** du sujet,
– la clarté et la justesse de votre expression, grâce à l'usage d'un **vocabulaire philosophique précis**,
– votre capacité à mobiliser avec pertinence et précision les **références philosophiques**.

• Pour mener à bien votre travail, il faut procéder en plusieurs étapes dont certaines se font au brouillon > FICHES 2 à 7 **p. 194 à 207** avant de passer « au propre » > FICHE 8 **p. 208**.

LE CHOIX DU SUJET

• Le jour du baccalauréat, vous aurez le choix entre **deux sujets** de dissertation et des questions portant sur un texte.
• Privilégiez le sujet qui vous donne le plus envie de réfléchir.

• Il peut être judicieux également de choisir le sujet pour lequel vous avez le plus de **connaissances**, mais veillez à ne pas calquer sur le sujet un autre problème que vous auriez vu en classe, car vous courez alors droit au hors-sujet !

CE QU'IL FAUT FAIRE AU BROUILLON

1h à 1h30

• Analyser le sujet > FICHE 2 **p. 194**
• Problématiser le sujet > FICHE 3 **p. 196**
• Construire un plan > FICHE 4 **p. 198**
• Détailler le plan > FICHE 5 **p. 201**
• Rédiger l'introduction > FICHE 6 **p. 204**
• Rédiger les transitions et la conclusion > FICHE 7 **p. 206**

CE QU'IL FAUT FAIRE AU PROPRE

2h à 2h30

• Recopier l'introduction
• Suivre le plan détaillé :
– rédiger les paragraphes > FICHE 8 **p. 208**
– recopier les transitions
• Recopier la conclusion
• Relire sa copie

Retrouvez un exemple de dissertation entièrement rédigée et commentée **p. 210**.

Fiche 2 Analyser le sujet

Au brouillon — 15 min

L'analyse du sujet est le premier moment de la dissertation. Elle est nécessaire pour comprendre le sujet et éviter le hors-sujet. Elle vous permet de donner un cadre à votre réflexion.

DÉFINITION

• Pour analyser le sujet, il faut d'abord **comprendre à quel type d'interrogation invite la question posée** (ÉTAPE 1). Dans sa formulation, le sujet conduit le plus souvent à évaluer la pertinence de la thèse proposée. Il arrive que la thèse à discuter propose un certain rapport entre deux termes. Vous devrez alors discuter la pertinence du rapport proposé entre les deux termes et envisager d'autres rapports possibles entre eux.

▶ *Exemple :* ***L'art peut-il se passer de règles ?***

• Il faut ensuite **définir les termes du sujet et le reformuler** (ÉTAPE 2). Vous devez identifier la ou les notions au programme engagées dans le sujet mais aussi porter votre attention sur les autres termes (verbes, adverbes, articles, pronoms).

• Vous devez enfin **identifier les éventuels présupposés du sujet et les interroger** (ÉTAPE 3). Un présupposé est ce que le sujet, dans sa formulation, considère comme évident alors que cela ne va peut-être pas de soi !

MÉTHODE APPLIQUÉE

Sujet Peut-on se faire justice soi-même ? (Guadeloupe, 2015)

ÉTAPE 1
Comprendre ce que demande le sujet

Thèse du sujet : « on peut se faire justice soi-même ».
Cette idée est-elle pertinente ? A-t-elle des limites ?
Est-elle absurde ?

Questions à se poser pour évaluer la pertinence de la thèse

ÉTAPE 2
Définir les termes importants du sujet et le reformuler

• « Peut-on » a deux sens :
– est-on capable de ?
– est-ce légitime (ou a-t-on le droit de) ?
Ici, les deux sens sont à conserver. → Est-on capable et est-ce légitime de se faire justice soi-même ?

À vous de sélectionner le ou les **sens les plus pertinents** en fonction du contexte

• Justice = fait de donner à chacun ce qui lui revient.

• « Faire justice » = punir quelqu'un comme il le mérite.

Notion du programme identifiée et définie

• « Se » / « soi-même » : ici c'est à la victime de l'injustice elle-même de se faire justice pour obtenir réparation, et non à une personne extérieure. On parle alors de vengeance.

L'emploi des **pronoms** mérite votre attention.

→ L'offensé a-t-il le droit de punir lui-même l'offenseur ? Est-il capable de le punir avec justice ? La vengeance est-elle légitime ?

Reformulation du sujet

ÉTAPE 3
Identifier le ou les présupposés du sujet

Expression « se faire justice » : la justice pourrait être rendue par la victime de l'injustice. Mais est-ce si évident ?
Si c'est la victime elle-même qui punit, peut-on encore parler de justice ?

Présupposé du sujet à mettre en avant

EXERCICES

Analyser des sujets

1 Précisez à quel(s) type(s) d'interrogation vous invite chaque sujet.

▶ *Exemple : **Pourquoi crée-t-on des œuvres d'art ?***
Ici le sujet ne propose pas explicitement de thèse à discuter. Il nous demande s'il y a une cause ou un but essentiel à la création artistique ou s'il n'y en a aucun. Vous devrez alors dégager la cause ou le but le plus évident, le discuter pour en trouver un plus essentiel, ou encore envisager qu'il n'y a en fait aucune raison ou aucun but à la création artistique.

SUJET A **Faut-il se méfier des évidences ?**
(Polynésie, 2011)

SUJET B **Être libre, est-ce n'obéir à aucune loi ?**

2 Définissez les termes de chaque sujet puis reformulez-les grâce à vos définitions.

SUJET A **Peut-on être esclave d'un objet technique ?**
(Métropole, 2004)

SUJET B **Est-ce l'ignorance qui nous fait croire ?**
(La Réunion, 2011)

3 À quels mots des sujets suivants faut-il porter particulièrement attention ? Pourquoi ?

▶ *Exemple : **Les lois sont-elles une garantie pour notre liberté ?** (Antilles, 2010)*
Dans ce sujet, la « liberté » est une notion du programme, et « les lois » nous renvoient implicitement aux notions de justice et de nature. Le sujet interroge sur le rapport entre les termes « liberté » et « lois ». Il nous demande si les lois seraient « une garantie » pour la liberté, autrement dit un moyen de la préserver, ou si elles seraient autre chose : un obstacle par exemple. L'adjectif « notre » doit également attirer notre attention. Ce n'est pas la liberté de l'individu, mais la liberté collective, celle des êtres humains en société, que les lois pourraient garantir.

SUJET A **La technique résout-elle tous nos problèmes ?**

SUJET B **L'opinion a-t-elle nécessairement tort ?**

4 Quelles différences doit-on faire entre chaque couple de sujets suivants ?

a. SUJET A **La raison entre-t-elle en conflit avec la religion ?**
SUJET B **La raison entre-t-elle nécessairement en conflit avec la religion ?**

b. SUJET C **La vérité dépend-elle de moi ?**
SUJET D **La vérité dépend-elle de nous ?**

c. SUJET E **Doit-on s'opposer au progrès technique ?**
SUJET F **Peut-on s'opposer au progrès technique ?**

5 Identifiez ce que présupposent ces sujets et remettez chaque présupposé en question.

▶ *Exemple : **À quoi sert l'art ?***
Le sujet présuppose que l'art devrait servir à quelque chose, qu'il devrait nous être utile. Mais l'art n'est-il pas, par essence, inutile ?

SUJET A **Pourquoi voulons-nous être libres ?**
(Métropole, 2005)

SUJET B **Le juste et l'injuste ne sont-ils que des conventions ?**

SUJET C **Faut-il se passer de religion ?**

6 Analysez chaque sujet en suivant les trois étapes de la méthode p. 194.

SUJET A **Peut-on n'obéir à aucune loi ?**

SUJET B **Une vérité peut-elle être définitive ?**
(Métropole, 2014)

SUJET C **Ce qui est naturel peut-il être mauvais ?**
(Inde, 2004)

Améliorer des analyses

7 Quels sont les défauts des analyses suivantes ? Proposez des améliorations.

SUJET A **Peut-on douter de tout ?**

Le sujet nous demande d'évaluer la thèse selon laquelle on pourrait douter de tout.
Est-elle pertinente ou non ?
« Douter », c'est ne pas être certain, c'est ne pas croire ou ne pas juger, s'interroger.
A-t-on le droit de douter ? Doit-on douter ?

SUJET B **Faut-il retourner à la nature ?**

Le sujet nous invite à discuter la thèse selon laquelle il faudrait retourner à la nature. « La nature » signifie l'environnement non transformé qui nous entoure. « Faut-il » nous conduit à nous demander si on le doit et si c'est nécessaire. A-t-on le devoir de retourner à un environnement vierge de toute transformation technique ? Est-ce nécessaire de le faire, et alors pourquoi ?

Corrigé
Exercice 7
hatier-clic.fr/20philot080

Cette analyse doit vous servir à comprendre les difficultés posées par le sujet et doit vous permettre de le problématiser.

→ FICHE 3 p. 196

Fiche 3 Problématiser le sujet

Au brouillon 15 min

Vous avez compris comment analyser le sujet, vous pouvez à présent le problématiser. La problématisation s'appuie sur votre analyse du sujet.

DÉFINITION

• Problématiser le sujet, c'est **montrer en quoi le sujet qui vous est donné n'est pas une simple question, mais qu'il pose problème**. Une question appelle une réponse simple, alors qu'**on peut apporter plusieurs réponses à un problème**.

• Pour problématiser le sujet, vous devez montrer que **la première réponse** qu'on pourrait proposer **(ÉTAPE 1)** n'a rien d'évident, qu'elle peut être **remise en question** **(ÉTAPE 2)** et être opposée à une autre réponse. On se retrouve ainsi pris dans une **alternative** pareille à un dilemme : c'est la **problématique** **(ÉTAPE 3)**.

MÉTHODE APPLIQUÉE

Sujet Peut-on se faire justice soi-même ? (Guadeloupe, 2015)

Introduction

ÉTAPE 1
Donner une première hypothèse de réponse

*À première vue, il semble qu'on soit capable et qu'il soit légitime de se faire justice soi-même. **En effet**, si la justice consiste à obtenir réparation, la victime serait la plus à même d'évaluer le tort qu'elle a subi et de le réparer. Ce serait là le fondement de la vengeance.*

ÉTAPE 2
Remettre en question la première hypothèse de réponse

Cependant, est-ce si évident ? Si c'est nous-mêmes qui décidons du châtiment, ce dernier ne risque-t-il pas d'être disproportionné ? On ne serait alors pas capable de se faire justice soi-même, on ne ferait que commettre une nouvelle injustice, et celui qui subit la vengeance pourrait vouloir se venger à son tour.

ÉTAPE 3
Formuler la problématique

Alors doit-on vraiment penser que c'est à la victime de se faire justice ou au contraire affirmer qu'il n'y a pas de justice sans impartialité, de sorte que seul un jugement appuyé sur le droit et rendu par un juge pourrait être juste ?

Formule pour introduire la première réponse possible

Pensez à bien reprendre les éléments trouvés lors de l'**analyse** du sujet (p. 194)

Question pour montrer qu'on peut faire des objections à cette hypothèse

Alternative entre la **première réponse proposée** et une **deuxième réponse opposée à la première** qui permet la remise en question

ERREURS À ÉVITER

Pour problématiser, il ne faut donc pas

- se contenter de **recopier** le sujet ou de le **reformuler** → **car** il faut montrer ce qu'on ne voit pas immédiatement en lisant le sujet : le fait qu'**il pose problème**.
- **répondre immédiatement** à la question posée → **car** il faut montrer que cette question appelle **plusieurs réponses possibles**, ce qui fait d'elle un problème.
- dire seulement qu'on peut **répondre par oui ou par non** au sujet → **car** il faut apporter des **hypothèses** de réponse clairement formulées et justifiées.

EXERCICES

Problématiser des sujets

1 Pour chaque sujet, proposez une réponse puis remettez-la en question en formulant des objections.

SUJET A **Pour être juste, suffit-il d'obéir aux lois ?** (Métropole, 2016)
SUJET B **Reconnaître la vérité, est-ce renoncer à sa liberté de penser ?** (Polynésie, 2009)
SUJET C **Peut-il y avoir des progrès en art ?** (Nouvelle-Calédonie, 2010)

2 Pour chaque sujet, choisissez une réponse dans chaque colonne pour reconstruire l'alternative qui pourrait constituer votre problématique.

▶ *Exemple :* ***Doit-on apprendre à être libre ?***

L'être humain est-il naturellement et immédiatement libre… ou au contraire, est-ce une nécessité et un devoir pour l'être humain d'apprendre à acquérir et à faire usage de sa liberté ?

SUJET A **Peut-on prouver que l'être humain est libre ?**
SUJET B **Être libre, est-ce faire tout ce qui nous plaît ?**
SUJET C **Est-on libre de choisir qui on est ?**

1re réponse	2e réponse opposée
1. Doit-on définir la liberté comme le pouvoir d'agir sans contrainte…	a. … ou au contraire, cette expérience est-elle trompeuse et la liberté un préjugé ?
2. L'expérience de la liberté est-elle suffisante pour prouver que l'être humain est libre…	b. … ou au contraire, ce que nous sommes est-il le produit de causes extérieures à notre volonté ?
3. Notre identité dépend-elle de nos choix…	c. … ou au contraire, est-ce en s'imposant des contraintes que l'on est vraiment libre ?

3 Problématisez chacun des trois sujets en suivant la méthode p. 196 et l'exemple ci-dessous.

SUJET A **Y a-t-il un sens à résister à la technique ?** (La Réunion, 2011)
SUJET B **Ce qui est naturel peut-il être mauvais ?** (Inde, 2004)
SUJET C **Faut-il se méfier des évidences ?** (Polynésie, 2011)

▶ *Exemple :* ***L'art est-il un moyen d'accéder à la vérité ?*** *(Métropole, 2011)*

__À première vue, il semble__ que l'art ne nous permette pas d'accéder à la vérité, et qu'il pourrait même nous en éloigner. __En effet__, l'œuvre d'art relève de la fiction et procède, non de la raison, mais de l'imagination de son créateur. Elle viserait le beau plus que le vrai. __Cependant, est-ce si évident ?__ Si la réalité est ce qui s'offre à de multiples points de vue et interprétations, l'art ne nous fait-il pas mieux la connaître en donnant à voir les différents regards que les êtres humains portent sur le monde ? Ne nous fait-il pas, par là même, mieux connaître l'humain ? __Alors, doit-on vraiment penser__ qu'art et vérité s'excluent __ou au contraire affirmer que__ l'art est un moyen d'accéder à une connaissance qui échappe à la science ?

Améliorer des problématisations

4 Quels sont les défauts des problématisations suivantes ? Réécrivez chaque problématisation pour l'améliorer.

SUJET A **L'art répond-il à un besoin ?** (Polynésie, 2009)

L'art ne répond à aucun besoin vital. En effet, on peut survivre sans lui. Alors, l'art nous est-il nécessaire ?

SUJET B **Respecter la nature, est-ce renoncer à la transformer ?** (Métropole, 2003)

À première vue, il semble que respecter la nature, c'est renoncer à la transformer. En effet, ce qui est naturel, c'est ce qui n'est pas modifié par l'être humain. Transformer la nature, ce serait donc la détruire. Cependant, est-ce si évident ? Non, respecter la nature, ce serait la transformer. Alors, transformer la nature, est-ce oui ou non la respecter ?

SUJET C **Faut-il se passer de religion ?**

À première vue, il semble qu'il faut se passer de religion. En effet, les êtres humains auraient besoin de croire en une réalité supérieure pour donner sens à leur existence. Cependant, est-ce si évident ? La croyance religieuse semble constituer une illusion et pourrait nous rendre dangereusement irrationnels. Alors, la religion nous unit-elle ou nous sépare-t-elle ?

Corrigé
Exercice 4
hatier-clic.fr/20philot080

Une fois la problématisation formulée, vous pouvez vous lancer dans la construction du plan. Votre plan suivra le mouvement de remise en question que vous venez d'élaborer.

→ FICHE 4 p. 198

Fiche 4 Construire un plan

Au brouillon 15 min

Vous venez de problématiser le sujet. À présent, vous allez examiner comment vous pouvez construire le plan grâce à votre problématisation.

DÉFINITION

• Pour traiter le sujet, vous devez **organiser votre travail en plusieurs parties**. Chaque partie vient remettre en question la précédente pour faire progresser la réflexion jusqu'à la réponse la plus convaincante.

• Dans une **première partie**, envisagez la réponse la plus simple au sujet **(ÉTAPE 1)**. Dans une **deuxième partie**, mettez cette réponse en question en montrant qu'elle n'a en fait rien d'évident **(ÉTAPE 2)**. Dans une **troisième partie (ÉTAPE 3)**, vous pouvez montrer comment on peut tenter de dépasser les objections vues en deuxième partie pour proposer une nouvelle réponse ou bien critiquer un présupposé du sujet que vous n'avez pas encore examiné ou encore envisager un autre sens du sujet qui permettra de relancer la réflexion.

MÉTHODE APPLIQUÉE

Sujet Peut-on se faire justice soi-même ? (Guadeloupe, 2015)

ÉTAPE 1
Donner une première réponse au sujet

ÉTAPE 2
Remettre en question la partie I

ÉTAPE 3
Enrichir son plan d'une partie III

Plan A

Partie I *Il serait légitime de se faire justice soi-même.*

Partie II *Mais se faire justice soi-même n'est en fait pas légitime, car disproportionné et cause de nouvelles injustices.*

Partie III *→ plusieurs choix possibles*

❶ *Pour être réellement juste, il faut en passer par un juge, c'est-à-dire par un tiers extérieur et impartial.*

❷ *L'expression « se faire justice soi-même » n'a aucun sens, car quand l'offensé punit lui-même l'offenseur, il ne s'agit pas de justice mais d'injuste vengeance.*

❸ *Si « se faire justice soi-même » au sens de se venger n'est pas légitime, « faire justice » au sens de rétablir la justice doit laisser une place à la victime. En effet, l'offensé peut jouer un rôle actif dans le rétablissement de la justice en s'engageant lui-même dans une relation de dialogue avec l'offenseur.*

Réponse qui vous semble la plus facile à critiquer

Les parties I et II reprennent ce que vous avez proposé dans les **étapes 1 et 2 de la problématisation** (p. 196)

❶ **Dépassement des objections** vues en partie II

❷ **Critique d'un présupposé** du sujet

❸ Examen d'un **nouveau sens** du sujet

• Le plan de la dissertation permet de **structurer la progression qui vous semble la meilleure** pour traiter le sujet. Ainsi, vous pouvez, si cela vous semble plus juste, construire un autre plan en commençant par une réponse négative au sujet.

Plan B

Partie I *Il ne serait pas légitime de se faire justice soi-même.*

Partie II *On aurait toutefois le droit de se venger quand l'État ne se charge pas des sanctions à la loi et n'assure pas réparation à ses sujets.*

Partie III *Il est nécessaire pour éviter la vengeance que des lois viennent définir ce qu'il est juste ou non de faire et que le besoin de réparation des sujets soit reconnu par l'État.*

ERREURS À ÉVITER

Pour construire un plan, il ne faut donc pas

- **s'interroger sur un terme du sujet puis sur un autre** dans deux parties séparées → **car** chaque partie doit **défendre une réponse possible au sujet.**
- **se contenter de dire *oui*** en première partie **et *non*** en deuxième → **car** vous vous contrediriez sans progresser : **la deuxième partie doit venir critiquer** et non se juxtaposer à la première.
- faire une troisième partie qui se contente de **résumer les deux premières parties** → **car** chaque partie doit permettre de **faire progresser la réflexion**.
- faire une troisième partie qui défende l'idée que **la réponse au sujet dépend de l'avis de chacun** → **car** il faut proposer la **réponse qui vous paraît la plus convaincante**.

EXERCICES

Construire sa première et sa deuxième partie

1 Pour chaque sujet, choisissez la première et la deuxième partie qui vous semblent les plus pertinentes pour le traiter.

SUJET A **Être libre, est-ce n'obéir à aucune loi ?**

Partie I	Partie II
a. L'être humain doit obéir aux lois.	d. La liberté est une illusion.
b. Les lois semblent faire obstacle à la liberté de faire ce qui nous plaît.	e. L'obéissance aux lois est nécessaire à la liberté véritable.
c. Les lois sont des obligations créées par les êtres humains.	f. L'être humain ne peut renoncer à la liberté.

SUJET B **La science est-elle une forme de religion ?**

Partie I	Partie II
a. La science semble s'opposer à la religion car elle cherche à prouver ses théories.	d. La science est une démarche rationnelle qui procède par expérimentation et démonstration.
b. L'être humain a besoin de la science pour trouver la vérité.	e. Seule la religion peut dire à l'être humain ce qui est vrai.
c. La croyance religieuse n'a pas besoin de preuve.	f. Croire que la science peut nous livrer des vérités définitives, c'est la voir comme une religion.

2 Pour chacun des sujets suivants, proposez une première partie puis une deuxième partie qui vient la remettre en question.

SUJET A **Voulons-nous vraiment être libres ?**

SUJET B **Ce qui est naturel peut-il être mauvais ?** (Inde, 2004)

SUJET C **Faut-il se méfier des évidences ?** (Polynésie, 2011)

Trouver une troisième partie

3 Pour chaque sujet, choisissez la troisième partie qui vous semble la plus pertinente pour compléter le plan proposé.

SUJET A **Faut-il faire régner la justice à tout prix ?** (La Réunion, 2009)

***Partie I** Notre devoir de faire régner la justice doit primer sur toute chose.*
***Partie II** Mais il serait absurde et illégitime de faire régner la justice au prix de l'injustice.*
***Partie III** ...*

a. Il faut peut-être faire régner la justice à tout prix.
b. Faire régner la justice doit rester un idéal qui oriente nos actions.
c. Il n'est pas possible de donner de réponse universelle, la réponse dépend du point de vue de chacun.
d. On ne peut pas imposer la justice comme on ferait régner un pouvoir car c'est à chacun d'agir librement de manière juste pour que l'idée de justice ait un sens.

•••

SUJET B **Peut-on rejeter toute croyance ?**

Partie I Il serait légitime de rejeter toute idée non prouvée pour éviter l'erreur.

Partie II Les croyances religieuses dont on ne peut pas prouver la fausseté n'ont pas à être rejetées.

Partie III ...

a. L'être humain est incapable de rejeter toute croyance car il a besoin de croire pour vivre, il ne peut pas toujours tout vérifier.
b. Les croyances sont dans certains cas à rejeter et dans d'autres à conserver.
c. Chacun est libre de croire ce qu'il veut.
d. Il faut rejeter les croyances dont les conséquences sont néfastes pour la vie.

4 Complétez le plan de chaque sujet avec une partie III en suivant les indications données.

SUJET A **Peut-on nier l'existence d'une nature humaine ?**

Partie I La nature humaine semble bien exister, sa réalité serait seulement masquée par la diversité des cultures : il serait donc absurde de la nier.

Partie II Mais l'idée de nature humaine est trompeuse : ce qu'on croit naturel est en fait culturel. On pourrait donc nier son existence.

a. Surmonter les objections de la partie précédente en retravaillant le sens d'un terme :

Partie III On peut affirmer toutefois l'existence d'une nature humaine si on la définit comme...

b. Critiquer les conséquences de la partie précédente pour affirmer une nouvelle réponse :

Partie III Nier l'existence de la nature humaine a toutefois pour conséquence de...

SUJET B **N'est-on juste que par intérêt ?**

Partie I C'est par devoir envers les autres et envers lui-même que l'être humain serait juste.

Partie II Mais cette idée est une illusion. C'est parce que c'est dans son intérêt que l'être humain est juste.

a. Critiquer un présupposé du sujet :

Partie III Le sujet présuppose qu'agir par intérêt pourrait être juste mais...

b. Surmonter les objections de la partie II pour affirmer une nouvelle réponse :

Partie III L'être humain peut devenir réellement juste à condition de...

Distinguer un plan pertinent d'un plan mal construit

5 Différents plans vous sont proposés. Distinguez les plans pertinents des plans mal construits. Justifiez.

SUJET **Peut-il y avoir des progrès en art ?**
(Nouvelle-Calédonie, 2010)

Plan A

Partie I Le progrès signifie une amélioration, et l'art l'activité créatrice de l'être humain ayant pour fin la beauté.

Partie II Il n'y a donc pas de progrès possible dans l'art, car le beau dépend du goût de chacun.

Partie III Il y a en revanche des progrès dans les sciences et les techniques.

Plan B

Partie I On peut penser des progrès en art.

Partie II Il n'y a pas de progrès possible en art.

Partie III La possibilité de progrès en art dépend des cas et des arts dont on parle.

Plan C

Partie I Il y a un progrès au sens où l'on maîtrise de mieux en mieux les techniques qui permettent à l'artiste de s'exprimer.

Partie II Mais il n'y a pas de progrès artistique car l'art n'a pas de but en fonction duquel on pourrait le voir progresser.

Partie III C'est l'art qui permet à l'être humain de progresser dans sa conscience de lui-même.

Plan D

Partie I Il n'y a pas de progrès possible dans l'art, car le beau est subjectif.

Partie II Il y a toutefois un progrès dans la maîtrise des techniques utilisées par les artistes.

Partie III Parler de progrès en art cache le plus souvent un mépris envers les cultures différentes des nôtres.

Corrigé
Exercice 4
hatier-clic.fr/20philot080

Une fois votre plan en trois parties construit, il vous reste à le détailler en ajoutant des arguments, des références philosophiques et des exemples.

→ FICHE 5 p. 201

Fiche 5 Détailler le plan

Au brouillon — 30 min

Maintenant que le plan de votre dissertation est établi, vous devez le détailler afin de constituer vos sous-parties.

DÉFINITION

• Détailler le plan consiste à former des **sous-parties** à l'intérieur des trois grandes parties que vous avez préalablement établies. Dans chaque sous-partie, vous devez proposer un argument, auquel vous pouvez ajouter une référence philosophique et un exemple.

• Les **arguments** développent des idées qui défendent l'hypothèse soutenue dans votre partie. Afin de trouver des arguments **(ÉTAPE 1)**, vous pouvez :
- vous appuyer sur la **définition des termes** du sujet,
- **réfléchir à partir d'exemples** (voir p. 110),
- utiliser des **arguments donnés par des philosophes**,
- **critiquer la réponse contraire** à celle que vous défendez en montrant qu'elle a des présupposés ou des conséquences inacceptables ou encore qu'elle est logiquement intenable. Pour les deuxième et troisième parties, appuyez-vous sur les arguments donnés en première partie pour les contrer.

• Introduisez une **référence philosophique** pour approfondir votre argument **(ÉTAPE 2)**. Il est nécessaire ici de vous appuyer sur vos connaissances (voir p. 136).

• Ajoutez un **exemple** qui illustre votre argument **(ÉTAPE 3)**. Un bon exemple peut venir de votre culture historique, littéraire, et plus largement artistique, être puisé dans l'expérience ou provenir du texte d'un philosophe (voir p. 110).

Il n'est pas nécessaire de donner un exemple ou une référence philosophique dans chaque sous-partie, mais il est essentiel que chaque partie en contienne.

MÉTHODE APPLIQUÉE

Sujet Peut-on se faire justice soi-même ? (Guadeloupe, 2015)

Partie II Se faire justice soi-même n'est pas légitime.

ÉTAPE 1 Trouver un argument → *1. La vengeance est animée par la passion et risque donc d'être disproportionnée.* — **Argument** extrait d'une situation concrète

ÉTAPE 2 Mobiliser une référence philosophique → *→ Hegel, Propédeutique philosophique (vengeance ≠ punition légitime)* — Ce n'est pas par la vengeance mais par la punition que l'on obtient justice > texte p. 50.

ÉTAPE 3 Ajouter un exemple → *→ Se venger d'une trahison en tuant celui qui nous a trahis* — **Exemple**

2. Par définition, la justice semble supposer l'impartialité. Or, la victime ne peut pas être impartiale, elle est motivée par des mobiles subjectifs. — **Argument** qui s'appuie sur la définition des termes du sujet

→ Thémis, la déesse de la justice, est représentée les yeux bandés pour montrer son impartialité. — **Exemple** tiré de la culture artistique (voir p. 56)

•••

ÉTAPE 1 Trouver un argument	**3.** *Si on autorise chacun à se faire justice soi-même, la sécurité ne sera plus garantie dans la société.*	**Argument** qui critique la position contraire à celle que vous défendez : montrez que cette position contraire a des conséquences pratiques, morales ou politiques inacceptables
ÉTAPE 2 Mobiliser une référence philosophique	→ *Hobbes, Léviathan (concept d'« état de nature »)*	> texte p. 46
ÉTAPE 3 Ajouter un exemple	→ *Lors des guerres civiles, le respect des lois et donc la sécurité n'est plus garantie, chacun se fiant à son sens subjectif de la justice.*	**Exemple** emprunté à un philosophe (Hobbes)

ERREURS À ÉVITER

Pour détailler un plan, il ne faut donc pas

- donner **plusieurs arguments** dans une même sous-partie → **car** chaque sous-partie n'a pour but que de présenter et de permettre le **développement d'un seul argument**.
- donner **plus d'un exemple par argument** → **car** votre devoir **ne doit pas ressembler à un catalogue d'exemples**.
- utiliser **plus d'un philosophe par argument** → **car** vous aurez à **développer cette référence**, et non à vous contenter d'une simple allusion.

EXERCICES

Trouver des arguments

1 Reliez chaque argument à la partie qu'il permet de défendre pour chacun des sujets suivants.

SUJET A **Faut-il se méfier des évidences ?**
(Polynésie, 2011)

Arguments	Hypothèses de réponse
a. L'évidence est ce à quoi on reconnaît la vérité d'une idée. b. On est fréquemment trompé par des idées qui nous paraissaient évidentes. c. L'évidence est un sentiment subjectif et non objectif. d. L'évidence est ce dont on ne peut pas douter.	**Partie I** Il est nécessaire de se fier aux évidences. **Partie II** Les évidences doivent être remises en question.

SUJET B **Peut-on être esclave d'un objet technique ?**

Arguments	Hypothèses de réponse
a. Un être humain ne peut être l'esclave d'une chose qu'il a lui-même créée. b. L'objet technique (la machine) peut être l'instrument de domination d'une classe sociale par une autre. c. Un objet technique permet de mieux maîtriser la nature pour la réalisation de nos propres fins. d. L'individu est dans une relation de dépendance aux objets techniques.	**Partie I** Les objets techniques ne peuvent pas nous asservir. **Partie II** Les objets techniques aliènent les êtres humains.

2 **Pour chaque sujet, trouvez des arguments pour défendre l'idée proposée, en suivant les indications.**

SUJET A **Peut-on n'obéir à aucune loi ?**
Idée à défendre : L'être humain est nécessairement soumis aux lois.

a. Argument qui s'appuie sur la définition des termes du sujet
b. Argument qui critique les conséquences de la position adverse

SUJET B **La technique se juge-t-elle seulement à son efficacité ?**
Idée à défendre : le critère de l'efficacité est le seul pertinent pour juger une technique.

a. Argument qui s'appuie sur la définition des termes du sujet
b. Argument tiré d'une situation concrète

3 **Critiquez les arguments proposés ci-dessous afin de constituer des contre-arguments.**

SUJET A **La religion est-elle le fondement de la morale ?**
Argument : Seule la religion peut permettre un accord sur les valeurs morales car elle est fondée sur un principe supérieur aux êtres humains.

SUJET B **N'est-on juste que par intérêt ?**
Argument : Agir de manière juste exige de sacrifier certains de nos désirs et peut s'opposer à notre intérêt.

4 **a. Indiquez les exemples qui vous viennent immédiatement en tête pour chacun des sujets suivants.**

SUJET A **Peut-il y avoir des progrès en art ?** (Nouvelle-Calédonie, 2010)
SUJET B **Ce qui est naturel peut-il être mauvais ?** (Inde, 2004)
SUJET C **Faut-il se passer de religion ?**

b. Tirez de chacun des exemples que vous avez trouvés l'argument qu'il permettrait de défendre.

Choisir un exemple pertinent pour illustrer un argument

5 **Deux exemples sont proposés pour réfléchir aux sujets suivants. Pour chaque sujet, choisissez le plus pertinent. Expliquez pourquoi vous l'avez retenu.**

*Exemple : **L'art nous révèle-t-il quelque chose du réel ?***

a. On voit que la Joconde semble vouloir nous dire une vérité par son mystérieux sourire.
b. L'autoportrait de Schiele révèle quelque chose du corps vivant et de la difficulté d'être soi (voir p. 185).

L'exemple de la Joconde est le plus répandu et le plus mal utilisé. Il ne montre pas notre culture artistique et n'est pas pertinent car trop vague pour réfléchir au sujet. L'exemple de l'autoportrait de Schiele est plus original et plus approprié ici.

SUJET A **Suffit-il d'avoir le choix pour être libre ?**

a. Choisir entre obéir à un ordre qui nous répugne et désobéir et être condamné est une expression de notre libre arbitre.
b. On a le choix de sortir avec ses amis ou d'aller au lycée, de s'acheter des baskets ou des tennis.

SUJET B **Tout en l'être humain est-il naturel ?**

a. Les Massaï sont capables de dormir debout, un Européen ne dort qu'allongé ou assis.
b. Les Chinois mangent du riz avec des baguettes, les Italiens des pâtes avec des couverts.

6 **Pour chacun des arguments associés aux sujets suivants, proposez un exemple permettant de l'illustrer.**

SUJET A **Reconnaître la vérité, est-ce renoncer à sa liberté de penser ?** (Polynésie, 2009)

a. La vérité nous contraint à l'adhésion, on ne peut la nier si on la voit clairement.
b. C'est seulement par une pensée libre et non prisonnière des préjugés que l'on peut trouver la vérité.

SUJET B **La technique résout-elle tous nos problèmes ?**

a. Il y a des problèmes qui ne peuvent recevoir de réponses techniques.
b. La technique est elle-même cause de nouveaux problèmes.

Mobiliser ses connaissances pour trouver et approfondir un argument

7 **Pour chaque sujet, appuyez-vous sur les textes du manuel indiqués pour trouver des arguments.**

SUJET A **L'art est-il un moyen d'atteindre la vérité ?**

a. Edgar Allan Poe, *Du principe poétique* > texte p. 24
b. Henri Bergson, *Le Rire* > texte p. 179

SUJET B **Peut-on s'opposer au progrès technique ?**

a. Michel Henry, *La Barbarie* > texte p. 150
b. Hans Jonas, *Pour une éthique du futur* > texte p. 151

SUJET C **Est-ce l'ignorance qui nous fait croire ?**

a. Lucrèce, *De la nature* > texte p. 121
b. Gottfried Wilhelm Leibniz, *Principes de la nature et de la grâce fondés en raison* > texte p. 124

Corrigé
Exercice 5
hatier-clic.fr/20philot080

Une fois que vous avez détaillé votre plan, vous pouvez vous lancer dans la rédaction de l'introduction.

→ FICHE 6 p. 204

Fiche 6 Rédiger l'introduction

Au brouillon 15 min

Maintenant que le plan détaillé est construit, il est nécessaire que vous fassiez votre introduction au brouillon. Vous la recopierez ensuite au propre.

DÉFINITION

- L'introduction consiste essentiellement à **présenter le sujet et la problématisation** qui permettra son développement.

- Vous pouvez commencer par proposer une **accroche** (ÉTAPE 1) avant de **présenter le sujet** (ÉTAPE 2), puis l'**analyser** et le **reformuler** (ÉTAPE 3). Enfin, formulez la **problématique** (ÉTAPE 4) puis annoncez le **plan** de votre devoir (ÉTAPE 5).

MÉTHODE APPLIQUÉE

Sujet Peut-on se faire justice soi-même ? (Guadeloupe, 2015)

ÉTAPE 1
Proposer une accroche (facultatif)

Dans la mythologie grecque, Clytemnestre tue son mari pour venger la mort de sa fille sacrifiée. Mais sa vengeance est suivie d'une autre : son fils Oreste tue sa propre mère pour venger son père, avant d'être lui-même poursuivi par les Érinyes, déesses de la vengeance. Seule Athéna, en instituant un tribunal de Justice, clôt définitivement cette succession fatale.

Exemple tiré de la littérature. Vous pouvez aussi vous appuyer sur l'expérience, votre culture générale ou définir un terme important du sujet.

ÉTAPE 2
Présenter le sujet

Alors, peut-on se faire justice soi-même ?

Recopiez l'**intitulé exact** du sujet.

ÉTAPE 3
Analyser et reformuler le sujet

Autrement dit, est-on capable, et surtout, est-ce légitime de se faire justice soi-même ? « se faire justice » signifie punir quelqu'un comme il le mérite, conformément à la définition de la justice qui consiste à donner à chacun ce qui lui revient. Mais ici, c'est à la victime de l'injustice elle-même de se faire justice, et non à une personne extérieure. Ainsi, l'offensé a t-il le droit de punir lui-même l'offenseur ?

Reprenez les **éléments d'analyse les plus pertinents** pour comprendre et interroger le sujet (voir p. 194).

ÉTAPE 4
Problématiser le sujet

À première vue, il semble que... / Cependant, est-ce si évident ?... / Alors... / ou au contraire...

Reprenez la **problématisation que vous avez construite** (voir p. 196).

ÉTAPE 5
Annoncer le plan

Dans une première partie, nous étudierons l'idée selon laquelle il serait légitime de se venger. Nous verrons cependant, dans une deuxième partie, que se faire justice soi-même revient à commettre une nouvelle injustice. Dans une troisième partie, nous montrerons alors que pour que justice soit faite, il est nécessaire d'en passer par un tiers extérieur et impartial.

Reprenez **les titres de vos trois parties**, sous forme affirmative ou interrogative, en **reformulant** les termes du sujet.

ERREURS À ÉVITER

Dans l'introduction, il ne faut donc pas

- **répondre** au sujet — **car** il s'agit de **présenter un problème**, et non d'y répondre.
- **citer des philosophes** — **car** ils vous seront plus utiles **pour défendre vos arguments**.
- **recopier toute l'analyse** du sujet — **car** il faut **garder seulement ce qui est pertinent** pour introduire le problème.

EXERCICES

Trouver une accroche

1 Rédigez une accroche pour chaque sujet. Vous pouvez vous servir des exemples proposés.

SUJET A **Est-ce la loi qui définit ce qui est juste ?** (Métropole, 2011)

Exemple : Antigone, qui choisit de désobéir à la loi de Créon hatier-clic.fr/20philot082

SUJET B **La technique est-elle neutre ?**

Exemple : L'invention de l'imprimerie par Gutenberg en 1440 hatier-clic.fr/20philot083

Reprendre l'analyse du sujet

2 Rédigez la synthèse de l'analyse proposée et effectuez grâce à elle la problématisation.

SUJET **Être libre, est-ce faire ce que l'on veut ?**

Le sujet invite à interroger la pertinence d'une définition : celle de la liberté. Cette définition est-elle pertinente ? A-t-elle des limites ?
La liberté peut être civile (être protégé(e) par les lois), politique (participer aux lois), morale (être maître de soi et non esclave de ses désirs et passions). La liberté est aussi le pouvoir de choisir sans contrainte, c'est-à-dire le libre arbitre, qui s'oppose au déterminisme.
Faire ce que l'on veut peut signifier au sens large, faire tout ce que je désire. Plus précisément, le sujet renvoie à la volonté comme pouvoir de choisir rationnellement entre différentes possibilités.
« On » renvoie à l'être humain en général, qui peut être individuel aussi bien que collectif.

Annoncer le plan

3 Quels sont les défauts de ces annonces de plan ? Comment peut-on les améliorer ?

▸*Exemple : **Faut-il renoncer à la vérité ?***

Dans une première partie, nous verrons qu'il faut renoncer à la vérité, dans une deuxième, qu'il ne faut pas le faire. Enfin nous montrerons que cela dépend des points de vue.

L'annonce de plan est trop contradictoire : la deuxième partie défend le point de vue inverse de la première, sans montrer qu'elle va la critiquer pour faire progresser la réflexion. Il faut en outre reformuler les idées afin d'éviter l'impression de répétition. La troisième partie, quant à elle, n'est pas pertinente : il faut s'engager dans une véritable réponse, marquant une progression par rapport aux deux parties précédentes.

SUJET A **Peut-on dire que la technique est inhumaine ?**

Dans une première partie, nous verrons que oui, dans une deuxième partie nous montrerons que non, enfin nous montrerons que la technique peut être dite inhumaine.

SUJET B **Une œuvre d'art peut-elle ne pas être belle ?**

Nous montrerons dans une première partie que l'art vise nécessairement la beauté. Nous verrons ensuite que l'art peut être laid. Enfin, nous ferons la synthèse de ces deux idées.

4 Rédigez les introductions complètes de ces sujets.

SUJET A **Voulons-nous vraiment être libres ?**
SUJET B **Faut-il se méfier des évidences ?** (Polynésie, 2011)

Corrigé
Exercice 2
hatier-clic.fr/20philot080

Votre introduction est rédigée. Pour terminer votre brouillon, il vous reste à écrire vos transitions et votre conclusion.

→ FICHE 7 p. 206

Fiche 7

Rédiger les transitions et la conclusion

Au brouillon — 20 min

DÉFINITIONS

• Les parties doivent être reliées entre elles par des **transitions**, qui explicitent la logique et la progression de votre propos.

• La **conclusion** permet de clore votre réflexion en exposant la réponse à laquelle votre travail vous a permis d'aboutir. Proposez un travail soigné pour valoriser votre copie.

MÉTHODE APPLIQUÉE

Sujet Peut-on se faire justice soi-même ? (Guadeloupe, 2015)

Première transition (entre les parties I et II)

ÉTAPE 1 Résumer la réponse

Il semble donc légitime de se faire justice soi-même. L'être lésé paraît en effet le plus à même d'évaluer et de réparer le dommage qu'il a subi.

ÉTAPE 2 Montrer qu'il faut aller plus loin

Cependant, cette évaluation étant subjective, le châtiment ne risque-t-il pas d'être disproportionné et injuste ? Est-il vraiment légitime de se faire justice soi-même ?

Reprenez la réponse examinée dans la partie qui s'achève. Revenez aux **termes du sujet**.

Formulez des **objections** pour montrer pourquoi on ne peut pas s'en tenir à ce qui vient d'être développé.

Conclusion

ÉTAPE 1 Reprendre la dernière réponse apportée au sujet

En somme, même si cela a lieu dans les faits, il apparaît impossible, en droit, de se faire justice soi-même. Seul un juge peut rendre la justice, car il est impartial et se base sur un fondement objectif : la loi.

ÉTAPE 2 Résumer la démarche accomplie

Nous avons d'abord montré qu'il semblait légitime de se venger. En effet, la victime ayant subi le tort paraissait la mieux placée pour l'évaluer et pour le réparer. Mais la vengeance est subjective, disproportionnée et cause de nouveaux préjudices. C'est pourquoi elle ne mérite pas d'être qualifiée de juste.

Formulez la **réponse** qui vous paraît **la plus convaincante** au terme de votre réflexion.

Revenez sur les **premières hypothèses** envisagées et les **critiques** que vous leur avez faites pour parvenir à la **réponse finale**.

ERREURS À ÉVITER

En transition, il ne faut pas

- **affirmer comme une vérité** la réponse que l'on vient d'étudier → **car** elle va être remise en question et doit donc être présentée comme une **hypothèse**.
- **se contenter d'annoncer** la partie suivante → **car** on doit comprendre, par une **objection**, en quoi cette partie est nécessaire à la progression de la réflexion.

En conclusion, il ne faut pas

- **ouvrir par une question** → **car** elle va ensuite être remise en question.
- **ajouter de nouvelles idées** → **car** il n'est plus temps de questionner.

EXERCICES

Rédiger des transitions

1 Corrigez les transitions suivantes.

▶ *Exemple :* ***A-t-on besoin de l'art ?***

Nous avons vu que nous avions besoin de l'art. Nous allons montrer maintenant que l'art n'est pas utile.

Cette transition ne convient pas car :
- elle affirme la réponse que l'on vient d'étudier, au lieu de la présenter comme une hypothèse. La transition est donc trop contradictoire.
- elle annonce la partie suivante sans faire d'objection. On ne comprend donc pas pourquoi on passe soudain à une idée contraire !

SUJET A **La science est-elle une forme de religion ?**

La science s'oppose à la religion. Cependant, peut-on la voir comme une forme de religion ?

SUJET B **Être libre, est-ce n'obéir à aucune loi ?**

La liberté semble incompatible avec les lois car ces dernières nous imposent des obligations, suivies de sanctions qui nous contraignent. Toutefois, la liberté est-elle une illusion ?

2 Rédigez la transition entre les deux parties proposées pour chacun des sujets suivants.

SUJET A **Faut-il faire régner la justice à tout prix ?** (La Réunion, 2009)

Partie I *Notre devoir de faire régner la justice doit primer sur toute chose.*
Partie II *Mais il serait absurde et illégitime de faire régner la justice au prix de l'injustice.*

SUJET B **Peut-on nier l'existence d'une nature humaine ?**

I La nature humaine semble bien exister ; sa réalité serait seulement masquée par la diversité des cultures : il serait donc absurde de la nier.
II Toutefois l'idée de nature humaine est trompeuse : ce qu'on croit naturel est en fait culturel.

Rédiger une conclusion

3 Quels sont les défauts des conclusions suivantes ? Corrigez-les.

SUJET A **Peut-on ne croire en rien ?**

Il est impossible de ne croire en rien, contrairement à ce qu'a montré Descartes. Si la croyance religieuse n'est pas nécessaire pour mener une vie vertueuse, on a toutefois besoin pour survivre de croire ce que nos sens nous donnent à percevoir, qu'il fait jour ou qu'un danger est imminent. La recherche même de la vérité suppose la croyance en notre possibilité de la trouver. Mais finalement, les croyances sont-elles nécessaires ?

SUJET B **Faut-il toujours vouloir la vérité ?**

L'être humain est incapable de trouver le vrai. Sa raison et ses sens le trompent, de sorte qu'il lui faut toujours douter. La vérité, en outre, n'est pas toujours bonne à dire. Il vaut donc mieux être heureux dans l'illusion que malheureux dans la vérité. Mais on a montré que la vérité était un devoir.

4 a. Par quelle réponse devraient commencer les conclusions des dissertations traitant les sujets suivants si elles suivaient le plan proposé ?
b. Construisez la conclusion complète de chacun des sujets.

SUJET A **Y a-t-il un sens à résister à la technique ?** (La Réunion, 2011)

Partie I *Résister à la technique serait illégitime car la technique est vectrice de progrès.*
Partie II *Résister à la technique semble en outre absurde car on serait incapable de lui résister, son développement paraissant autonome.*
Partie III *Résister à la technique a toutefois un sens : c'est prendre sa responsabilité d'être humain comme créateur de la technique pour en maîtriser l'évolution.*

SUJET B **Peut-on apprendre à être libre ?**

Partie I *L'être humain possède naturellement un libre arbitre, la liberté est innée et ne s'apprend pas, on peut tout au plus apprendre à en faire usage.*
Partie II *Mais cette liberté pourrait être trompeuse et reposer sur l'ignorance : on peut se croire libre sans l'être.*
Partie III *C'est grâce à la connaissance que l'être humain peut prendre conscience des contraintes et acquérir une liberté véritable.*

Corrigé
Exercice 4
hatier-clic.fr/20philot080

Votre brouillon est terminé. Vous pouvez maintenant vous lancer dans la rédaction au propre.

→ FICHE 8 p. 208

Fiche 8 Rédiger au propre

2 h

Votre travail de rédaction au propre va suivre désormais votre brouillon pour constituer votre dissertation.

DÉFINITION

- Votre copie se compose d'une **introduction**, de **parties** reliées entre elles par des **transitions**, et d'une **conclusion**. Il est très important de détacher visuellement ces différents moments en sautant des lignes et grâce à des alinéas (retrait de deux carreaux en début de chaque paragraphe).
- Afin de développer les idées que vous avez inscrites au brouillon, il est nécessaire d'utiliser un **vocabulaire précis** (concepts philosophiques, repères) et de **nuancer votre propos**. Votre devoir doit examiner des thèses contraires, mais vous ne devez pas vous contredire. Pour cela, présentez comme des **hypothèses** toutes les idées que vous serez amené(e) à critiquer par la suite.
- Respectez **l'organisation du paragraphe**. Reprenez d'abord l'**argument** que vous avez trouvé. Vous devez le justifier, l'expliquer, le reformuler grâce à un vocabulaire précis **(ÉTAPE 1)**. Si vous avez ajouté une **référence philosophique**, introduisez-la et développez-la **(ÉTAPE 2)**. Ajoutez votre **exemple** pour rendre plausible votre argument **(ÉTAPE 3)**.

MÉTHODE APPLIQUÉE

SUJET Peut-on se faire justice soi-même ? (Guadeloupe, 2015)

Sous-partie de la partie II

ÉTAPE 1
Développer son argument

On ne pourrait pas se faire justice soi-même, car la vengeance est animée par la passion, c'est-à-dire par des mobiles irrationnels et subjectifs. Seule la raison semble à même d'évaluer les torts et la peine méritée par le coupable. La passion, elle, pourrait mener à un châtiment disproportionné.

ÉTAPE 2
Mobiliser la référence philosophique

C'est en ce sens que Hegel, dans Propédeutique philosophique, distingue la vengeance de la punition légitime. La vengeance, pour Hegel, est « arbitraire » dans la mesure où elle dépend de l'appréciation et de la volonté d'un individu, et ne repose donc pas sur des fondements objectifs reconnus valables par tous.

ÉTAPE 3
Exposer un exemple

Par exemple, celui qui subit une trahison, notamment amoureuse, peut se sentir offensé, et estimer que la peine méritée est la mort. Un point de vue objectif verrait pourtant là une peine disproportionnée et irrationnelle.

- Utilisez un **vocabulaire précis**.
- Le propos doit être **nuancé**.
- Reprise des **concepts** de l'auteur. Montrez que vous connaissez avec précision la thèse philosophique sur laquelle vous vous appuyez.
- Votre exemple est dépourvu de détails intimes et inutiles. Il est **clairement relié à l'argument**.

ERREURS À ÉVITER

Pour rédiger, il ne faut donc pas

- **se contredire** → **car** votre copie doit **marquer la progression** de votre réflexion : avancez en nuançant votre propos.
- **utiliser le « je »**, et des expressions telles qu'« à mon avis », « personnellement » → **car** vous ne devez pas donner un avis qui ne vaudrait que pour vous. Utilisez **« nous » ou « on »**.

EXERCICES

Utiliser un vocabulaire précis

1 Enrichissez les énoncés suivants en introduisant les concepts et les repères indiqués pour préciser la réflexion.

▶ *Exemple :* ***Les opinions sont propres à chacun, alors que la vérité devrait être la même pour tout le monde.***
[Objectif / subjectif • Croire / savoir]

Les opinions sont des croyances subjectives alors que la vérité est l'objet d'un savoir, elle est objective.

a. Les lois ne nous empêchent pas d'être libres, elles n'existent que parce que nous sommes libres, puisque nous avons la possibilité de leur désobéir. La liberté véritable consiste alors à se donner des lois à soi-même.
[Autonomie / obligation / contrainte]

b. L'être humain aurait le pouvoir de choisir entre différentes possibilités, il ne serait pas poussé à être ce qu'il est par son milieu social ou par ses gènes, il aurait pu être autre. Croire que l'être humain est le résultat de causes extérieures à sa volonté retirerait à l'être humain toute responsabilité.
[Contingent / nécessaire • Libre arbitre / déterminisme]

c. L'idée que la nature serait une norme à respecter est sujette à caution. Selon cette idée, il y aurait des comportements inscrits en nous à la naissance auxquels on devrait se conformer et d'autres, appris par la culture, qui pourraient nous corrompre. Mais existe-t-il vraiment des comportements plus naturels que d'autres ?
[Inné / acquis • Naturalisme]

d. Il ne suffirait pas d'obéir aux lois de son pays pour être juste. On peut faire l'hypothèse de droits communs à toute l'humanité auxquels les lois elles-mêmes devraient se conformer pour être vraiment justes.
[Droit positif / droit naturel • Universel / particulier • Légal / légitime]

e. Dans nos jugements sur l'art, nous faisons appel à des normes qui dépendent de notre culture. Le beau et le laid n'existent pas par eux-mêmes.
[Absolu / relatif • Canon • Esthétique]

Nuancer son propos

2 Les énoncés suivants sont extraits d'une première partie de dissertation. Reformulez-les afin de les nuancer et d'éviter toute contradiction.
Vous pouvez utiliser le conditionnel, ou encore des expressions telles que : « il semble que... »

a. L'existence d'une nature humaine est indéniable, elle est seulement cachée par les comportements que nous avons acquis au cours des siècles. Rousseau a raison de comparer l'être humain civilisé à la statue de Glaucus : la représentation du dieu est devenue une bête méconnaissable après son séjour dans la mer. L'être humain est devenu un monstre. (voir p. 94)

b. Pour fonder une société juste, il faut donner à chacun ce qui lui revient en fonction de son mérite. En effet, tous les êtres humains ne fournissent pas les mêmes efforts, il n'est pas juste que tous soient rétribués de la même façon. Cela encourage à ne rien faire. On a donc tort de vouloir donner la même chose à tout le monde.

Rédiger un paragraphe

3 Rédigez un paragraphe complet en utilisant les exemples proposés pour les sujets suivants. Veillez à bien relier le propos au sujet et à éviter tout détail inutile.

SUJET A **Le juste et l'injuste ne sont-ils que des conventions ?**
Exemple : En Égypte, la loi veut que la part que les femmes reçoivent de l'héritage de leurs parents soit inférieure de moitié à celle des hommes.

SUJET B **Une technique se juge-t-elle seulement à son efficacité ?** (Polynésie, 2007)
Exemple : Dans les années 1910, le travail à la chaîne est mis en place dans les usines automobiles Ford.

SUJET C **Peut-on renoncer à la vérité ?**
Exemple : En 1633, le savant Galilée renie ses découvertes scientifiques afin d'échapper à la condamnation à mort pour hérésie.

4 Rédigez un paragraphe complet mobilisant les références proposées pour les sujets suivants.

SUJET A **L'art répond-il à un besoin ?** (Polynésie, 2009)
Hannah Arendt, *La Crise de la culture* > texte p. 17

SUJET B **La religion est-elle le fondement de la morale ?**
Denis Diderot, article « Irréligieux » de l'*Encyclopédie* > texte p. 119

SUJET C **Pour être juste, suffit-il d'obéir aux lois ?**
(Métropole, 2016)
Henry David Thoreau, *La Désobéissance civile* > texte p. 73

Corrigé
Exercice 4
hatier-clic.fr/20philot080

Dissertation rédigée et commentée

Sujet Le développement technique menace-t-il nos libertés ?

En 2018, une révélation fait scandale : l'entreprise Cambridge Analytica recueillait depuis 2014 les données personnelles de 87 millions d'utilisateurs Facebook afin d'influencer leurs intentions de vote. Internet, cette avancée technologique qui promettait à l'être humain de naviguer librement et anonymement vers différents contenus, s'avérait être un moyen de contrôler et de déterminer à son insu sa manière de penser et d'agir. Alors, le développement technique menace-t-il nos libertés ? On remarque d'emblée que la liberté est ici donnée au pluriel, ce qui fait référence aux différents droits dont disposerait un individu, mais aussi aux différents sens du terme « liberté ». La technique désigne un ensemble de moyens mis en œuvre afin de réaliser un certain but. Son développement a-t-il alors vraiment pour but la liberté, et si oui, de quelle liberté s'agit-il ? Peut-il favoriser certaines libertés tout en en mettant d'autres en danger ? À première vue, il semble que le développement technique a pour finalité la liberté de l'être humain, qu'il ne pourrait donc venir menacer. En effet, par l'activité technique, l'humain acquiert une meilleure maîtrise du monde, se débarrasse de bien des contraintes pesant sur son existence et augmente ses capacités. Cependant, est-ce si évident ? Le développement technique semble suivre une logique autonome d'inventions toujours renouvelées et d'efficacité qui pourrait faire entrave aux libertés. Il peut en outre servir à reconduire une domination : non plus celle de la nature sur l'humain, mais celle de certains êtres humains sur d'autres, menaçant ainsi nos libertés. Alors, le développement technique est-il au service de la liberté ou, au contraire, peut-il devenir un instrument de domination et d'aliénation, rendant l'être humain étranger à lui-même ? Dans une première partie, nous verrons que la technique semble d'abord avoir pour finalité la libération de l'être humain. Dans une deuxième partie, nous montrerons cependant que le développement technique peut prendre une forme aliénante dans la mesure où sa logique est indifférente aux libertés et valeurs humaines. Enfin, nous tâcherons de penser les conditions pour que le développement technique soit synonyme de progrès pour nos libertés.

INTRODUCTION

- **Accroche** pour introduire naturellement le sujet
- **Sujet clairement formulé** : il porte sur deux notions du programme, à travailler ensemble durant toute la dissertation
- Les termes sont **analysés**, et le **sujet reformulé**
- **Problématisation** du sujet : première réponse envisagée, puis remise en question et enfin formulation d'une **alternative** (problématique)
- **Annonce du plan** en trois parties

Tout d'abord, le développement technique semble avoir pour but la liberté de l'être humain. Il ne pourrait donc pas la menacer.

En effet, la technique permet à l'être humain de n'être pas soumis sans défense à la nature. Elle remédie à notre faiblesse physique en nous donnant des moyens de survie toujours plus perfectionnés. C'est ce qu'exprime le mythe de Prométhée dans le *Protagoras* de Platon. Inapte à la survie en raison de l'étourderie d'Épiméthée, soumis aux autres animaux et aux aléas du climat, l'espèce humaine ne jouit d'aucune liberté, car elle est sans cesse menacée par plus fort qu'elle. Mais Prométhée vient corriger l'erreur de son frère en offrant aux êtres humains le feu, symbole de la connaissance technique. Ces derniers peuvent alors se libérer de l'oppression et des contraintes qui pèsent sur eux. Par exemple, l'agriculture permet à l'être humain de ne

PARTIE I

- Rappel de la **première hypothèse de réponse**
- **Nuancez votre propos**
- Premier **argument**
- > texte p. 146
- Utilisez un **vocabulaire précis**, en particulier les **repères** du programme
- **Exemple**

plus dépendre de ce que la nature peut immédiatement lui fournir : il peut planifier la production de ses moyens de subsistance.

Grâce à la technique, le rapport de force avec la nature est même renversé. Nous ne sommes plus dominés par la nature, c'est nous qui la maîtrisons. La technique nous rend ainsi « comme maîtres et possesseurs de la nature » affirme Descartes dans le Discours de la méthode. Si l'être humain n'est pas vraiment maître de la nature – seul Dieu pourrait l'être – la technique permet le déploiement de la puissance de l'être humain, capable d'utiliser la nature à ses propres fins. La science trouve même là sa raison d'être : les progrès scientifiques permettent le progrès technique, qui a pour but l'amélioration de l'existence humaine. On peut, par exemple, penser aux avancées techniques qui permettent d'immenses progrès dans la médecine, faisant doubler l'espérance de vie des êtres humains au cours du XXe siècle.

Ainsi le développement technique donne le sentiment à l'être humain qu'il peut tout, à condition de le vouloir. Les possibilités humaines se trouvent décuplées, les contraintes qui l'entravent, dépassées. La technique permet la satisfaction des besoins mais aussi des désirs de l'être humain, lui permettant de suivre ses penchants de manière spontanée. Il semble alors qu'aucune limite ne puisse être établie a priori. Même la mort est considérée par les transhumanistes comme un problème auquel le développement technique pourrait trouver une solution.

Chaque paragraphe est constitué d'un **argument**, suivi d'une référence et d'un exemple

> texte p. 152

Exemple issu de la culture scientifique

Troisième **argument**

Exemple

> texte p. 105

Le développement technique semble donc bien au service de la liberté humaine, et ce, en plusieurs sens : il nous affranchit des contraintes de la nature, nous permet de satisfaire nos besoins et nos désirs, et augmente nos possibilités. Cependant, le développement de nos capacités techniques se paye-t-il du sacrifice de certaines de nos libertés ? Œuvre-t-il réellement pour nos libertés, ou menace-t-il celles d'une partie d'entre nous, en servant d'instrument de domination à d'autres ?

TRANSITION

Rappel de l'hypothèse de réponse défendue et des principaux arguments, en reprenant explicitement les termes du sujet

Des **objections** font ensuite rebondir la réflexion vers une deuxième partie

Le développement technique, plus que l'expression et le déploiement de notre liberté, pourrait être l'instrument de notre aliénation.

En effet, à regarder de plus près le développement de la technique et ses formes d'utilisation, on voit qu'il sert surtout à une partie des êtres humains. Pensons aux avancées techniques dans les usines, avec l'introduction de machines conduisant à une mécanisation du travail ouvrier. Si l'être humain, par la technique, devait pouvoir satisfaire ses besoins et désirs et s'affranchir de la domination de la nature, on voit qu'il est ici soumis aux objets qui devaient permettre sa libération, et par eux, à leurs propriétaires. C'est la différence faite par Arendt entre outil et machine dans Condition de l'homme moderne : l'outil reste au service de l'humain qui le manie, la machine, elle, impose son rythme à l'ouvrier. Ainsi, Robert Linhart dans L'Établi, raconte son expérience dans une usine Peugeot dans les années 1960. Soumis au rythme infernal de la chaîne, les ouvriers ont l'impression de « couler ». Le travail de l'ouvrier est minuté, contrôlé en permanence par le rythme même de la chaîne. Réduit à être esclave de la machine, et par elle, esclave de ceux qui font du profit grâce au travail ouvrier, l'être humain se sent aliéné, c'est-à-dire privé de sa liberté et de son humanité, au point de se sentir étranger à lui-même.

PARTIE II

Rappel de l'hypothèse de réponse défendue dans la partie

Contre-argument, qui critique les 1er et 2e arguments de la partie I : en partie II vous devez répondre à la partie I

> texte p. 149

Exemple littéraire (texte p. 159)

Vous pouvez aussi penser aux employés d'Amazon qui travaillent avec un boîtier qui contrôle leur efficacité (p. 155)

En plus d'être une menace pour le libre développement des facultés des ouvriers et leur capacité d'autodétermination, le développement technique pourrait menacer les droits de tous les citoyens. Grâce aux outils techniques en effet, l'autorité politique peut se doter d'un pouvoir de contrôle démesuré et se muer en tyrannie. Ainsi, au nom de l'ordre et de la sécurité, de nombreux outils permettent de collecter des informations sur les individus. Les caméras de vidéosurveillance par exemple permettent déjà, dans certains pays, la reconnaissance faciale. On peut alors penser à l'avertissement de Benjamin Constant dans les Principes de politique : une part de nos existences doit rester indépendante, au risque de perdre toutes nos libertés individuelles, d'où la nécessité d'imposer des bornes au pouvoir souverain et au développement technique dont il fait usage.

Deuxième **argument**

Des **concepts précis** sont mobilisés

Exemple

> texte p. 67

Mais la menace ne vient pas seulement des autres, qui chercheraient à nous dominer par la technique. Les outils techniques semblent transformer en profondeur le rapport de l'être humain à lui-même, de sorte qu'il ne peut plus exercer sur eux une maîtrise extérieure. Notre autonomie est ainsi remise en cause : nous laissons de plus en plus les objets décider à notre place, et nous nous pensons nous-mêmes comme conditionnés par la technique. Par exemple, les lunettes connectées de Google représentent, pour Éric Sadin dans La Vie algorithmique. Critique de la raison numérique, « l'acmé du processus de la prise en charge robotisée de la conduite des personnes ». Elles auraient en effet le pouvoir de déterminer notre champ de vision en affichant les informations jugées pertinentes pour nous, sans décision de notre part.

Troisième **argument**

Exemple

> texte p. 154

On pourrait toutefois penser que ce n'est pas le développement technique en lui-même qui constitue une menace, mais son usage illégitime. Cependant, le reproche peut aller plus loin : il serait lui-même dangereux, en ce qu'il semble obéir à une logique propre, indifférente aux valeurs humaines, et en premier lieu à la liberté de l'être humain qu'il était supposé viser. C'est un tel problème que pointe Michel Henry dans La Barbarie : « Ainsi l'univers technique prolifère-t-il à la manière d'un cancer, s'autoproduisant et s'autonormant lui-même, en l'absence de toute norme, dans sa parfaite indifférence à tout ce qui n'est pas lui – à la vie. » Les normes du développement technique ne sont pas imposées de l'extérieur, ce développement obéit à sa logique propre, c'est-à-dire qu'il vise toujours plus d'efficacité, et produit nécessairement du nouveau à partir de ses précédentes avancées. Hors de portée de toute maîtrise et indifférent aux valeurs de la vie humaine, c'est donc par son essence même qu'il serait dangereux pour nos libertés.

Quatrième **argument**

> texte p. 150

Ainsi, le développement technique peut être utilisé comme instrument de domination de certains êtres humains par d'autres, mais plus essentiellement, il constitue une menace pour nos libertés à tous. Cependant, doit-on accepter comme un fait l'autonomie du développement technique ou la considérer comme le résultat d'un renoncement auquel il faut remédier ? Peut-on encore faire du développement technique un véritable progrès pour nos libertés ?

TRANSITION

Rappel de l'hypothèse de réponse défendue

Le développement technique pourrait œuvrer pour la liberté humaine à condition d'être maîtrisé.

Face au développement technique, il est alors nécessaire d'exercer notre liberté de penser comme exercice de notre esprit critique : on a tôt fait d'accepter le développement technique comme un fait indépassable, de s'y soumettre et d'en faire une nouvelle idole. La technophilie peut alors se muer en sacralisation du développement technique, dont on attendrait la résolution de tous nos problèmes, à commencer par ceux dont il est lui-même la cause. Face à ce danger, Alain dans Propos sur les pouvoirs nous met en garde contre toute forme de passivité ou d'acceptation irréfléchie. « Penser, c'est dire non », affirme-t-il. Il faut nous méfier des discours et opinions des autres, mais surtout de nos propres croyances, ici de notre propre attachement à la technique.

Ainsi, l'idée selon laquelle la technique suivrait un développement autonome n'est peut-être vraie que parce que nous avons accepté cette autonomie et renoncé à la contrôler. Puisque les inventions techniques sont faites par les êtres humains, pourquoi leur développement nous échapperait-il ? Ainsi, pour Bergson dans Les Deux sources de la morale et de la religion, l'être humain n'a pas à subir le développement technique. La technique étant d'origine humaine, c'est à l'être humain de lui fixer ses buts et de sortir de la représentation aliénante d'une technique autonome. « La vérité est que la science a donné ce qu'on lui demandait et n'a pas pris ici l'initiative », écrit-il. L'être humain doit assumer sa responsabilité et se ressaisir de son pouvoir afin que les inventions techniques contribuent au bien de tous. Une volonté politique est alors nécessaire, au sens où la politique a pour but la garantie du bien commun. Pensons alors à la possibilité d'utiliser la technique pour libérer l'être humain de tâches aliénantes que les machines pourraient accomplir, à condition que tous puissent profiter des ressources qu'elles produisent.

Paradoxalement, c'est alors en posant des limites à ce que nous sommes capables de faire par la technique que nous pourrons garantir notre liberté. Par exemple, s'il est techniquement possible d'introduire des puces dans le corps des individus pour faciliter leur existence, cette invention constitue un risque majeur pour la liberté humaine et devrait être interrogée. La protection de nos droits se paye donc d'une limitation de notre liberté comme pouvoir d'agir. C'est tout le sens de l'autonomie : l'être humain a à se donner à lui-même ses propres lois pour jouir d'une liberté véritable. Ce paradoxe est formulé par Hans Jonas dans Pour une éthique du futur : c'est en s'interdisant de faire tout ce qui est techniquement possible que l'être humain pourra préserver sa liberté, d'où la nécessité d'une éthique à même d'imposer ses normes au développement technique.

PARTIE III

Emploi du **conditionnel** car vous n'avez pas encore argumenté en faveur de cette thèse

> texte p. 74

Contre-argument : critique du 4e argument et réponse au 1er argument de la partie II

> texte p. 147

Deuxième **argument**

Exemple

> texte p. 151

Le développement technique, s'il est livré à lui-même, constitue donc une menace pour nos libertés. Censé nous libérer de la nature et augmenter nos capacités, il peut servir d'instrument de domination pour nous soumettre. Et parce qu'il tend à suivre sa propre logique de développement, il peut par son indifférence constituer une entrave majeure à nos libertés. C'est pourquoi il est nécessaire de maîtriser la technique en interrogeant la légitimité de son développement pour les fins de l'existence humaine. L'être humain a alors à se ressaisir de son pouvoir critique et de son pouvoir politique pour poser les conditions d'un véritable progrès pour la liberté de tous. C'est en limitant ses propres capacités qu'il peut garantir sa liberté et accéder à l'autonomie.

CONCLUSION

Dernière réponse défendue

Reprenez les termes du sujet.

Revenez ensuite sur la manière dont cette réponse a été établie.

Fiche 1 Présentation de l'explication de texte

DÉFINITION DE L'EXERCICE

Durée : 4h

• L'épreuve consiste en une **série de questions** portant sur un **texte d'une quinzaine de lignes** environ, écrit par un auteur du programme.

• L'étude du texte ne requiert aucune connaissance de la doctrine de l'auteur ni d'une doctrine philosophique en particulier. En revanche, elle exige des connaissances générales sur les **notions du programme**. En effet, le texte porte explicitement sur une ou plusieurs de ces notions.

• L'explication de texte se compose de trois moments : **analyse, synthèse et commentaire**. Chaque moment est constitué de questions, auxquelles vous devez répondre de manière méthodique. Lisez d'abord une première fois toutes les questions avant de vous lancer dans l'élaboration de vos réponses.

• Le travail n'est pas évalué en fonction d'un barème mais dans sa globalité. Plusieurs qualités indispensables sont appréciées :
- la **pertinence de vos réponses** aux questions,
- votre capacité à **développer vos réponses de manière précise et méthodique**,
- la clarté et la justesse de votre expression, grâce à l'usage d'un **vocabulaire philosophique précis**,
- votre capacité à mobiliser avec pertinence et précision vos **connaissances philosophiques** afin d'éclairer et de discuter le propos du texte.

• Pour mener à bien votre travail, il faut procéder en **plusieurs étapes**.

• Vous avez le choix entre **répondre aux questions** une à une ou faire une **explication libre**. Vous devez indiquer votre **choix** au début de votre copie.

LE CHOIX DU SUJET

• Il vous faut d'abord choisir le sujet parmi les trois proposés lors de l'épreuve, c'est-à-dire **deux sujets de dissertation (voir p. 193) et un sujet d'explication de texte**.

• Il n'existe pas un exercice plus facile que l'autre. Optez pour **le sujet qui vous donne le plus envie de réfléchir**. Il est également judicieux de choisir celui pour lequel vous avez le plus de **connaissances**, en veillant toutefois à ne pas restituer ces dernières sans vous soucier de leur pertinence pour le sujet.

LES MOMENTS DE L'ÉPREUVE

• Les questions d'**analyse** : **1h20**
> FICHE 2 **p. 216**

• Les éléments de **synthèse** : **1h**
> FICHE 3 **p. 219**
> FICHE 4 **p. 221**

• Le **commentaire** : **1h30**
> FICHE 5 **p. 223**

• La **relecture** : **10 min**

Sujet Maurice Merleau-Ponty, *Causeries* (1948)

Même quand les peintres travaillent sur des objets réels, leur but n'est jamais d'évoquer l'objet même, mais de fabriquer sur la toile un spectacle qui se suffit. La distinction souvent faite entre le sujet du tableau et la manière[1] du peintre n'est pas légitime parce que, pour l'expérience esthétique, tout le sujet est dans la manière dont le raisin, la pipe ou le paquet de tabac est constitué par le peintre sur la toile. Voulons-nous dire qu'en art la forme seule importe, et non ce qu'on dit ? Nullement. Nous voulons dire que la forme et le fond, ce qu'on dit et la manière dont on le dit ne sauraient exister à part. Nous nous bornons en somme à constater cette évidence que, si je peux me représenter d'une manière suffisante, d'après sa fonction, un objet ou un outil que je n'ai jamais vu, au moins dans ses traits généraux, par contre les meilleures analyses ne peuvent me donner le soupçon de ce qu'est une peinture dont je n'ai jamais vu aucun exemplaire. Il ne s'agit donc pas, en présence d'un tableau, de multiplier les références au sujet, à la circonstance historique, s'il en est une, qui est à l'origine du tableau.

Chapitre VI « Traces écrites » © Éditions du Seuil, 2002, p. 56-57

1. **Manière** : manière de peindre, style de l'artiste.

(A) Éléments d'analyse

1. Merleau-Ponty évoque une distinction traditionnelle entre « sujet du tableau » et « manière du peintre ». Expliquez cette distinction et donnez des exemples pour l'illustrer.
2. Pourquoi cette distinction est-elle illégitime selon lui ? Expliquez la phrase : « la forme et le fond, ce qu'on dit et la manière dont on le dit ne sauraient exister à part. »
3. Quelle différence l'auteur fait-il entre un outil et une peinture ?
4. Pourquoi est-il inutile pour l'auteur de faire référence au contexte de création de l'œuvre ? En quoi ce propos est-il étonnant ?

(B) Éléments de synthèse

5. En quoi peut-on dire avec l'auteur que le but du peintre est de « fabriquer sur la toile un spectacle qui se suffit » ?
6. Dégagez l'idée principale du texte et les étapes de son argumentation.

(C) Commentaire

7. Suivant la position de l'auteur, est-il nécessaire d'être cultivé pour apprécier une œuvre d'art ?
8. À la lumière de vos connaissances, de votre expérience et de vos lectures, et en tenant compte du texte de Merleau-Ponty, répondez à la question de savoir si l'œuvre d'art a pour but de représenter la réalité. Vous envisagerez précisément les conséquences de votre réponse, notamment pour ce qui concerne la définition de l'œuvre d'art et le sens de la pratique artistique pour l'être humain.

Retrouvez un exemple d'explication de texte rédigée et commentée **p. 226**.

Fiche 2 Répondre aux questions d'analyse

1h20

Vous allez d'abord répondre à une série de questions pour vous aider à comprendre le texte.

DÉFINITION

- Les questions d'analyse **suivent l'ordre du texte**. Elles permettent d'attirer votre attention sur ses aspects les plus importants (distinctions conceptuelles, expressions ou phrases, articulations logiques significatives) et vous invitent à les expliquer. Il est nécessaire de **lire toutes les questions** posées avant d'élaborer vos réponses car elles se complètent et s'éclairent les unes les autres.
- Procédez d'abord **au brouillon**. Commencez par lire le texte en effectuant un premier repérage : **surlignez** les mots, expressions ou phrases que les questions vous demandent d'expliquer et **repérez** les autres termes et expressions philosophiques qui vous semblent importants **(ÉTAPE 1)**. Mettez en évidence les **connecteurs logiques** (*mais, en outre, cependant, de sorte que...*) et les expressions qui permettent de comprendre la structure argumentative du texte **(ÉTAPE 2)**. Vous pouvez ensuite repérer les éléments qui vous aident spécifiquement à répondre aux questions **(ÉTAPE 3)**.

MÉTHODE APPLIQUÉE

Sujet Maurice Merleau-Ponty, *Causeries* (1948)

A. Travail préparatoire au brouillon > questions 1 et 2 p. 215

ÉTAPE 1
Faire apparaître les mots à expliquer et les termes et expressions importants

ÉTAPE 2
Mettre en évidence les connecteurs logiques et autres marqueurs argumentatifs

ÉTAPE 3
Identifier les expressions qui reprennent et remettent en cause la distinction conceptuelle à expliquer

Même quand les peintres travaillent sur des objets réels, leur but n'est jamais d'évoquer l'objet même, mais de fabriquer sur la toile un spectacle qui se suffit. La distinction souvent faite entre le sujet du tableau et la manière du peintre n'est pas légitime parce que, pour l'expérience esthétique, tout le sujet est dans la manière dont le raisin, la pipe ou le paquet de tabac est constitué par le peintre sur la toile. Voulons-nous dire qu'en art la forme seule importe, et non ce qu'on dit ? Nullement. Nous voulons dire que la forme et le fond, ce qu'on dit et la manière dont on le dit ne sauraient exister à part. Nous nous bornons en somme à constater cette évidence que, si je peux me représenter d'une manière suffisante, d'après sa fonction, un objet ou un outil que je n'ai jamais vu, au moins dans ses traits généraux, par contre les meilleures analyses ne peuvent me donner le soupçon de ce qu'est une peinture dont je n'ai jamais vu aucun exemplaire. Il ne s'agit donc pas, en présence d'un tableau, de multiplier les références au sujet, à la circonstance historique, s'il en est une, qui est à l'origine du tableau.

Ibid.

- **Distinction** à expliquer et à interroger (question 1) et **phrase** à expliquer (question 2)
- Autres termes et expressions importants
- **Expressions** qui renseignent sur la structure argumentative du texte
- Ici, la distinction entre forme et fond est mise en évidence et remise en cause

- Après un repérage au brouillon, vous devez procéder **au propre** pour expliquer un point précis du texte de la manière la plus développée possible.
- **Précisez ce que fait l'auteur** dans ce moment du texte (distinction, comparaison, exemple...) **(ÉTAPE 1)**.

Interrogez le propos de l'auteur pour mieux l'analyser **(ÉTAPE 2)**. **Expliquez-le** avec vos propres mots et en convoquant un **vocabulaire philosophique précis** **(ÉTAPE 3)**. Illustrez le propos de l'auteur grâce à un **exemple** **(ÉTAPE 4)**.

B. Analyser une phrase > question 2 p. 215

ÉTAPE 1
Préciser ce que fait l'auteur

Dans cette phrase, l'auteur nie une distinction traditionnelle entre « fond » et « forme » d'une œuvre d'art, c'est-à-dire entre « ce qu'on dit » et la « manière dont on le dit ».

Ici, l'auteur remet en cause une distinction

ÉTAPE 2
Interroger le propos de l'auteur

Pourtant, n'est-il pas évident que l'on peut distinguer l'objet du tableau et la manière dont il est représenté ? Un même objet peut en effet être représenté de plusieurs manières, ce qui constituera autant de tableaux différents.

Montrez en quoi le propos de l'auteur est étonnant, en quoi il se démarque de l'opinion commune ou est contradictoire en apparence, pour l'élucider et en dégager l'originalité.

ÉTAPE 3
Expliquer avec ses propres mots et en utilisant un vocabulaire précis

Mais c'est que pour Merleau-Ponty, il est faux de penser que le tableau représente quelque chose d'extérieur à lui-même. « Tout le sujet est dans la manière » dont l'objet est représenté, dit l'auteur. Le sujet de l'œuvre d'art n'est pas l'objet qu'elle est censée copier, mais la chose telle qu'elle est peinte par l'artiste, le fond et la forme ne faisant alors qu'un. Ainsi l'œuvre d'art constitue une réalité absolue, qui vaut pour elle-même, elle ne dépend pas d'une chose qu'elle représenterait, elle n'est pas relative à la réalité extérieure.

Utilisez la totalité du texte pour expliquer la phrase, ainsi que les **repères** au programme.

ÉTAPE 4
Illustrer par un exemple

Pensons au tableau Nuit étoilée sur le Rhône de Van Gogh. Il s'agit certes d'un tableau du Rhône, comme il en existe plusieurs dans l'histoire de l'art. Mais ce n'est pas le Rhône qui est représenté, et qui serait le fond de l'œuvre. Le sujet du tableau, c'est ce Rhône, tel qu'il se fait sur la toile par le style de l'artiste.

Pour un sujet sur l'art, mobilisez des **exemples artistiques** en évitant *La Joconde* et *Guernica* qu'on trouve dans toutes les copies.

ERREURS À ÉVITER

Pour répondre aux questions d'analyse, il ne faut donc pas

- **recopier** le texte → **car** cela ne montre pas que vous l'avez compris. On peut recopier sans rien saisir du propos de l'auteur !
- **dire ce que vous pensez sans tenir compte du texte** → **car** on vous demande ici d'**élucider ce que l'auteur pense**, et non ce que vous pensez quant aux questions posées.

EXERCICES

Expliquer une distinction entre deux concepts

1 a. Lisez le texte suivant en repérant les connecteurs logiques et autres marqueurs argumentatifs ainsi que les termes philosophiques importants.

Il est vrai que, dans les démocraties, le peuple paraît faire ce qu'il veut ; mais la liberté politique ne consiste point à faire ce que l'on veut. Dans un État, c'est-à-dire dans une société où il y a des lois, la liberté ne peut consister qu'à pouvoir faire ce que l'on doit vouloir, et à n'être point contraint de faire ce que l'on ne doit pas vouloir.

Il faut se mettre dans l'esprit ce que c'est que l'indépendance, et ce que c'est que la liberté. La liberté est le droit de faire tout ce que les lois permettent ; et si un citoyen pouvait faire ce qu'elles défendent, il n'aurait plus de liberté, parce que les autres auraient tout de même ce pouvoir[1].

Montesquieu, *De l'esprit des lois* (1748), livre XI, chapitre 3, GF Flammarion, 2013, p. 205

1. Les autres auraient ce même pouvoir.

b. Quelle différence l'auteur fait-il entre indépendance et liberté ? Pour développer votre réponse, répondez aux questions suivantes.

1. D'ordinaire, oppose-t-on la liberté et l'indépendance ? Comment les définit-on habituellement ?
2. Pour Montesquieu, « Il faut se mettre dans l'esprit ce que c'est que l'indépendance, et ce que c'est que la liberté. » À quelles expressions Montesquieu lie-t-il la liberté dans le texte ? Quelles expressions, selon lui, ne permettent pas de la définir, et renverraient plutôt à l'indépendance ?
3. Pourquoi dit-il de cette liberté qu'elle est « politique » ?
4. Pourquoi l'indépendance, pour Montesquieu, est-elle finalement incompatible avec la liberté ? Donnez un exemple permettant d'illustrer cette idée.
5. Résumez en un paragraphe vos réponses aux questions précédentes afin d'expliquer de manière développée la différence entre liberté et indépendance.

Analyser une phrase

2 a. Lisez le texte suivant en repérant les connecteurs logiques ainsi que les termes philosophiques importants.

L'opposition du divin et de l'humain est une opposition illusoire, [elle] n'est, autrement dit, rien d'autre que l'opposition entre l'essence humaine et l'individu humain, et [par] suite l'objet et le contenu de la religion chrétienne sont eux aussi humains de part en part.

La religion, du moins la religion chrétienne, est *le rapport de l'homme avec lui-même*, ou plus exactement *avec son être*, mais un rapport avec son être qui se présente *comme un être autre que lui.* *L'être divin n'est rien d'autre* que l'être humain, ou plutôt, que *l'être de l'homme*, débarrassé des bornes de l'homme individuel, c'est-à-dire réel et corporel, puis *objectivé*, c'est-à-dire *contemplé et adoré* comme *un être propre, mais autre que lui et distinct de lui* : c'est pourquoi toutes les *déterminations* de l'être divin sont des déterminations de l'être humain.

Ludwig Feuerbach, *L'Essence du christianisme* (1841), in *Manifestes philosophiques*, traduction de Louis Althusser © 1960, Presses universitaires de France, p. 72-73

b. Répondez aux questions suivantes afin d'expliquer la phrase soulignée dans le texte.

1. Quel est le rôle de cette phrase dans le texte ? Est-ce un argument ? Est-ce la thèse ? Est-ce un exemple ?
2. En quoi cette phrase est-elle étonnante et contraire à l'opinion commune ? Comment définit-on Dieu habituellement ?
3. En vous appuyant sur la totalité du texte, expliquez le rapport que l'auteur établit entre Dieu et l'être humain. Comment l'humain crée-t-il l'idée de Dieu selon Feuerbach ?
4. Donnez un exemple de qualité attribuée à Dieu et dont on pourrait penser, comme Feuerbach, qu'elle trouve son origine dans l'être humain.

Corrigé
Exercice 1
hatier-clic.fr/20philot080

Ces questions d'analyse vous ont permis de mieux comprendre le texte. Vous pouvez maintenant mieux en saisir l'idée principale, le problème et l'organisation argumentative.

→ FICHE 3 p. 219

Fiche 3

Répondre aux questions de synthèse (1)

30 min

Vous avez répondu à des questions précises sur le texte. Désormais, des questions vous permettent d'en montrer votre compréhension plus globale.

Explication de texte

Méthode

DÉFINITION

• Les questions de synthèse vous invitent d'abord à **dégager l'idée principale du texte et le problème auquel elle répond**.

• Commencez par identifier le **thème** du texte, c'est-à-dire la notion sur laquelle porte le texte et la manière spécifique dont elle est abordée. **(ÉTAPE 1)**.

L'idée principale du texte est la **thèse** : c'est l'idée que l'auteur soutient concernant le thème et que tout le texte sert à défendre **(ÉTAPE 2)**. Le **problème** est la question à laquelle la thèse propose une réponse **(ÉTAPE 3)**.

• Trouvez d'abord tous ces éléments **au brouillon** avant de procéder à une rédaction claire et au propre.

MÉTHODE APPLIQUÉE

Sujet Maurice Merleau-Ponty, *Causeries* (1948)

Dégager l'idée principale du texte

> question **6 p. 215**

ÉTAPE 1
Identifier le thème

Le texte a pour thème l'art et plus précisément la nature de l'œuvre d'art et son rapport à la réalité.

Précisez l'angle sous lequel la **notion** est abordée.

ÉTAPE 2
Énoncer la thèse

Merleau-Ponty défend la thèse suivante : l'œuvre d'art est « un spectacle qui se suffit », autrement dit, elle ne représente pas un objet extérieur à elle-même. Elle doit être appréciée pour elle-même, indépendamment de son rapport à la réalité.

Demandez-vous **quelle idée l'ensemble du texte vise à défendre**. Il faut parfois reconstituer la thèse. Si elle est clairement énoncée, reformulez-la.

ÉTAPE 3
Trouver le problème

L'auteur s'est ainsi posé le problème consistant à déterminer le rapport spécifique que l'œuvre d'art entretient avec la réalité. L'œuvre d'art constitue-t-elle une certaine manière de représenter un objet qui lui est extérieur, ou au contraire, a-t-elle pour particularité de constituer une réalité à part entière, qui s'apprécie et se comprend sans référence à une réalité extérieure ?

Interrogez la thèse : à quelle question répond-elle ?

Formulez la thèse et sa position contraire sous forme d'une question proposant une **alternative** : c'est le problème du texte.

ERREURS À ÉVITER

Pour donner la thèse, il ne faut donc pas

- confondre **la thèse et le thème** → **car la thèse est la position précise et originale de l'auteur** relativement au thème.
- confondre **la thèse et le problème** → **car la thèse consiste à affirmer quelque chose** et ne peut pas prendre la forme d'une question.
- donner **une thèse et un problème** qui n'ont aucun rapport entre eux → **car la thèse est la réponse au problème du texte.**

EXERCICES

Trouver l'idée principale et le problème du texte

1 a. Lisez le texte suivant en repérant les connecteurs logiques et autres marqueurs argumentatifs ainsi que les termes philosophiques importants.

Toute vérité n'est pas bonne à dire ; on ne répond pas à toutes les questions, du moins on ne dit pas n'importe quoi à n'importe qui ; il y a des vérités qu'il faut manier avec des précautions infinies, […] l'esprit ne se pose sur elles qu'en décrivant de grands cercles, comme un oiseau. Mais cela est encore peu dire : il y a un temps pour chaque vérité, une loi d'opportunité qui est au principe même de l'initiation ; avant il est trop tôt, après il est trop tard. […] Ce n'est pas tout de dire la vérité, « toute la vérité », n'importe quand, comme une brute : l'articulation de la vérité veut être graduée ; on l'administre comme un élixir puissant et qui peut être mortel, en augmentant la dose chaque jour, pour laisser à l'esprit le temps de s'habituer. La première fois, par exemple, on racontera une histoire ; plus tard, on dévoilera le sens ésotérique[1] de l'allégorie[2].

Vladimir Jankélévitch, *L'Ironie* (1936), chapitre 2, Champs essais © Flammarion, 2011, p. 51, avec l'aimable autorisation de Flammarion

1. **Ésotérique** : qui se transmet seulement à un groupe d'initiés.
2. **Allégorie** : procédé qui consiste à représenter une idée abstraite par une image ou un récit.

b. Dégagez la thèse du texte en répondant aux questions suivantes.

1. Quel est le thème du texte ?
2. Pourquoi l'auteur met-il l'expression « toute la vérité » entre guillemets ? À quoi se réfère-t-il ?
3. Expliquez la comparaison entre la vérité et un « élixir puissant ».
4. Formulez la thèse du texte.

c. À partir de la thèse, trouvez le problème du texte en répondant aux questions suivantes.

1. À quelle question la thèse répond-elle ?
2. Quelle réponse contraire à celle de l'auteur pourrait-on apporter ?
3. Formulez le problème du texte sous forme d'une alternative.

Corriger la formulation de la thèse et du problème

2 a. Lisez le texte suivant.

La fureur n'est en aucune façon une réaction automatique en face de la misère et de la souffrance en tant que telles ; personne ne se met en fureur devant une maladie incurable ou un tremblement de terre, ou en face de conditions sociales qu'il paraît impossible de modifier. C'est seulement au cas où l'on a de bonnes raisons de croire que ces conditions pourraient être changées, et qu'elles ne le sont pas, que la fureur éclate. Nous ne manifestons une réaction de fureur que lorsque notre sens de la justice est bafoué.

Hannah Arendt, « Sur la violence » in *Du mensonge à la violence* (1972), traduction de Guy Durand © Éditions Calmann-Lévy, 1972, p. 162

b. Parmi ces formulations de thèse, laquelle vous semble pertinente ou au contraire mal formulée ? Justifiez vos réponses.

▸ *Exemple :*

La thèse du texte est « personne ne se met en fureur devant une maladie incurable ou un tremblement de terre ».

La thèse du texte ne doit pas être exprimée simplement par une citation. Toute citation doit être aussi reformulée. De plus, il s'agit là d'exemples, et non de la thèse.

A La thèse du texte, c'est la révolte face à la misère.

B L'auteur défend une thèse : seules les situations que l'homme peut changer peuvent être dites injustes et provoquer notre révolte.

3 Quels sont les défauts ou les qualités des problèmes suivants proposés pour le texte d'Arendt ci-dessus ?

A Qu'est-ce que la justice ?

B À quelles conditions peut-on parler d'injustice ? Peut-on dire de la nature qu'elle est injuste, ou au contraire, que c'est l'être humain et lui seul qui est capable d'injustice ?

C Pourquoi se révolter ? La fureur est-elle légitime ou illégitime ?

Corrigé
Exercice 1
hatier-clic.fr/20philot080

Une fois le problème et la thèse du texte élucidés, vous pouvez établir l'organisation du texte.

→ FICHE 4 p. 221

Fiche 4 Répondre aux questions de synthèse (2)

30 min

Méthode — Explication de texte

DÉFINITION

• En plus d'élucider la thèse et le problème du texte, les questions de synthèse vous demandent d'en **identifier l'organisation méthodique**. Il vous faut alors découper le texte en **plusieurs parties** (entre deux et quatre) en vous appuyant sur ses articulations et justifier votre découpage.

Attention : les parties du texte ne sont pas forcément équilibrées.

• Procédez d'abord au brouillon. Servez-vous de **vos réponses aux questions d'analyse** et appuyez-vous également sur les **repérages** que vous avez effectués lors de vos premières lectures du texte. Dans votre copie, indiquez le **nombre de parties** dont le texte est composé (ÉTAPE 1) puis précisez clairement le **découpage** et justifiez-le (ÉTAPE 2).

MÉTHODE APPLIQUÉE

SUJET Maurice Merleau-Ponty, *Causeries* (1948)

Dégager les étapes de l'argumentation > question 6 p. 215

ÉTAPE 1
Indiquer le nombre de parties

Le texte peut logiquement être découpé en trois parties.

ÉTAPE 2
Préciser et justifier le découpage

Dans une première partie, des lignes 1 à 5 (« sur la toile »), Merleau-Ponty donne sa thèse et récuse une distinction entre forme et fond de l'œuvre : l'œuvre n'a pas d'objet extérieur à elle-même, son objet consiste en la manière même dont une chose est représentée.

Dans une deuxième partie, des lignes 5 à 7 (« à part »), l'auteur précise toutefois sa thèse contre un possible malentendu : ce n'est pas que seule la manière de faire importe ; il est en fait impossible de distinguer entre la forme et le fond. L'objet de l'œuvre d'art, c'est la chose telle qu'elle est représentée dans le tableau.

Enfin, dans une dernière partie, de la ligne 7 à la fin du texte, l'auteur fait une nouvelle distinction qui lui permet de préciser sa thèse : la peinture n'est pas un outil. On ne peut pas se représenter une peinture en décrivant simplement ce qu'elle représente, d'où une conséquence : les informations sur le sujet du tableau ne permettent pas de le comprendre et ne peuvent remplacer l'expérience esthétique que constitue la rencontre avec l'œuvre.

Précisez clairement le découpage en indiquant les **lignes** et les **derniers mots de chaque partie** entre guillemets.

Justifiez-le en indiquant :
– le **rôle argumentatif** de la partie par rapport à la thèse du texte (ce que l'auteur fait),
– l'**idée générale** de la partie (ce que l'auteur dit).

ERREURS À ÉVITER

Pour établir le plan du texte, il ne faut donc pas

- **annoncer ce que vous allez faire** dans chaque partie → **car on vous demande ce que l'auteur fait**, et non ce que vous faites (vous n'êtes pas en dissertation).
- **plaquer** sur le texte **un plan passe-partout** → **car on vous demande le plan précis de ce texte**. Ne dites pas qu'il commence par une introduction et se termine par une conclusion alors que ce n'est sans doute pas le cas !

EXERCICES

Comprendre l'organisation du texte

1 a. Lisez le texte en repérant les connecteurs logiques et autres marqueurs argumentatifs.

Je n'ignore point que bien des gens ont pensé et pensent encore que Dieu et la fortune[1] régissent les choses de ce monde de telle manière que toute la prudence humaine ne peut en arrêter ni en régler le cours : d'où l'on peut conclure qu'il est inutile de s'en occuper avec tant de peine, et qu'il n'y a qu'à se soumettre et à laisser tout conduire par le sort. […]

Néanmoins, ne pouvant admettre que notre libre arbitre ne soit réduit à rien, j'imagine qu'il peut être vrai que la fortune dispose de la moitié de nos actions, mais qu'elle en laisse à peu près l'autre moitié en notre pouvoir. Je la compare à un fleuve impétueux qui, lorsqu'il déborde, inonde les plaines, renverse les arbres et les édifices, enlève les terres d'un côté et les emporte vers un autre : tout fuit devant ses ravages, tout cède à sa fureur ; rien n'y peut mettre obstacle. Cependant, et quelque redoutable qu'il soit, les hommes ne laissent pas[2], lorsque l'orage a cessé, de chercher à pouvoir s'en garantir par des digues, des chaussées et autres travaux ; en sorte que, de nouvelles crues survenant, les eaux se trouvent contenues dans un canal, et ne puissent plus se répandre avec autant de liberté et causer d'aussi grands ravages.

Nicolas Machiavel, *Le Prince* (1532), chapitre 25, « Les intégrales de philo », Nathan, 1998, p. 118-119

1. **Fortune** : le cours des choses, plus ou moins hasardeux.
2. **Ne laissent pas** : ne cessent pas.

b. En vous appuyant sur votre repèrage, répondez aux questions suivantes.

1. En combien de parties découperiez-vous ce texte ? Précisez votre découpage en indiquant les lignes et les derniers mots de chaque partie entre guillemets.
2. Explicitez ce que l'auteur fait dans chacune de ces parties et leur rôle par rapport à la thèse du texte.
3. Précisez l'idée générale de chacune des parties identifiées.

2 a. Lisez le texte en repérant les connecteurs logiques et autres marqueurs argumentatifs.

J'appelle technique un acte *traditionnel efficace* […]. Il n'y a pas de technique et pas de transmission, s'il n'y a pas de tradition. C'est en quoi l'homme se distingue avant tout des animaux : par la transmission de ses techniques et très probablement par leur transmission orale. […] Mais quelle est la différence entre l'acte traditionnel efficace de la religion, l'acte traditionnel, efficace, symbolique, juridique, les actes de la vie en commun, les actes moraux d'une part, et l'acte traditionnel des techniques d'autre part ? C'est que celui-ci est senti par l'auteur *comme un acte d'ordre mécanique, physique ou physico-chimique* et qu'il est poursuivi dans ce but.

Dans ces conditions, il faut dire tout simplement : nous avons affaire à des *techniques du corps*. Le corps est le premier et le plus naturel instrument de l'homme. […] Regardons-nous en ce moment nous-mêmes. Tout en nous tous se commande. Je suis en conférencier avec vous ; vous le voyez à ma posture assise et à ma voix, et vous m'écoutez assis et en silence.

Marcel Mauss, « Les techniques du corps » in *Sociologie et Anthropologie* (1950), 6e partie, chapitre 1, © Presses universitaires de France, 1950, p. 371-372

b. Quelles critiques peut-on faire à ces découpages ?

A Partie I : de la ligne 1 à la ligne 4 (« des animaux »)
Partie II : de la ligne 4 à la ligne 15 (« du corps. »)
Partie III : de la ligne 15 à la fin du texte

B Partie I : de la ligne 1 à la ligne 3 (« pas de tradition. »)
Partie II : de la ligne 3 à la ligne 6 (« orale. »)
Partie III : de la ligne 6 à la ligne 11 (« d'autre part ? »)
Partie IV : de la ligne 11 à la ligne 17 (« de l'homme. »)
Partie V : de la ligne 17 à la fin du texte

c. Proposez votre propre découpage et justifiez-le.

Corrigé
Exercice 2
hatier-clic.fr/20philot080

Une fois le plan du texte dégagé, vous êtes invité(e) à commenter le texte dans un troisième moment de votre devoir.

→ FICHE 5 p. 223

Explication de texte

Méthode

Fiche 5 Répondre aux questions de commentaire

1h30

Une fois le texte compris, les dernières questions vous invitent à présent à le discuter.

DÉFINITION

- Les questions de commentaire vous **invitent à éclairer et à discuter la position tenue par l'auteur** à partir des réponses aux questions précédentes. Comme pour une dissertation, votre réponse doit suivre un développement méthodique, appuyé par vos connaissances, votre expérience et vos lectures. Toutefois, le développement exigé est moins long et moins strict formellement.
- Au brouillon, commencez par **analyser** la question qui vous est posée **(ÉTAPE 1)** puis **problématisez**-la **(ÉTAPE 2)**. Pour cela, vous devez créer une tension entre deux réponses opposées, afin de montrer que le sujet proposé est un problème à part entière. Identifiez ensuite les conséquences des différentes positions que l'on pourrait soutenir **(ÉTAPE 3)** avant de construire un **plan en deux ou trois parties** pour répondre à la question **(ÉTAPE 4)**. Enfin, cherchez des **arguments**, des **exemples** et des **références** philosophiques afin de détailler votre plan **(ÉTAPE 5)**.

MÉTHODE APPLIQUÉE

Sujet Maurice Merleau-Ponty, *Causeries* (1948)

Travail préparatoire au brouillon > question 8 p. 215

ÉTAPE 1
Analyser la question

Ici, on s'interroge sur le rapport entre œuvre d'art et réalité, présenté comme un rapport de représentation.
D'après le sujet, c'est dans cette représentation que l'œuvre d'art trouverait son « but », autrement dit sa finalité, sa raison d'être.
- *œuvre d'art = création humaine semblant dépourvue de fonction utilitaire et qui permettrait à l'être humain de s'exprimer.*
- *réalité = ce qui est. Extérieure mais aussi intérieure (sentiments, pensées).*
- *re-présenter = présenter de nouveau, rendre présent une chose qui existe déjà.*

→ L'œuvre d'art est-elle le moyen de rendre présente la réalité, de la montrer ? A-t-elle là sa raison d'être ?

ÉTAPE 2
Problématiser la question

L'œuvre d'art ne représenterait pas la réalité, elle constituerait une réalité à part entière que l'artiste nous donnerait à rencontrer.
Mais est-ce si évident ? On pense généralement que l'art aurait pour référence et pour sens la réalité qu'elle permettrait d'imiter.
Problématique > Alors l'œuvre d'art a-t-elle pour raison d'être de copier le réel, ou au contraire, constitue-t-elle une réalité à part entière que l'artiste nous donnerait à rencontrer ?

Identifiez ce que demande le sujet et **définissez** les termes importants.

Reformulez le sujet.

Reprenez **la réponse que l'auteur apporte au sujet**.

Puis **interrogez-la** : identifiez la réponse que l'auteur critique (souvent la réponse la plus évidente au sujet), ou critiquez sa réponse en donnant une nouvelle réponse.

Reprenez les deux réponses opposées sous forme d'une **alternative**.

ÉTAPE 3
Montrer que la question posée est importante

La question est importante car si l'œuvre d'art sert à imiter le réel, on peut alors se demander si on a vraiment besoin de l'art, dans la mesure où l'on peut regarder la réalité directement. Pourquoi la présenter à nouveau à nos yeux ? Ne risque-t-elle pas d'être une simple apparence trompeuse ?
Si l'œuvre d'art constitue une réalité à part entière, alors pourquoi nous intéresserait-elle ?

Identifiez les **conséquences des différentes positions** que l'on pourrait soutenir (*sur la définition de l'œuvre d'art et quant au sens de la pratique artistique*).

ÉTAPE 4
Élaborer le plan

Partie I L'œuvre d'art permettrait de représenter le réel en l'imitant.
Partie II Cependant, l'œuvre d'art ne copierait pas le réel, mais aurait sa réalité en elle-même.
Partie III L'œuvre d'art ne copie pas le réel, elle nous apprend à voir le réel.

Réponse critiquée par l'auteur

Reprise de la **position de l'auteur** pour la remettre en question

Critique de la position de l'auteur en **confrontant sa thèse** à l'expérience ou à une autre thèse

ÉTAPE 5
Rechercher des arguments, des références philosophiques et des exemples

Partie I La beauté est dans les choses naturelles, que l'œuvre ne peut qu'imiter : Aristote, Les Parties des animaux
Exemple : l'hyperréalisme, Ron Mueck, Mask II
Partie II Mais l'objet de l'œuvre d'art, c'est la chose telle qu'elle est représentée par l'artiste. L'œuvre d'art est elle-même une réalité absolue : Merleau-Ponty, Causeries
Exemple : le Requiem de Mozart ne représente pas la mort mais constitue une réalité à part entière, il est absurde d'en distinguer la forme et le fond.
Partie III L'œuvre d'art ne représente pas le réel mais elle nous apprend à mieux le percevoir et le comprendre en cessant de le réduire à son aspect utilitaire : Bergson, Le Rire
Exemple : le personnage de Hamlet, dans l'œuvre de Shakespeare, ne copie pas l'être humain, mais il nous invite à la sincérité envers nous-mêmes.

Références philosophiques (textes p. 99, 179)
Utilisez comme référence le texte à expliquer.

Pour un sujet sur l'art, privilégiez les **exemples artistiques**, en variant les formes d'art (p. 21, 179).
Appuyez-vous sur votre culture ou sur l'expérience (en évitant tout détail inutile).

Pour la rédaction au propre, voir l'explication de texte rédigée **p. 226**.

ERREURS À ÉVITER

Pour commenter le texte, il ne faut donc pas

- **ne pas tenir compte de la position de l'auteur**, élucidée grâce aux question précédentes → **car** c'est cette **position que vous devez discuter**. Il est donc impératif qu'elle soit exposée et interrogée dans votre réponse.
- proposer **une seule partie** → **car** vous êtes invité(e) à discuter une position, et donc à **confronter au moins deux thèses différentes**.

EXERCICES

Problématiser et établir le plan de votre réflexion

1 a. Lisez le texte suivant.

Il y a donc dans la religion quelque chose d'éternel qui est destiné à survivre à tous les symboles particuliers dans lesquels la pensée religieuse s'est successivement enveloppée. Il ne peut pas y avoir de société qui ne sente le besoin d'entretenir et de raffermir, à intervalles réguliers, les sentiments collectifs et les idées collectives qui font son unité et sa personnalité. Or, cette réfection[1] morale ne peut être obtenue qu'au moyen de réunions, d'assemblées, de congrégations où les individus, étroitement rapprochés les uns des autres, réaffirment en commun leurs communs sentiments ; de là, des cérémonies qui, par leur objet, par les résultats qu'elles produisent, par les procédés qui y sont employés, ne diffèrent pas en nature des cérémonies proprement religieuses. Quelle différence essentielle y a-t-il entre une assemblée de chrétiens célébrant les principales dates de la vie du Christ [...] et une réunion de citoyens commémorant l'institution d'une nouvelle charte morale ou quelque grand événement de la vie nationale ?

Émile Durkheim, *Les Formes élémentaires de la vie religieuse* (1912), Quadrige, Presses universitaires de France, 2014, p. 609-610

1. **Réfection** : action de refaire, de réparer, de reconstituer.

b. Répondez aux questions suivantes.

1. En quoi les fêtes civiles laïques et les fêtes religieuses sont-elles similaires pour l'auteur ? Quel est le but essentiel de la religion selon lui ?
2. En quoi cette idée est-elle étonnante ? Quelle autre réponse peut-on lui opposer ?
3. Quelle est la conséquence de la position de l'auteur quant à la valeur de la foi et de son contenu ? Comment pourrait-on, avec Durkheim, distinguer entre bonnes et mauvaises croyances religieuses ?
4. Quels exemples pourraient venir soutenir la position de Durkheim ? Quels exemples pourraient permettre de remettre en question sa position ?
5. En reprenant vos réponses aux questions précédentes, quelle problématisation et quel plan proposeriez-vous pour répondre à la question suivante : la religion a-t-elle pour but essentiel de rassembler les êtres humains ?

Corrigé
Exercice 1
hatier-clic.fr/20philot080

Trouver des exemples

2 a. Lisez le texte suivant.

Tout le monde reconnaît qu'il y a beaucoup d'uniformité dans les actions humaines, dans toutes les nations et à toutes les époques, et que la nature humaine reste toujours la même dans ses principes et ses opérations. Les mêmes motifs produisent toujours les mêmes actions ; les mêmes événements suivent des mêmes causes. [...] Les hommes sont si bien les mêmes, à toutes les époques et en tous les lieux, que l'histoire ne nous indique rien de nouveau ni d'étrange sur ce point.

David Hume, *Enquête sur l'entendement humain* (1748), section VIII, partie I, traduction d'André Leroy revue par Michelle Beyssade, GF Flammarion © Aubier-Montaigne, 1947, p. 152

b. Répondez aux questions suivantes.

1. Quelle thèse Hume défend-il sur la nature humaine ?
2. Trouvez des exemples permettant d'illustrer mais aussi de discuter sa position.

Commenter le texte

3 a. Lisez le texte suivant.

Il y a au Salon plusieurs petits tableaux de Chardin[1] ; ils représentent presque tous des fruits avec les accessoires d'un repas. C'est la nature même. Les objets sont hors de la toile et d'une vérité à tromper les yeux. [...] Pour regarder les tableaux des autres, il semble que j'aie besoin de me faire des yeux ; pour voir ceux de Chardin, je n'ai qu'à garder les yeux que la nature m'a donnés, et m'en bien servir. [...] Ô Chardin, ce n'est pas du blanc, du rouge, du noir que tu broies sur ta palette ; c'est la substance même des objets, c'est l'air et la lumière que tu prends à la pointe de ton pinceau, et que tu attaches sur la toile.

Denis Diderot, « Salon de 1763 » in *Essais sur la peinture*, Hermann, 2007, p. 219-220

1. **Chardin** : peintre français du XVIIIe siècle connu principalement pour ses natures mortes.

b. Répondez aux questions suivantes.

1. Quel rapport l'art de Chardin entretient-il avec la nature, pour l'auteur ?
2. À la lumière de vos connaissances, de votre expérience et de vos lectures, et en tenant compte du texte de Diderot, répondez à la question de savoir si l'œuvre d'art a pour but d'imiter la nature. Vous envisagerez précisément les conséquences de votre réponse, notamment pour ce qui concerne les critères d'une œuvre d'art réussie et le pouvoir de l'artiste.

Explication de texte rédigée et commentée

Sujet Jean-Paul Sartre, *L'existentialisme est un humanisme* (1946)

S'il est impossible de trouver en chaque homme une essence universelle qui serait la nature humaine, il existe pourtant une universalité humaine de *condition*. Ce n'est pas par hasard que les penseurs d'aujourd'hui parlent plus volontiers de la condition de l'homme que de sa nature. Par condition ils entendent avec plus ou moins de clarté l'ensemble des *limites a priori* qui esquissent sa situation fondamentale dans l'univers. Les situations historiques varient : l'homme peut naître esclave dans une société païenne ou seigneur féodal ou prolétaire. Ce qui ne varie pas, c'est la nécessité pour lui d'être dans le monde, d'y être au travail, d'y être au milieu d'autres et d'y être mortel. Les limites ne sont ni subjectives ni objectives, ou plutôt elles ont une face objective et une face subjective. Objectives parce qu'elles se rencontrent partout et sont partout reconnaissables, elles sont subjectives parce qu'elles sont *vécues* et ne sont rien si l'homme ne les vit, c'est-à-dire ne se détermine librement dans son existence par rapport à elles.

(A) Éléments d'analyse

1. Comment définit-on généralement la « nature humaine » ?

2. Selon Sartre, quels sont les éléments variables et invariables dans l'existence humaine ?

3. Dans le texte, que signifie « limites objectives et subjectives » de l'existence ?

4. Expliquez la distinction faite par Sartre entre la « nature humaine » et l'« universalité humaine de condition ».

(B) Éléments de synthèse

5. D'après l'auteur, le fait qu'il existe des points communs entre tous les êtres humains réduit-il la liberté humaine ?

6. Dégagez l'idée principale du texte et les étapes de son argumentation.

(C) Commentaire

7. En quoi l'idée de nature humaine est-elle intéressante pour penser nos devoirs moraux envers les autres ?

8. En quoi l'idée de nature humaine peut-elle se révéler dangereuse ?

9. À la lumière de vos connaissances, de votre expérience et de vos lectures, et en tenant compte du texte de Sartre, répondez à la question de savoir s'il y a une nature humaine. Vous envisagerez précisément les conséquences de votre réponse, notamment pour ce qui concerne la liberté humaine et la possibilité de penser l'unité du genre humain.

(A) Éléments d'analyse

1. On définit habituellement la nature humaine comme ce qu'il y aurait de commun à tous les êtres humains. C'est pourquoi Sartre rapproche l'idée de nature humaine de celle d'essence de l'humain, l'essence désignant les caractéristiques fondamentales d'une chose. La nature humaine serait donc universellement partagée et invariable. Elle désignerait les caractéristiques ou capacités innées, par différence avec les comportements particuliers et acquis, relatifs à la culture. On peut alors penser à la conscience ou à la capacité à développer un langage, comme caractéristiques de la nature humaine.

Question 1

Utilisez tout le **texte de Sartre** (p. 226).

Employez un **vocabulaire précis**, en particulier les **repères** du programme.

Pensez à donner des **exemples**.

2. Sartre distingue des éléments variables et des éléments invariables dans l'existence humaine. Ce qui est variable relève de la contingence de l'existence. Ainsi, nous ne retrouvons pas ces éléments chez tous les êtres humains. Par exemple, la situation biologique, historique et sociale diffère parmi les hommes : on peut naître malade ou en bonne santé, ou encore, écrit Sartre, esclave, seigneur ou prolétaire. Mais il y a aussi selon Sartre des éléments qui ne varient pas, qui sont partagés par tous les êtres humains et donc universels et nécessaires. Il s'agit « d'être dans le monde, d'y être au travail, d'y être au milieu d'autres et d'y être mortel ». « Être dans le monde » signifie exister dans un monde qui m'a précédé(e) et avec lequel je dois me familiariser. « Être au milieu d'autres », c'est avoir affaire à autrui. « Être mortel » renvoie au fait d'être un corps et de devoir mourir un jour. Mais pourquoi « y être au travail », alors que tout le monde ne travaille pas nécessairement ? C'est qu'il faut prendre le terme « travail » au sens large d'effort pour subvenir à ses besoins. À défaut de le fournir soi-même, tout individu fait partie d'une société qui doit fournir un tel effort, la nature ne prodiguant pas d'elle-même tout ce qui est nécessaire à la survie humaine.

Question 2

Précisez **ce que l'auteur fait**.

Appuyez-vous toujours sur **ce que dit le texte**.

Repères : contingent / nécessaire

Interrogez le propos de l'auteur pour mieux l'expliquer.

3. Sartre parle de « limites objectives et subjectives » de l'existence pour définir la condition de l'être humain. L'idée de limite renvoie à quelque chose qui ne peut pas ou ne doit pas être dépassé. Ces limites désignent les éléments invariables qui se rencontrent dans toute existence humaine. Or ces limites sont subjectives et objectives ou plutôt, précise-t-il, elles ont une face objective et une face subjective. Objectif se rapporte à l'objet, ce qui ne dépend pas du sujet. Dire d'une limite qu'elle a une face objective, c'est dire alors qu'elle est un fait qui s'impose à l'humain. Ainsi, être mortel est une donnée de l'existence humaine qui ne dépend pas de la volonté du sujet. Cependant, que signifie alors face subjective ? Est subjectif ce qui est relatif au sujet. C'est alors la manière dont le sujet vit cette limite qui est commune à tous. Si la mort s'impose à tous, universellement, chacun a une manière singulière de se rapporter à sa propre mort.

Question 3

Repères : objectif / subjectif ; universel / particulier / singulier

4. Sartre distingue dans le texte la « nature humaine » et l'« universalité humaine de condition ». La nature humaine renvoie à l'idée d'essence de l'être humain, c'est-à-dire à l'idée de caractéristiques qui seraient innées, invariables et universelles, et qui permettraient de définir l'humain. « L'universalité humaine de condition » renvoie quant à elle aux « limites a priori qui esquissent [la] situation fondamentale [de l'être humain] dans l'univers ». Ces limites sont les éléments invariables de l'existence humaine, dont Sartre dit qu'elles sont « a priori » parce qu'elles délimitent toute existence possible.

Question A4

Pensez à citer **entre guillemets** les propos de l'auteur et à mettre entre crochets les passages modifiés.

On ne voit pas bien, dès lors, ce qui distingue ces deux expressions. Mais c'est que les limites de l'existence humaine ne définissent pas l'être humain. « Être dans le monde », « y être au travail », « être au milieu d'autres » et « être mortel » ne préjugent pas de certains comportements ou caractères spécifiques. Il existe par exemple de nombreuses façons de se rapporter aux autres : les fuir, rechercher leur compagnie, établir une société égalitaire ou hiérarchisée. C'est la face subjective, dit Sartre, de ces limites : chacun peut s'y rapporter de manière singulière. Au contraire, dire par exemple de la nature humaine qu'elle est égoïste, cela revient à déterminer à l'avance ce qu'est l'être humain et sa manière de vivre. L'idée d'universalité humaine de condition, en même temps qu'elle établit des points communs entre les êtres humains, fait de l'humain un être indéterminé, montrant qu'il n'y a pas qu'une seule façon d'être humain.

Interrogez le propos de l'auteur pour mieux l'expliquer.

Appuyez-vous toujours sur **ce que dit le texte**.

Pensez à donner des **exemples**.

Employez un **vocabulaire précis**, en particulier les **repères** du programme.

(B) Éléments de synthèse

5. L'universalité de la condition humaine permet donc de penser des points communs entre tous les êtres humains. Pour autant, cela ne fait pas obstacle à l'idée de liberté humaine pour Sartre, contrairement à l'idée de nature humaine. En effet, Sartre dit que l'homme « se détermine librement dans son existence » par rapport aux limites que les êtres humains ont en partage. Pourtant, l'humain ne choisit pas sa situation. Il ne choisit pas d'être dans le monde, d'y être au travail, de vivre au milieu d'autres, ou d'être mortel. Cependant, le choix est toujours possible et même nécessaire. C'est la face subjective de ces limites : nous avons à les vivre de manière singulière, grâce à notre libre arbitre. On a alors affaire à un paradoxe : nous vivons dans une situation dont les contours et les données ne sont pas choisis, et pourtant nous sommes libres et responsables, car c'est à nous de nous y rapporter librement et de lui donner du sens, de la vivre à notre façon. Si l'idée que tout dépend de notre volonté est absurde, nous sommes pourtant radicalement libres par rapport à une situation donnée. La condition humaine définit alors le cadre dans lequel peut s'exercer la liberté de l'individu.

Question 5

Réutilisez les **réponses aux questions précédentes**.

6. Le texte de Sartre a ainsi pour thème le rejet de l'idée de nature humaine au nom de la liberté. Il défend la thèse selon laquelle les êtres humains n'ont pas de nature mais partagent une universalité de condition, permettant de penser leur unité et leur liberté.

Sartre s'est ainsi posé le problème : faut-il abandonner l'idée de nature humaine ? L'idée de nature humaine est-elle pertinente et nécessaire pour penser l'unité du genre humain, ou au contraire doit-on la rejeter compte tenu de la singularité et de la liberté des existences humaines ?

Le texte peut se découper en deux parties : dans la première partie, des lignes 1 à 8 (« être mortel »), Sartre donne sa thèse : il faut rejeter l'idée de nature humaine au profit de celle d'« universalité humaine de condition », définie comme un ensemble de limites communes à tous les êtres humains. Dans une deuxième partie, de la ligne 8 à la fin du texte, Sartre précise sa thèse en distinguant les faces objective et subjective des limites de la condition humaine : parce que chaque humain a à vivre et à se rapporter à cette condition, elle ne fait pas obstacle à la liberté des êtres humains.

Question 6

Indiquez le **thème** du texte : il porte sur deux **notions** du programme.

Identifiez la **thèse**.

Vous pouvez ensuite formuler le **problème** du texte auquel répond la thèse.

Annoncez ensuite le **plan** en indiquant le découpage et le **rôle argumentatif** des parties.

Précisez également l'**idée générale** des parties.

(C) Commentaire > question 9

Dans L'existentialisme est un humanisme, Sartre affirme que la nature humaine n'existe pas, autrement dit, il n'existerait pas de caractéristiques universelles qui permettraient de définir tout être humain. Mais est-ce si évident ? Tous les êtres humains ont bien en partage des caractéristiques qui permettent de les définir en tant que membres d'une même espèce. Alors, doit-on défendre l'idée d'une nature humaine, ou au contraire affirmer que cette idée est trompeuse voire dangereuse et qu'il faut la rejeter ? Cette question est importante, car si les êtres humains ont en commun une même nature qui préfigurerait a priori leurs comportements, peut-on les considérer comme libres ? Inversement, si une telle nature n'existe pas, l'idée que nous partagerions tous une même humanité a-t-elle encore un sens ? Dans une première partie, nous montrerons la pertinence de l'idée de nature humaine. Puis, nous ferons valoir, dans une deuxième partie, que cette idée n'a en fait rien d'évident, dans la mesure où elle procéderait d'une confusion entre ce qui est habituel et ce qui est naturel. Enfin nous verrons qu'il est possible de repenser la nature humaine comme liberté, c'est-à-dire comme un ensemble de possibilités indissociables de leur réalisation singulière par l'individu.

INTRODUCTION
- Énoncez la **position de l'auteur**.
- Puis remettez-la en question.
- Cette étape s'accompagne d'une **analyse du sujet**.
- Proposez ensuite une **problématique**.
- Explicitez les **conséquences** des positions envisagées.
- Annoncez le **plan**.

Tout d'abord, l'idée de nature humaine paraît pertinente pour penser l'unité du genre humain. En effet, les êtres humains ont en commun des caractéristiques biologiques, comme la bipédie ou encore un néocortex développé. Ces données physiologiques nous rendent aptes à la technique et expliquent le développement de l'intelligence et de la conscience. Plus encore, on pourrait considérer que tous les comportements humains tirent leur origine des propriétés physiques humaines. C'est la position du naturalisme, tel qu'il est défendu par d'Holbach dans son Système de la nature. Tout en l'être humain serait explicable par l'action de principes naturels : ses actions, ses pensées, sa volonté même de changer sa condition pour la rendre plus heureuse seraient en fait déterminées par sa nature. L'être humain ne pourrait être autre que ce que sa nature fait de lui.

Cette idée de nature humaine permet alors de fonder l'existence de droits naturels, c'est-à-dire de droits qu'aurait tout être humain en tant qu'humain et que nous devrions moralement respecter. On retrouve cette idée chez Cicéron. Dans le Traité des lois, il soutient notamment que les droits ne doivent pas varier en fonction des cultures et des décisions des êtres humains mais doivent être fondés sur leur nature. Cette idée est reprise dans la Déclaration universelle des droits de l'homme qui entend formuler les droits universels et inaliénables de l'être humain. D'après l'article 3 par exemple, tout individu a droit à la vie et à la sûreté de sa personne, la vie humaine étant considérée comme une valeur suprême.

PARTIE I
- Commencez par la position qu'attaque Sartre.
- Pensez à **nuancer votre propos**.
- **Référence** pour approfondir l'argument (texte p. 95)
- Des **concepts** précis sont mobilisés.
- Nouvel **argument**, (conséquence morale)
- > texte p. 47
- **Exemples**

L'existence d'une nature humaine semble incontestable et indispensable pour fonder la connaissance de l'être humain et la défense de ses droits. Cependant, cette idée n'est-elle pas trompeuse et même dangereuse ?

TRANSITION
- **Rappel** de l'**hypothèse de réponse** défendue
- **Question** pour faire rebondir la réflexion

L'existence d'une nature humaine pourrait être remise en question.

On a tendance en effet à confondre ce qui est naturel et inné avec ce qui est culturel et acquis. On croit ainsi inné et universel ce qui est particulier et propre à notre seule culture, faisant de ce qui est habituel un trait naturel. Par exemple, l'idée que la nature humaine serait égoïste pourrait renvoyer à un trait de comportement propre à notre culture occidentale, qui n'aurait aucun sens pour d'autres cultures. C'est ce que montre l'anthropologue

PARTIE II
- **Critique** de la position défendue dans la partie I
- Premier **argument**

Marshall Sahlins dans La Nature humaine, une illusion occidentale : pour de nombreuses cultures, l'égoïsme est considéré comme un manque d'humanité, car il met en péril les relations avec autrui, indispensables dans les sociétés.

Or, penser que l'égoïsme est naturel, c'est croire qu'il est nécessaire et inscrit dans la nature profonde de l'homme. On voit ainsi les dangers de l'idée de nature humaine : elle pourrait servir à ériger comme modèle des comportements propres à une culture ou à une majorité, et à désigner les autres comme illégitimes et contre nature. Elle peut en outre servir à justifier des formes de domination, en affirmant par exemple que les Noirs seraient par nature inférieurs aux Blancs, ou encore que les femmes seraient par nature plus faibles que les hommes.

> texte p. 97

Des **concepts** précis sont mobilisés.

Argument qui critique la conséquence de la position précédente

Exemple

Ainsi, l'idée de nature humaine s'avère finalement illusoire, voire dangereuse, puisque les êtres humains n'auraient pas de comportements innés et universels. Dès lors, doit-on rejeter l'idée de nature humaine ou affirmer que, paradoxalement, la nature de l'humain réside dans son indétermination même ?

TRANSITION

Rappel de l'**hypothèse de réponse** défendue

Objections

Puisque les êtres humains diffèrent, leur point commun semble précisément de n'être pas déterminé par une nature. Ce qui ferait alors la nature de l'être humain, c'est sa liberté même, et donc son incapacité à être enfermé dans une définition préétablie. C'est ce que veut dire Sartre dans L'existentialisme est un humanisme, lorsqu'il affirme qu'il n'existe pas d'« essence universelle qui serait la nature humaine ». Si l'être humain a des caractéristiques biologiques, et si toute existence humaine est confrontée à des limites, que sont le fait d'être au monde, d'être mortel, d'être au milieu des autres et d'y être au travail, l'homme est pourtant libre de choisir le rapport qu'il entretiendra avec ce qu'il n'a pas choisi. Sa situation dessine une infinité de possibilités et ne détermine pas de comportements particuliers.

Mais alors, comment penser des points communs entre les êtres humains ? Peut-on encore traiter l'autre comme son semblable et comment se comprendre les uns les autres ? C'est pour répondre à ces objections que Sartre affirme l'existence d'une universalité humaine de condition pour penser l'universalité humaine. L'autre, aussi différent soit-il de moi, m'est toujours compréhensible car il est confronté aux mêmes limites, celles, universelles, de notre condition humaine. Son existence est une manière de répondre aux questions de l'existence corporelle, de la mort ou encore du rapport à autrui. Comprendre l'autre, c'est alors saisir le sens singulier qu'il donne à ses limites, leur face subjective.

De plus, si c'est la liberté que nous avons en partage, c'est aussi la liberté qui peut constituer le fondement de nos devoirs moraux envers les autres. Ainsi, ce que nous pensons comme droits naturels, en tout cas dans la Déclaration universelle des droits de l'homme, constitue avant tout l'affirmation de la liberté de tout être humain. Respecter l'être humain, ce serait avant tout respecter sa capacité d'autodétermination.

PARTIE III

Une **nouvelle position**, permettant de dépasser les objections de la partie précédente, est défendue.

Contre-argument

Pensez à réutiliser, dans l'une des parties, la **position de l'auteur**.

Argument qui examine et répond à une objection possible ; une conséquence de la position défendue est établie

Argument réexaminé et compris dans un sens différent

On peut donc affirmer qu'il n'y a pas de nature humaine, si l'on entend par là que les êtres humains auraient des comportements innés et instinctifs. Une telle conception ne fait qu'ériger en norme les comportements propres à notre culture. Ce qui caractérise alors l'être humain, c'est son indétermination même, autrement dit, sa liberté. L'être humain ne serait pas défini de manière figée, mais comme un ensemble de possibilités.

CONCLUSION

Elle répond clairement au sujet et revient sur la **dernière position défendue**.

Outils

• Catrin Welz-Stein, *Sommertraum* (*Rêve d'été*, 2012), image numérique

Index des notions

Les folios en gras renvoient aux pages de **Vocabulaire à retenir**.
Les mots en vert font partie des **repères** au programme.

Index des auteurs et des œuvres

Les folios en noir renvoient aux textes des problèmes philosophiques ; en vert à ceux des pages **S'exercer** et **Méthodes Bac** ; en bleu aux **citations commentées**. Les **auteurs du programme** apparaissent en gras.

Corrigés des exercices

Chapitre 1, exercice 5, p. 31

On imagine souvent que l'artiste est seul dans son atelier, et que de son génie surgit une œuvre « créée » spontanément, comme la lumière créée par Dieu au début de la *Genèse*. Or ce processus est bien plus divers et complexe.

• La représentation du peintre Pierre Soulages, par exemple, illustre bien l'idée d'un travail solitaire, mais fait aussi sentir qu'il s'agit d'un travail physique, au contact direct avec la matière, que l'on tente de modeler pour la faire correspondre à une intention initiale. Mais ce qui surgit de l'œuvre finale dépend autant de l'action de l'artiste que de la manière dont les matériaux réagissent à son action – d'où le caractère toujours inattendu de l'œuvre d'art.

• La photographie du tournage de *2001, l'Odyssée de l'espace* montre le décalage entre le processus de production et l'image finale, qui crée une illusion de réalité une fois que les appareils de prise de vue et de prise de son disparaissent. Le travail de l'artiste n'est pas nécessairement ce que le spectateur aperçoit à la fin du parcours.

Par ailleurs, et comme le démontrent aussi les photographies suivantes, la production d'œuvres d'art n'est pas exclusivement une opération solitaire. Elle inclut une participation collective, à différents degrés, des artistes et des spectateurs. Dans le cinéma bien sûr, où le « réalisateur » (ici, Stanley Kubrick) a une position de surplomb qui invite à le considérer souvent comme « l'auteur » de son œuvre, mais d'où il ne faut pas non plus exclure les scénaristes, les acteurs, les directeurs de la photographie, les monteurs, les mixeurs. Mais aussi dans le théâtre et dans la musique, où il serait réducteur de n'accorder qu'à l'auteur ou au compositeur le mérite d'une belle performance (qui inclut la scénographie, la mise en scène, l'éclairage, les costumes, les talents individuels des acteurs et musiciens).

• Enfin, les deux dernières illustrations renvoient au fait que certaines œuvres existent dans l'instant de leur représentation. Dans la musique, chaque interprétation possède ses particularités, au point que certains concerts sont enregistrés et cités comme des modèles dans leur catégorie. C'est le cas au théâtre également, où l'interaction avec le public est souvent déterminante dans la réussite d'une pièce. Certains metteurs en scène contemporains vont ainsi jusqu'à faire participer directement les spectateurs au déroulement de la pièce, pour brouiller encore plus la frontière qui sépare les artistes et leur public.

On voit donc que, dans leur existence concrète, les œuvres d'art n'obéissent pas au schéma simpliste de l'artiste-créateur, dont l'esprit donnerait tout entier naissance à une œuvre originale. Comme toute réalité culturelle, l'œuvre d'art est le produit d'une interaction humaine, où le travail de l'artiste est bien sûr central, mais où le résultat final dépend aussi d'un effort collectif, du hasard des circonstances, et du regard du public.

Chapitre 2, exercice 4, p. 56

a. La Justice porte un glaive parce qu'elle a la puissance de trancher les litiges et d'y mettre fin, contrairement à la vengeance. On risque de vouloir se venger de la vengeance, car celui qui la subit ne la considère pas comme légitime. La décision de justice a, quant à elle, l'autorité de la loi. Le glaive peut signifier aussi que la justice doit être accompagnée de la force : la loi seule ne saurait être respectée, si son infraction n'était pas suivie de sanction.

b. Si la justice a le droit de corriger par le glaive, c'est parce qu'elle a connaissance de l'équilibre à rétablir. Cet équilibre est figuré par la balance. L'injustice est conçue alors comme déséquilibre, parce qu'on a pris plus que ce qui nous revenait, parce qu'on a outrepassé son droit. La justice évalue le déséquilibre et rétablit l'ordre premier grâce au châtiment.

c. Thémis a les yeux bandés car la justice est au-dessus des passions individuelles, et elle est impartiale au sens où elle fait droit à chacune des parties en cause. La justice ne doit pas être aveugle aux situations particulières des individus, aux circonstances atténuantes et aggravantes, mais elle doit l'être au sens où elle ne doit pas tenir compte de l'émotion, et juger les humains de manière objective, sans parti pris ni préjugés. Être aveugle, c'est ne pas se laisser aveugler par ce qui ne doit pas entrer en ligne de compte dans un jugement équitable. La cécité de la justice est synonyme de clairvoyance, non d'ignorance.

Chapitre 3, exercice 2, p. 82

a. Il s'agit d'exprimer une forme de contrainte, qui évacue la responsabilité morale : quand je n'ai pas le choix, je ne suis pas le maître de mes décisions. Dire à quelqu'un qu'il n'a pas le choix implique donc qu'il est soumis, soit à l'autorité absolue d'un autre individu, soit au poids des circonstances qui dépasse toute tentative de contrôle. Dans tous les cas, il n'est plus vraiment considéré comme un agent libre.

b. Être « déterminé » peut avoir plusieurs sens distincts. Le déterminisme est une thèse qui affirme que tout phénomène réel est intégralement soumis à la loi de la causalité, que rien ne se produit spontanément, y compris une action humaine. Mais « être déterminé » peut paradoxalement renvoyer à une forme de liberté : un individu déterminé à agir sait *pourquoi* il agit, donc, en un sens, il sait quelle cause détermine son comportement. En revanche, il s'accroche à cette cause et lui reste fidèle coûte que coûte, même si les circonstances le poussent à agir autrement. De ce point de vue, il démontre sa liberté, car il démontre qu'il n'est pas soumis aux changements capricieux des circonstances.

c. L'activité de l'imagination, notamment lorsqu'elle est stimulée par le spectacle de la nature ou des œuvres d'art, est souvent associée à une forme de liberté. En effet, contrairement à la raison, l'imagination n'est pas soumise à la nécessité de procéder selon les règles de la logique (règles qui peuvent parfois passer pour une contrainte à l'activité de l'esprit). Ainsi, « se laisser aller » et imaginer à sa guise ce que nous évoque un morceau de musique, un tableau, ou simplement le passage des nuages dans le ciel, est compris comme un moment de libération de l'esprit, qui devient alors plus spontané et insouciant.

d. Si l'on peut considérer que l'obéissance reste un phénomène volontaire (même si c'est sous la menace d'une sanction, on « choisit » d'obéir, au moins parce que l'on « choisit » d'éviter la sanction), on pourrait dire que l'obéissance ne va pas forcément contre la liberté de l'individu. Mais lorsque cette obéissance s'accomplit sans même que l'individu sache qu'il est en train d'obéir, on est face à un phénomène de *conditionnement*, où l'autorité est subie sans réflexion, et où la soumission est obtenue par la force de l'habitude, de l'éducation ou de l'endoctrinement. Dans ce cas, il est pertinent de dire que le libre arbitre est réduit au silence par la pression exercée sur l'individu, qui est « dressé » à obéir, sans pouvoir réfléchir aux raisons pour lesquelles il doit respecter l'autorité qui lui est imposée.

■ Chapitre 4, exercice 6, p. 109

a. À première vue, cette publicité semble déconstruire ce que l'on appelle les stéréotypes de genre car elle représente un homme en train de faire une tâche que l'on considère comme naturellement destinée à la femme. Une conception faussement finaliste des rôles de l'homme et de la femme considère en effet qu'une femme est par nature faite pour prendre soin d'un foyer et de sa famille. Elle aurait reçu de la nature les qualités physiques, intellectuelles et morales pour cela.

b. Mais à bien y réfléchir, on constate que cette publicité renforce certains stéréotypes. Il s'agit en effet d'une publicité pour un appareil électroménager destiné à motiver l'homme à accomplir une tâche qu'il estime ne pas être la sienne, en jouant sur ce qui suscite son intérêt, à savoir les innovations technologiques. Il est présenté comme naturellement incapable d'accomplir cette tâche sans l'aide d'une machine qui fera, finalement, le travail à sa place. Ainsi, cette publicité enferme l'homme et la femme dans une essence censée les caractériser de toute éternité : la femme demeure celle qui se charge naturellement des travaux domestiques et l'homme celui qui, par son goût naturel pour les technologies, parvient à se faire violence et accomplir une tâche pour laquelle il ne s'estime pas fait.

c. Derrière le terme « nature » employé précédemment, il convient en réalité de mettre le terme « culture ». Si l'être humain n'a pas de nature déterminée à la naissance et s'il en reçoit une par son éducation qui l'intègre à une société donnée, alors c'est la culture, et non la nature, qui assigne des rôles différenciés aux hommes et aux femmes en fonction de ce que l'on s'imagine devoir être leurs capacités et leur place en société.

■ Chapitre 5, exercice 7, p. 135

a. Cet objet montre que l'on sacralise les nouvelles technologies et plus spécifiquement un appareil numérique issu du monde profane. Suggérer qu'un lecteur mp3 est assimilable à une croix chrétienne, cela invite à penser que nous avons envers les appareils technologiques de notre quotidien un rapport qui n'est plus de simple manipulation, mais de fascination et d'adoration.

b. Il paraît légitime de comparer les objets technologiques à des objets sacrés dans le sens où ils revêtent parfois la valeur et la fonction de ces dernières. Leur fonctionnement paraît miraculeux, dans la mesure où personne ne sait comment fonctionne un smartphone, qui apparaît comme une véritable boîte noire. Leur valeur paraît sacrée lorsqu'on constate que nous ne sommes pas capables de nous en séparer, si bien qu'ils deviennent des objets fétiches que l'on porte toujours avec soi. Néanmoins, tandis que la valeur des reliques tient à la mémoire sacrée dont elles sont dépositaires, on ne voue un culte aux objets technologiques que dans la mesure où ils sont en avance sur leur temps. Ils sont donc plutôt l'indice de ce que sera l'avenir que le signe de ce qu'a été le passé. En ce sens, les objets technologiques sont, au moment même où ils apparaissent, déjà voués à être dépassés.

c.

Aspects religieux de la technologie	Aspects non religieux
– Clergé laïc : experts, PDG des GAFA – Culte de la personnalité (Steve Jobs) – Production d'objets « cultes » – Communauté de « fidèles »	– Absence de texte sacré – Pas d'intendant légitime de la parole de Dieu – Pas d'organisation d'ensemble unifiée – Ritualité individuelle plutôt que collective (sortir son smartphone à un rythme régulier)

Chapitre 6, exercice 6, p. 159

a. Le pistolet a pour fonction de tirer un coup de feu mais il peut aussi servir à intimider ou assommer quelqu'un.

b. L'échographe a pour fonction de donner une image intra-utérine, mais il permet également à la médecine de devenir prédictive en repérant des anomalies ou des malformations.

c. La montre connectée a pour fonction d'afficher au poignet et en temps réel des données personnelles, mais elle permet aussi aux individus de se sentir concernés et responsables de leur santé en se surveillant attentivement.

d. La navette spatiale a pour fonction de décoller de la Terre, se déplacer dans l'espace et revenir, mais elle peut également permettre aux êtres humains d'accéder à de nouveaux territoires et à de nouveaux champs d'investigation.

Chapitre 7, exercice 7, p. 185

a. Ce n'est pas la recherche de la vérité qui est ici caricaturée, mais le fait de considérer la science comme une sorte de lieu sacré où se trouverait la vérité. Comme l'explique le philosophe Bertrand Russell, le scientifique est toujours en proie au risque de se croire détenteur de la vérité absolue lorsqu'il oublie que les théories scientifiques sont provisoirement tenues pour vraies, mais ne le sont jamais définitivement.

b. Lorsque le scientifique se replie sur un savoir qu'il n'interroge plus de manière critique, il devient une sorte de nouveau prêtre : le prêtre de la vérité. La vérité ne serait alors pas une vérité morale ou existentielle, comme dans la religion, mais une vérité factuelle. Cela dit, le scientifique peut aussi concurrencer le prêtre dans sa prétention à gouverner nos modes de vie. Par exemple, en prescrivant de se conformer seulement à ce qui a fait l'objet d'une validation scientifique, dans notre usage des technologies, de l'ingénierie, et aussi des techniques médicales et pharmaceutiques. On est alors fondé à parler d'une religion de la science. C'était précisément le projet de l'école positiviste dont les principes ont été formulés par Auguste Comte dans son *Système de politique positive*. Néanmoins, il s'agit ici d'une description qui ne correspond qu'à l'un des modes d'existence et de reconnaissance sociaux de la science. Par son idéal et sa méthode, cette dernière diffère de la religion dans la mesure où elle repose sur des principes rationnels, et non sur la foi en des vérités révélées, et n'obéit à aucun dogme, précisément parce qu'elle remet parfois en cause des théories tenues pour décisives. Enfin, quant à ses rituels, ils ne sont aucunement religieux, mais destinés à assurer l'efficacité et la rigueur des expérimentations, qui sont imaginées et créées par le chercheur, et sont donc sans commune mesure avec la ritualité religieuse.

c. La science, au singulier, désigne l'ensemble des démarches scientifiques, mais c'est aussi un raccourci dangereux qui suggère que toutes les sciences auraient un dénominateur commun : l'idéal d'une vérité absolue. Or, la pluralité des sciences signifie que les domaines de compétences et les régions du savoir diffèrent à tel point qu'ils sont parfois incompatibles. Au XXe siècle, les scientifiques et les théoriciens des sciences ont compris qu'il s'agissait d'une illusion. La connaissance des lois qui gouvernent les atomes n'apporte rien, par exemple, à l'étude des sciences sociales. Même s'il existe aussi de nombreuses passerelles entre certaines sciences, d'autres sont imperméables les unes aux autres.

Table des illustrations

9 ph © Everett Collection / Aurimages
10-h ph © Alain Le Toquin / Akg-Images
10-m ph © Picture-Alliance / Akg-Images
10-b ph © Palm Pictures / Courtesy Everett Collection / Bridgeman Images
11 ph © Photo Josse / Leemage
12 doc. Wikipédia
13 ph © Francois - stock.adobe.com
14 doc. Antonia Reeve / Wikipédia
15 ph © Lemaire Stéphane / hemis.fr
16 doc. http://www.philosovieth.de/kant-bilder/bilddaten.html / Wikipédia
17-h ph © Granger collection / Bridgeman images
17-b ph © Hervé Champollion / Akg-Images
18 ph © Hannah Assouline / Opale / Leemage
19 ph © The Picture Art Collection / Alamy Stock Photo
20 doc. Marie-Lan Nguyen (2006) / Wikipédia
21 ph © Drew Farrell / Bridgeman Images
22 doc. Wikipédia
23 © 2020 The M.C. Escher Company-The Netherlands. All rights reserved. www.mcescher.com
24 doc. Wikipédia
25 doc. Collection Goethe und Schillerarchiv
26-h ph © Harald A. Jahn / Viennaslide / Akg-Images © Maurizio Cattelan
26-b ph © Erich Lessing / Akg-Images
27 ph © Hannah Assouline / Opale / Leemage
30 © Sempé et Editions Denoël, 1997
31-h ph © Manuel Bidermanas / Akg-Images © Adagp, Paris 2020
31-mh Coll. Christophel / © Metro Goldwyn Mayer
31-mb ph © Lucas Jackson / Reuters
31-b ph © Suddeutsche Zeitung / Leemage
37 © Gaumont 1963
38-h ph © Leemage
38-m ph © Dpa Picture-Alliance / AFP Photo
38-b ph © Alexis Orand / Gamma - Rapho / Getty-Images
40 doc. Wikipédia
41-42 doc. Marie-Lan Nguyen (2006) / Wikipédia
43 doc. 2005 - Eric Gaba for Wikimedia Commons
44 doc. Wikipédia
45 ph © Frederic Reglain / 2011 Gamma-Rapho / Getty-Images
46-47 doc. Wikipédia
48 doc. http://global.britannica.com/media/full/560202/122142 - Wikipédia
49 ph © Granger collection / Bridgeman images
50 doc. Collection Alte Nationalgalerie Berlin
51 doc. Wikipédia
52 ph © Jerry Bauer / Opale / Leemage
53 ph © Jeff Pachoud / AFP Photo
56 ph © George Clerk / iStockphoto / Getty-Images
57 ph © Phonlamai Photo / Shutterstock
63 ph © United Artists / Fantasy Films / The Kobal Collection / Aurimages
64-h ph © Jot / iStockphoto / Getty-Images
64-m ph © Saul Loeb / AFP Photo
64-b ph © Gerard Malie / AFP Photo
66-68 doc. Wikipédia
69 doc. 2005 - Eric Gaba for Wikimedia Commons
70 ph © Farabola / Leemage
71 doc. http://global.britannica.com/media/full/560202/122142 - Wikipédia
72 ph © DeAgostini / Leemage
73-76 doc. Wikipédia
77 doc. http://www.philosovieth.de/kant-bilder/bilddaten.html / Wikipédia
78 ph © BnF, Paris
79-g ph © The Abbott Sengstacke Family Papers / Robert Abbott Sengstacke / Getty-Images
79-d ph © Bettmann Archive / Getty-Images
82 ph © Radu Bercan / Shutterstock
83-h ph © Selva / Leemage
83-m ph © Luisa Ricciarini / Leemage
83-b ph © UPPE / Aurimages / © Successió Miró / © Adagp, Paris, 2020
89 ph © Zuma Press / Aurimages
90-h ph © Tagstock1 / iStockphoto / Getty-Images
90-m Coll. Christophel / © Columbia Pictures
90-b ph © World History Archive / WHA / Akg-Images
92 doc. http://www.philosovieth.de/kant-bilder/bilddaten.html
93 ph © Kruse Ingrid von / Suddeutsche Zeitung / Leemage
94-96 doc. Wikipédia
97 ph © Ulf Andersen / Getty-Images
98 doc. Creative Commons Attribution / Wikipédia
99 doc. 2005 - Eric Gaba for Wikimedia Commons
100 doc. Wikipédia
101 ph © AFP Photo
102 doc. Collection Alte Nationalgalerie Berlin
103 ph © Effigie / Leemage
104-g ph © Ryger / Shutterstock
104-d ph © metamorworks / iStock / Getty-Images
105 ph © Hermance Triay / Opale / Leemage
108 ph © Romain Gaillard / REA
109-h ph © Athit Perawongmetha / Reuters
109-m ph © Adhitya Hendra / Pacific Press / Zuma / REA
109-b © https://fr.adforum.com/
115 ph © Gianni Fiorito / © HBO / Courtesy Everett Collection / Aurimages
116-h ph © Adrien Didierjean / Agence photo de la RMN-GP / © Adagp, Paris 2020
116-m ph © SPL / Cosmos
116-b ph © Manuel Cohen / Aurimages
118 doc. Antonia Reeve / Wikipédia
119 doc. Wikipédia
120 doc. UNESCO Archives / Wikipédia
121-122 doc. Wikipédia
123 ph © AFP Photo
124 doc. Collection Johann Friedrich Wentzel
125-126 doc. Wikipédia
127 doc. http://global.britannica.com/media/full/560202/122142 - Wikipédia
128 ph © Roger Viollet Collection
129 doc. http://www.philosovieth.de/kant-bilder/bilddaten.html / Wikipédia
130 ph © David Eulitt / Kansas City Star / Tribune News Service via Getty-Images
131 ph © Hannah Assouline / Opale / Leemage
134-g ph © BnF, Dist. RMN-Grand Palais
134-d ph © Leemage
135 © Geluck
141 © Walt Disney Co. / Courtesy Everett Collection / Aurimages
142-h ph © luuuusa - stock.adobe.com
142-m ph © Wu fang - Imaginechina / AFP Photo
142-b © Tesson
143 doc. Wikipédia
144 doc. 2005 - Eric Gaba for Wikimedia Commons
145 ph © Jerome Panconi / Opale / Leemage
146 doc. Marie-Lan Nguyen (2006) / Wikipédia
147 doc. Wikipédia
148 doc. wikipédia
149-h ph © Granger collection / Bridgeman images
149-b ph © Chaplin / United Artists / The Kobal Collection / Aurimages
150 ph © Jerome Panconi / Opale / Leemage
151 ph © Effigie / Leemage
152 doc. André Hatala (1997) De eeuw van Rembrandt, Bruxelles / Crédit communal de Belgique / Wikipédia
153 doc. Wikipédia
154 © Cornelius Poppe / NTB scanpix
155 ph © Ralph Freso / Reuters
158 ph © Geoff Caddick / AFP Photo
159-h ph © Ksene / iStockphoto / Getty-Images
159-b © UN / OCHA
165 ph © Jaap Buitendijk / © Warner Bros. Pictures / Courtesy Everett Collection / Aurimages
166-h ph © Comedy Central / South Park Studios BBQ_DFY / Aurimages
166-m ph © Kent Smith / © Showtime Network / Courtesy Everett Collection / Aurimages
166-b ph © FineArtImages / Leemage / © 2020 Banco de México Diego Rivera Frida Kahlo Museums Trust, Mexico, D.F. / © Adagp, Paris 2020
168 doc. Wikipédia
169 doc. André Hatala (1997) De eeuw van Rembrandt, Bruxelles / Crédit communal de Belgique / Wikipédia
170 doc. Dutch National Archives, The Hague, Fotocollectie Algemeen Nederlands Persbureau (ANEFO), 1945-1989 / Wikipédia
171 ph © zhitkov - stock.adobe.com
172 doc. Wikipédia
173 doc. Wikipédia
174 doc. Marie-Lan Nguyen (2006) / Wikipédia
175 doc. Marie-Lan Nguyen (2006) / Wikipédia
176 doc. https://www.flickr.com/photos/lselibrary
177 doc. http://global.britannica.com/media/full/560202/122142 - Wikipédia
178 doc. Det Kongelig Bibliotek / Wikipédia
179 doc. Wikipédia
180 ph © Rue des Archives / RDA / Leemage
181 doc. http://emmanueltaieb.fr/ - Wikipédia
184 © Erlich Studio
185-h ph © Andy Singer
185-bg ph © Bridgeman Images / Leemage / © Adagp, Paris 2020
185-bd ph © Bridgeman Images
191 ph © Bridgeman Images / © Adagp, Paris 2020
231 ph © Catrin Welz-Stein / La Collection

Rabats

Philosophie antique

1 doc. Otgo Otgonbayar Ershuu / Wikipedia
2 doc. Wikipédia
3 doc. 2005 - Eric Gaba for Wikimedia Commons / Wikipédia
4 doc. Marie-Lan Nguyen (2006) / Wikipédia
5 doc. 2005 - Eric Gaba for Wikimedia Commons
6-8 doc. Wikipédia
9 doc. Didier Descouens / Wikipédia
10 doc. Wikipédia
11 doc. Creative Commons Attribution / Wikipédia
12 doc. Marie-Lan Nguyen / Wikipédia
13 doc. Wikipédia
14 doc. Antikensammlung Berlin / Wikipédia
15 doc. Wikipédia
16 doc. Collection Musée Saint-Raymond, Toulouse / Wikipédia

Philosophie du Moyen Âge et de la Renaissance

1 doc. Collection Église Ognissanti Florence / Wikipédia
2 doc. National Portrait Gallery, London / Wikipédia
3 doc. Collection National Gallery, Londres / Wikipédia
4-5 doc. Wikipédia
6 doc. Archivo Iconografico, S.A / Wikipédia
7 doc. Wikipédia

Philosophie moderne

1 doc. André Hatala (1997) De eeuw van Rembrandt, Bruxelles / Crédit communal de Belgique / Wikipédia
2 doc. Wikipédia
3 doc. http://global.britannica.com/media/full/560202/122142 - Wikipédia
4-7 doc. Wikipédia
8 doc. Collection Johann Friedrich Wentzel
9 doc. Collection Musée de l'Ermitage St Petersbourg / Wikipédia
10 doc. Antonia Reeve / Wikipédia
11 doc. http://www.philosovieth.de/kant-bilder/bilddaten.html / Wikipédia

Philosophie contemporaine

1 doc. Wikipédia
2 doc. Collection Château de Versailles / Wikipédia
3 doc. Wikipédia
4 doc. Det Kongelig Bibliotek / Wikipédia
5 doc. Public Domain Mark / Wikipédia
6 doc. Wikipédia
7 doc. Wikipédia
8 doc. Public Domain Mark / Wikipédia
9 doc. Wikipédia
10 doc. Coll. Walter Benjamin Archiv
11 doc. Wikipédia
12 ph © Granger collection / Bridgeman images
13 ph © Maurice Rougemont / Opale / Leemage
14 ph © Kruse Ingrid von / Suddeutsche Zeitung / Leemage
15 ph © Frederic Reglain / 2011 Gamma-Rapho / Getty-Images
16 doc. Wikipédia
17 ph © Jerry Bauer / Opale / Leemage
18 doc. Wikipédia
19 doc. Collection Alte Nationalgalerie Berlin
20 doc. Wikipédia
21 doc. Wikipédia
22 ph © Roger Viollet Collection
23 doc. Collection Goethe und Schillerarchiv
24 doc. Wikipédia
25 doc. Wikipédia
26 doc. Wikipédia
27 doc. Dutch National Archives, The Hague, Fotocollectie Algemeen Nederlands Persbureau (ANEFO), 1945-1989 / Wikipédia
28 ph © Costa / Leemage
29 doc. https://www.flickr.com/photos/lselibrary
30 ph © Effigie / Leemage
31 doc. Wikipédia
32 ph © Hannah Assouline / Opale / Leemage
33 ph © Farabola / Leemage
34 ph © AFP Photo
35 ph © John Foley / Opale / Leemage
36 doc. Wikipédia